고등학교 졸업자격

검정고시의 정석

최신 개정판

이타임라이프
편집부 저

국어

Contents

01 현대시

1. 시

마음 속에 떠오르는 생각이나 감정을 운율이 있는 언어로 압축하여 표현한 운문 문학

2. 시적 화자

시 작품에서 시인을 대신하여 말하는 목소리의 주인공, 즉 시인의 정서, 사상을 대표하는 인물 (시적 자아, 서정적 자아, 시의 말하는 이)

3. 시의 요소

· 음악적 요소(운율) : 시에서 느껴지는 말의 가락

· 회화적 요소(심상) : 시를 읽을 때 마음 속에 떠오르는 느낌이나 모습

· 의미적 요소(주제) : 시를 통해 전달하고자 하는 시인의 사상과 정서

4. 시의 종류

· 정형시 : 형식이 일정하게 굳어진 시

· 자유시 : 특정한 형식에 얽매이지 않고 자유롭게 쓴 시

· 산문시 : 행의 구분 없이 산문처럼 쓴 시. 운율을 가지고 있다는 점에서 산문과 구별됨

5. 시의 운율

1) 운율의 종류

· 내재율 : 일정한 규칙 없이 시의 내면에서 은근히 느껴지는 운율

· 외형률 : 일정한 규칙을 통해 시의 표면에 드러나는 운율

2) 운율 형성 요소

· 음위율 : 소리나 단어의 반복

· 음수율 : 동일한 음절 수의 반복

· 음보율 : 일정 수의 음절들이 모여 이루어진 음보가 규칙적으로 반복

- 3음보 : 민요, 고려가요, 현대시 중 7.5조의 시
- 4음보 : 민요, 시조, 가사

· 동일한 문장 구조의 반복
· 음성 상징어(의성어나 의태어)의 사용

6. 시의 이미지 (심상)

시각적 심상(눈)	빛깔, 모양	예 지나가던 구름이 하나 새빨간 노을에 젖어 있었다.
청각적 심상(귀)	소리	예 접동 / 접동 / 아우래비 접동
후각적 심상(코)	냄새	예 어마씨 그리운 솜씨에 향그러운 꽃지짐
미각적 심상(혀)	맛	예 메마른 입술에 쓰디 쓰다.
촉각적 심상(피부)	촉감	예 불현듯 아버지의 서느런 옷자락을 느끼는 것은
공감각적 심상	감각의 전이	예 꽃처럼 붉은 울음을 밤새 울었다.

7. 시의 표현 방식

1) 비유법

표현하고자 하는 대상(원관념)을 다른 사물(보조관념)에 빗대어 표현하여 구체적인 느낌을 가지게 하는 방법

직유법	'~처럼, ~같이, ~인 양' 등의 연결어를 써서 두 사물의 유사성을 직접 빗대어 표현하는 방법 예 물 먹은 별이, 반짝, 보석처럼 박힌다.
은유법	'A는 B이다' 와 같은 형식으로 두 사물의 유사성을 연결어 없이 비유하는 말과 비유되는 말을 동일한 것으로 단언하듯 표현하는 방법 예 겨울은 강철로 된 무지갠가 보다.
의인법	사람이 아닌 사물을 사람처럼 표현하는 방법 예 신새벽 뒷골목에 네 이름을 쓴다 민주주의여
대유법	어떤 대상의 부분, 속성, 특징 등을 통해 전체를 대신하는 표현 방법 예 사람은 빵만으로 살 수 없다. → '빵' 이 음식 전체를 나타냄
풍유법	원관념을 완전히 숨기고 속담이나 격언 등에 빗대어 교훈적, 풍자적으로 비유하는 표현 방법 예 산에 가야 범을 잡는다. → 큰 일을 하려면 어려움을 무릅써야 한다.

2) 강조법

특정 부분을 강조하여 시인의 감정을 더욱 인상적으로 표현하는 방법

과장법	어떤 사물을 사실보다 지나치게 크게 또는 작게 표현하여 문장의 효과를 높이려는 표현 방법 예 집채만 한 파도
영탄법	기쁨, 슬픔, 놀라움, 무서움 따위의 감정을 높이는 방법. 감탄사, 감탄형 어미를 주로 사용해 감정을 표현하는 방법 예 아! 참으로 맑은 세상 저기 있으니.
반복법	같거나 비슷한 말을 되풀이하는 표현 방법 예 해야, 고운 해야, 해야 솟아라.
대조법	서로 상반되는 사물을 함께 내세우는 표현 방법 예 인생은 짧고, 예술은 길다.
점층법	약한 것에서 강한 것으로, 작은 것에서 큰 것으로와 같이 어구의 의미를 점점 크게, 깊게, 강하게 표현하여 그 뜻이나 가락을 절정으로 끌어올리는 방법. 예 내 이웃에서 시작하여 내 마을, 내 고장, 내 나라, 아니 세계로 뻗어 나가야 한다.

3) 변화법

단조로운 문장에 변화를 주어 주의를 높이려는 방법

설의법	쉽게 단정을 내릴 수 있는 것을 다시 의문의 형식으로 하여 독자에게 스스로 판단케 하는 표현 방법. 답을 필요로 하지 않는다. 예 한 치의 국토라도 외적에게 빼앗길 수 있겠는가?
대구법	가락이 비슷한 글귀를 나란히 짝지어 놓아 흥취를 높이는 방법 예 범은 죽어서 가죽을 남기고, 사람은 죽어서 이름을 남긴다.
도치법	어떠한 뜻을 강조하기 위해 말의 차례를 뒤바꾸어 쓰는 표현 방법 예 가오리다. 임께서 부르시면
반어법	겉으로 나타난 말과 실질적인 의미 사이에 상반 관계가 있는 표현 방법 예 먼 훗날 당신이 찾으시면 그 때에 내 말이 잊었노라.
역설법	겉으로 보기에는 이치에 어긋나거나 모순되어 보이지만 그 속에 깊은 진실을 담는 표현 방법 예 임은 갔지만, 나는 임을 보내지 아니하였습니다.

8. 시의 어조

시의 화자에 의해 들려오는 목소리나 말투

· 관조적 : 대상을 잔잔히 바라보는 태도
· 냉소적 : 업신여겨 비웃는 태도
· 독백적 : 혼자 말하는 태도
· 예찬적 : 찬양하는 태도
· 풍자적 : 꼬집어 상대방의 약점을 찌르는 태도
· 해학적 : 대상을 익살스럽게 바라보는 태도
· 남성적 : 힘찬 의지나 역동적인 태도
· 여성적 : 섬세한 감정이나 가녀린 태도

9. 문학 작품의 감상

내재적 관점	절대론적 관점	작품을 그 자체로 완결된 의미를 가졌다고 보고, 작품의 내적 구성 요소(화자, 시어, 운율, 심상 등)에 주목하여 감상함
외재적 관점	반영론적 관점	작품이 현실 세계를 모방, 반영하였다고 보고, 작품에 반영된 창작 당시의 사회상에 주목하여 감상함
	표현론적 관점	작품을 시인의 사상, 인생관, 감정, 개성을 표현한 것으로 보고, 시인의 창작 의도에 주목하여 감상함
	효용론적 관점	작품이 독자에게 어떤 가치, 교훈, 감동, 미적 쾌감을 주었는지에 주목하여 감상함

10. 시 관련 용어

· 시적 허용 : 시에서 구사하는 어휘는 문법적 측면에서 허용되지 않는 표현도 자유로이 사용함
· 감정 이입 : 시적 화자의 정서나 감정을 대신 표현하기 위해 시 속에 사용된 대상(객관적 상관물) 중, 대상이 화자와 동일한 감정을 지닌 것처럼 표현하는 방법
· 수미 상관 : 시의 처음과 끝에 동일하거나 유사한 시구를 배치하는 방식. 구조적 안정감을 주고 운율을 형성함.
· 상징 : 보조 관념만 제시되어 함축적이고 암시적인 의미를 지니며, 시 속에 제시된 사물은 그 자체의 의미 이상의 포괄적인 의미까지 띠는 방법

(1) 진달래 꽃

김소월

나 보기가 역겨워
가실 때에는
말 없이 고이 보내 드리우리다

영변(寧邊)에 약산(藥産)
진달래꽃
아름 따다 가실 길에 뿌리우리다

가시는 걸음걸음
놓인 그 꽃을
사뿐히 즈려 밟고 가시옵소서

나보기가 역겨워
가실 때에는
죽어도 아니 눈물 흘리우리다

핵심정리

갈래 : 자유시, 서정시, 민요시
성격 : 애상적, 전통적, 여성적
주제 : 이별의 정한과 극복
특징 : · 민요조 율격과 수미상관식 구성이 나타남
· 여성 화자의 이별의 정한이라는 문학적 전통이 나타남

(2) 광야

이육사

까마득한 날에
하늘이 처음 열리고
어데 닭 우는 소리 들렸으랴

모든 산맥들이
바다를 연모해 휘달릴 때도
차마 이곳을 범하던 못하였으리라

끊임없는 광음을
부지런한 계절이 피여선 지고
큰 강물이 비로소 길을 열었다

지금 눈 나리고
매화향기 홀로 아득하니
내 여기 가난한 노래의 씨를 뿌려라

다시 천고의 뒤에
백마 타고 오는 초인이 있어
이 광야에서 목놓아 부르게 하리라

핵심정리

갈래 : 자유시, 서정시
성격 : 의지적, 저항적, 미래 지향적
주제 : 고통스러운 현실을 극복하려는 의지와 신념
특징 : · 과거–현재–미래의 구성 (추보식 구성)
· 시간의 흐름에 따라 시상을 전개함
· 역동적이고 강렬한 어조로 강인한 의지와 신념을 드러냄

(3) 서시

윤동주

죽는 날까지 하늘을 우러러
한 점 부끄럼이 없기를,
잎새에 이는 바람에도
나는 괴로워했다.
별을 노래하는 마음으로
모든 죽어 가는 것을 사랑해야지
그리고 나한테 주어진 길을
걸어가야겠다.
오늘 밤에도 별이 바람에 스치운다.

핵심정리

갈래 : 자유시, 서정시
성격 : 고백적, 성찰적, 의지적, 상징적
주제 : 부끄럽지 않은 삶에 대한 소망
특징 :
· 과거-미래-현재의 시간 구성
· 상징적 시어를 통해 시적 화자의 정서를 표현함
· 중심 소재의 대조적 설정을 통해 의미를 강조함

(4) 향수

정지용

넓은 벌 동쪽 끝으로
옛 이야기 지줄대는 실개천이 회돌아 나가고,
얼룩백이 황소가
해설피 금빛 게으른 울음을 우는 곳,
— 그곳이 차마 꿈엔들 잊힐 리야.

질화로에 재가 식어지면
비인 밭에 밤바람 소리 말을 달리고,
엷은 졸음에 겨운 늙으신 아버지가
짚베개를 돋아 고이시는 곳,
— 그곳이 차마 꿈엔들 잊힐 리야.

흙에서 자란 내 마음
파아란 하늘빛이 그리워
함부로 쏜 화살을 찾으려
풀섶 이슬에 함추름 휘적시던 곳,
— 그곳이 차마 꿈엔들 잊힐 리야.

전설(傳說) 바다에 춤추는 밤물결 같은
검은 귀밑머리 날리는 어린 누이와
아무렇지도 않고 예쁠 것도 없는
사철 발 벗은 아내가
따가운 햇살을 등에 지고 이삭 줍던 곳,
—그곳이 차마 꿈엔들 잊힐 리야.

하늘에는 성근 별
알 수도 없는 모래성으로 발을 옮기고,
서리 까마귀 우지짖고 지나가는 초라한 지붕,
흐릿한 불빛에 돌아앉아 도란도란거리는 곳,
—그곳이 차마 꿈엔들 잊힐 리야

핵심정리

갈래 : 자유시, 서정시
성격 : 향토적, 감각적, 묘사적
주제 : 고향에 대한 그리움
특징 : · 향토적 소재와 감각적 이미지를 통해 고향의 모습을 형상화함
· 후렴구의 반복으로 리듬감을 형성하고 주제 의식을 강조함

(5) 너를 기다리는 동안

황지우

네가 오기로 한 그 자리에
내가 미리 가 너를 기다리는 동안
다가오는 모든 발자국은
내 가슴에 쿵쿵거린다
바스락거리는 나뭇잎 하나도 다 내게 온다
기다려 본 적이 있는 사람은 안다
세상에서 기다리는 일처럼 가슴 애리는 일 있을까
네가 오기로 한 그 자리, 내가 미리 와 있는 이곳에서
문을 열고 들어오는 모든 사람이
너였다가
너였다가, 너일 것이었다가
다시 문이 닫힌다
사랑하는 이여
오지 않는 너를 기다리며
마침내 나는 너에게 간다
아주 먼 데서 나는 너에게 가고
아주 오랜 세월을 다하여 너는 지금 오고 있다
아주 먼 데서 지금도 천천히 오고 있는 너를
너를 기다리는 동안 나도 가고 있다
남들이 열고 들어오는 문을 통해
내 가슴에 쿵쿵거리는 모든 발자국 따라
너를 기다리는 동안 나는 너에게 가고 있다.

핵심정리

갈래 : 자유시, 서정시
성격 : 서정적, 희망적, 감각적
주제 : 기다림의 절실함과 만남의 의지
특징 : 반복적 표현을 통해 화자의 의지를 강조함

(6) 원어

하종오

동남아인 두 여인이 소곤거렸다
고향 가는 열차에서
나는 말소리에 귀 기울였다
각각 무릎에 앉아 잠든 아기 둘은
두 여인 닮았다
맞은편에 앉은 나는
짐짓 차창 밖 보는 척하며
한마디쯤 알아들어 보려고 했다
휙 지나가는 먼 산굽이
나무 우거진 비탈에
산그늘 깊었다
두 여인이 잠잠하기에
내가 슬쩍 곁눈질하니
머리 기대고 졸다가 언뜻 잠꼬대하는데
여전히 알아들을 수 없는 외국말이었다
두 여인이 동남아 어느 나라 시골에서
우리나라 시골로 시집왔든 간에
내가 왜 공연히 호기심 가지는가
한잠 자고 난 아기 둘이 칭얼거리자
두 여인이 깨어나 등 토닥거리며 달래었다
한국말로,
울지 말거레이
집에 다 와 간데이

☑ 핵심정리

갈래 : 자유시, 서정시
주제 : 원어를 두고 한국어를 사용해야 하는 동남아 여인들에 대한 연민
특징 : · 기차 안의 경험을 1인칭 시점으로 서술함
· 꿈과 현실에서 사용하는 언어의 차이를 통해 주제를 부각함

(7) 첫사랑

고재종

흔들리는 나뭇가지에 꽃 한번 피우려고
눈은 얼마나 많은 도전을 멈추지 않았으랴

싸그락 싸그락 두드려 보았겠지
난분분 난분분 춤추었겠지
미끄러지고 미끄러지길 수백 번,

바람 한 자락 불면 휙 날아갈 사랑을 위하여
햇솜 같은 마음을 다 퍼부어 준 다음에야
마침내 피워 낸 저 황홀 보아라

봄이면 가지는 그 한 번 덴 자리에
세상에서 가장 아름다운 상처를 터뜨린다

☑ 핵심정리

갈래 : 현대시, 자유시, 서정시
어조 : 대상에 대한 경탄과 예찬
특징 :
· 시간의 흐름에 따라 시상을 전개함
· 자연 현상에서 사랑의 의미를 발견함
· 역설적 표현을 통해 주제를 효과적으로 전달함
· 감각적 이미지를 활용하여 자연의 모습을 표현함

성격 : 낭만적, 회화적, 사색적
제재 : 한겨울 나뭇가지에 쌓인 눈
주제 : 도전과 헌신으로 이뤄 낸 아름다운 사랑의 결실

(8) 남신의주 유동 박시봉 방

백석

어느 사이에 나는 아내도 없고, 또,
아내와 같이 살던 집도 없어지고
그리고 살뜰한 부모며 동생들과도 멀리 떨어져서,
그 어느 바람 세인 쓸쓸한 거리 끝에 헤매이었다.
바로 날도 저물어서,
바람은 더욱 세게 불고, 추위는 점점 더해 오는데,
나는 어느 목수네 집 헌 샅을 깐,
한 방에 들어서 쥔을 붙이었다.
이리하여 나는 이 습내 나는 춥고 누긋한 방에서,
낮이나 밤이나 나는 나 혼자도 너무 많은 것 같이 생각하며,
딜옹배기에 북덕불이라도 담겨 오면,
이것을 안고 손을 쬐며 재 우에 뜻없이 글자를 쓰기도 하며,
또 문 밖에 나가지도 않고 자리에 누워서,
머리에 손깍지 베개를 하고 굴기도 하면서,
나는 내 슬픔이며 어리석음이며를 소처럼 연하게 쌔김질하는 것이었다.
내 가슴이 꽉 매어올 적이며,
내 눈에 뜨거운 것이 핑 괴일 적이며,
또 내 스스로 화끈 낯이 붉도록 부끄러울 적이며,
나는 내 슬픔과 어리석음에 눌리어 죽을 수밖에 없는 것을 느끼는 것이었다.
그러나 잠시 뒤에 나는 고개를 들어,
허연 문창을 바라보든가 또 눈을 떠서 높은 천장을 쳐다보는 것인데,
이때 나는 내 뜻이며 힘으로, 나를 이끌어 가는 것이 힘든 일인 것을 생각하고,
이것들보다 더 크고, 높은 것이 있어서, 나를 마음대로 굴려 가는 것을 생각하는 것인데,
이렇게 하여 여러 날이 지나는 동안에,

내 어지러운 마음에는 슬픔이며, 한탄이며, 가라앉을 것은 차츰 앙금이 되어 가라앉고,
외로운 생각만이 드는 때쯤 해서는,
더러 나줏손에 쌀랑쌀랑 싸락눈이 와서 문창을 치기도 하는 때가 있는데,
나는 이런 저녁에는 화로를 더욱 다가 끼며, 무릎을 꿇어 보며,
어느 먼 산 뒷옆에 바우섶에 따로 외로이 서서,
어두워 오는데 하이야니 눈을 맞을, 그 마른 잎새에는,
쌀랑쌀랑 소리도 나며 눈을 맞을,
그 드물다는 굳고 정한 갈매나무라는 나무를 생각하는 것이다.

핵심정리

갈래 : 자유시, 서정시
성격 : 독백적, 고백적, 의지적
주제 : 자기 성찰을 통한 현실 극복 의지
특징 : · 일제 강점하의 무력한 지식인의 삶을 그리고 있음
· 인식의 전환을 통해 새로운 삶의 의지를 다지는 모습을 보여 줌
· 객관적 상관물을 통해 화자가 얻은 깨달음과 앞으로의 의지를 나타냄

(9) 슬픔이 기쁨에게

정호승

나는 이제 너에게도 슬픔을 주겠다.
사랑보다 소중한 슬픔을 주겠다.
겨울밤 거리에서 귤 몇 개 놓고
살아온 추위와 떨고 있는 할머니에게
귤값을 깎으면서 기뻐하던 너를 위하여
나는 슬픔의 평등한 얼굴을 보여 주겠다.
내가 어둠 속에서 너를 부를 때
단 한 번도 평등하게 웃어 주질 않은
가마니에 덮인 동사자가 다시 얼어 죽을 때
가마니 한 장조차 덮어 주지 않은
무관심한 너의 사랑을 위해
흘릴 줄 모르는 너의 눈물을 위해
나는 이제 너에게도 기다림을 주겠다.
이 세상에 내리던 함박눈을 멈추겠다.
보리밭에 내리던 봄눈들을 데리고
추워 떠는 사람들의 슬픔에게 다녀와서
눈 그친 눈길을 너와 함께 걷겠다.
슬픔의 힘에 대한 이야기를 하며
기다림의 슬픔까지 걸어가겠다.

☑ 핵심정리

갈래 : 자유시, 서정시
주제 : 소외된 이웃과 더불어 살아가는 삶의 추구
특징 :
· 슬픔이 기쁨에게 말을 건네는 형식으로 시상을 전개함
· 역설적 표현을 사용하여 주제를 강조함
· 서술어 '~겠다'의 반복을 통해 의지적 자세를 드러냄

(10) 유리창

정지용

유리에 차고 슬픈 것이 어른거린다.
열없이 붙어 서서 입김을 흐리우니
길들은 양 언 날개를 파닥거린다.

지우고 보고 지우고 보아도
새까만 밤이 밀려나가고 밀려와 부딪히고,
물 먹은 별이, 반짝, 보석처럼 박힌다.

밤에 홀로 유리를 닦는 것은
외로운 황홀한 심사이어니
고운 폐혈관이 찢어진 채로

아아, 너는 산새처럼 날아갔구나!

핵심정리

갈래 : 자유시, 서정시
주제 : 죽은 자식에 대한 그리움과 슬픔
특징 : · 선명하고 감각적인 시어를 사용함
· 역설적 표현을 통해 감정을 절제함

02 고전 시가

고전 시가의 주요 갈래

1. 향가

향찰(한자의 음과 뜻을 빌린 종합적인 표기 체계)로 기록된 신라의 노래로, 우리 고유의 표기 수단으로 기록된 최초의 시가

형식	4구체, 8구체, 10구체로 나뉘며, '아으'와 같은 낙구가 쓰인 10구체가 가장 정제된 형태임
특성	· 주로 학식과 덕망을 겸비한 승려나 화랑이 지어 '불교적 세계관, 신성한 것에 대한 경외심, 나라에 대한 걱정' 등의 정서를 주로 드러냄 · 〈삼국 유사〉의 14수와 〈균여전〉의 11수로, 총 25수가 현전함

2. 고려 가요

고려 시대 귀족층에서 향유한 노래인 경기체가를 제외한 평민들의 노래 전반을 가리킴

형식	몇 개의 연이 연속되는 분연체가 대부분이며, 후렴구를 사용하여 음악적 경쾌감을 살림
특성	· 평민들이 지어 일상적인 삶에 대한 정서를 주로 드러냄 · 구전되다가 훈민정음 창제 이후 문자로 정착됨 · 3음보의 율격을 가짐

3. 악장

형식	조선 시대 궁중의 여러 의식과 행사, 종묘의 제악 등에 쓰이던 송축가
특성	조선 초기에 발생하여 조선 건국의 정당성을 강조하고 문물제도를 찬양하는 내용, 임금의 만수무강과 왕가의 번창을 기원하는 내용 등이 주를 이룸

4. 시조

고려 후기에 형성되어 현재까지도 창작되고 있는 우리 민족 고유의 정형시

형식	· 형태에 따라 평시조, 연시조, 사설시조 등으로 분류됨 · 3장 6구 45자 내외, 4음보의 율격을 기본형으로 하며, 종장의 첫 어절은 반드시 3음절임
특성	· 고려부터 조선 전기까지는 귀족, 양반 계층이 주로 창작하였으나, 조선 중기 이후부터는 작자층이 중인, 평민 등으로 확대되어 국민 문학으로 자리 잡음 · 양반들은 주로 '강호한정, 연군과 우국, 유교적 이념' 등의 내용을, 평민들은 '사랑, 풍자와 해학, 현실 비판' 등의 내용을 주제로 다룸

▨ 시조의 종류

평시조	3장 6구 45자 내외의 기본 형식으로 된 시조
사설시조	평시조보다 2구 이상 더 긴 시조. 조선 중기 이후 평민에 의해 많이 지어짐
단시조	평시조가 한 수로 되어 있는 형태의 시조
연시조	2수 이상의 평시조를 하나의 제목으로 엮는 형태의 시조

5. 가사

시조와 더불어 조선 시대 시가 문학의 한 흐름을 이룬 갈래

형식	· 3.4조와 4.4조, 4음보의 연속체 형태임 · 마지막 행은 글자 수가 시조의 종장(3.5.4.3조)과 일치하는 경우(정격 가사)가 많으나, 일치하지 않는 경우(변격 가사)도 있음
특성	조선 전기에는 사대부들에 의해 불리어졌는데, 주로 '강호가도, 연군의 정'을 주제로 삼았고, 후기에는 양반 부녀자, 평민 계층도 창작에 참여함으로써 '궁핍한 생활상, 며느리의 한'과 같은 현실적인 내용의 가사도 창작됨

(1) 제망매가

월명사

생사(生死) 길은
예 있으매 머뭇거리고,
나는 간다는 말도
몯다 이르고 어찌 갑니까.
어느 가을 이른 바람에
이에 저에 떨어질 잎처럼,
한 가지에 나고
가는 곳 모르온저.
아아, 미타찰(彌陀刹)에서 만날 나
도(道) 닦아 기다리겠노라.

핵심정리

갈래 : 향가
성격 : 애상적, 추모적, 종교적
주제 : 죽은 누이에 대한 추모
특징 :
- 10구체 향가의 대표작
- 뛰어난 비유와 상징이 사용됨

(2) 가시리

작자 미상

가시리 가시리잇고 나난
바리고 가시리잇고 나난
위 증즐가 대평성대(大平聲代)

날러는 어찌 살라 하고
바리고 가시리잇고 나난
위 증즐가 대평성대(大平聲代)

잡사와 두어리마나난
선하면 아니올셰라
위 증즐가 대평성대(大平聲代)

설온 님 보내옵나니 나난
가시는 듯 돌아오소서 나난
위 증즐가 대평성대(大平聲代)

☑ 핵심정리

갈래 : 고려 가요
성격 : 전통적, 애상적, 여성적
주제 : 이별의 정한과 재회의 소망
특징 : · 3.3.2조 3음보
· 후렴구의 사용

(3) 청산별곡

작자 미상

살어리 살어리랏다, 靑山(청산)에 살어리랏다.
멀위랑 ᄃᆞ래랑 먹고 靑山(청산)에 살어리랏다.
얄리얄리 얄랑셩, 얄라리 얄라.

우러라 우러라 새여, 자고 니러 우러라 새여,
널라와 시름 한 나도 자고 니러 우니노라.
얄리얄리 얄라셩, 얄라리 얄라.

가던 새 가던 새 본다, 믈 아래 가던 새 본다.
잉무든 장글란 가지고 믈 아래 가던 새 본다.
얄리얄리 얄라셩, 얄라리 얄라.

이링공 뎌링공 ᄒᆞ야 나즈란 디내와손뎌,
오리도 가리도 업슨 바므란 또 엇디 호리라.
얄리얄리 얄라셩, 얄라리 얄라.

어듸라 더디던 돌코, 누리라 마치던 돌코,
믜리도 괴리도 업시 마자셔 우니노라.
얄리얄리 얄라셩, 얄라리 얄라.

살어리 살어리랏다. 바ᄅᆞ래 살어리랏다.
ᄂᆞᄆᆞ자기 구조개랑 먹고 ᄇᆞᄅᆞ래 살어리랏다.
얄리얄리 얄라셩, 얄라리 얄라.

가다가 가다가 드로라, 에정지 가다가 드로라.
사ᄉᆞ미 짒대예 올아셔 奚琴(히금)을 혀거를 드로라.
얄리얄리 얄라셩, 얄라리 얄라.

가다니 ᄇᆡ 브른 도긔 설진 강수를 비조라.
조롱곳 누로기 ᄆᆡ와 잡ᄉᆞ와니 내 엇디ᄒᆞ리잇고.
얄리얄리 얄라셩, 얄라리 얄라.

핵심정리

갈래 : 고려가요 **성격** : 현실도피적, 애상적, 체념적 **운율** : 3음보 3.3.2조
주제 : 삶의 고뇌와 비애에서 벗어나고 싶은 욕구
특징 :
- aaba구조
- 구전되어 오다가 조선 시대에 문자로 기록됨
- 당시의 시대상이 간접적으로 나타남

(4) 동지ㅅ돌 기나긴 ~

황진이

동지(冬至)ㅅ돌 기나긴 밤을 한 허리를 버혀 내여
춘풍(春風) 니불 아레 서리서리 너헛다가
어론 님 오신 날 밤이여든 구뷔구뷔 펴리라

☑ 핵심정리

갈래 : 평시조
주제 : 임을 기다리는 절실한 그리움
특징 : · 추상적인 개념을 구체적인 사물로 형상화함
· 음성 상징어를 이용하여 우리말의 묘미를 살림

(5) 이화에 월백하고

이조년

이화(梨花)에 월백(月白)하고 은한(銀漢)이 삼경(三更)인 제
일지춘심(一枝春心)을 자규(子規)야 알랴마는
다정(多情)도 병인 양하여 잠 못 들어 하노라.

☑ 핵심정리

갈래 : 평시조
주제 : 봄 밤의 애상감
특징 : · 선경 후정의 구성
· 백색의 시각적 심상과 청각적 심상을 통해 감각적으로 표현

(6) 이 몸이 죽어 가서

성삼문

이 몸이 죽어 가서 무엇이 될꼬 하니
봉래산(蓬萊山) 제일봉에 낙락장송(落落長松) 되어 있어
백설이 만건곤(滿乾坤)할 제 독야청청(獨也靑靑)하리라

☑ 핵심정리

갈래 : 평시조
주제 : 죽어서도 변함없는 지조와 절개
특징 : · 관습적 상징물의 사용
· 색채 대비를 통해 시적 의미 강조

(7) 십 년을 경영하여

송순

십 년(十年)을 경영(經營)ᄒᆞ여 초려 삼간(草廬三間) 지여 내니
나 ᄒᆞᆫ 간 ᄃᆞᆯ ᄒᆞᆫ 간에 청풍(淸風) ᄒᆞᆫ 간 맛져 두고
강산(江山)은 들일 듸 업스니 둘러 두고 보리라

☑ 핵심정리

갈래 : 평시조
주제 : 자연에서 살아가는 즐거움 (안빈낙도)
특징 : · 전원적, 관조적, 풍류적 성격
· 강산을 병풍처럼 둘러 두고 보겠다는 기발한 발상이 나타남
· 자연을 소유의 대상으로 여기지 않는 동양적 자연관이 드러남

(8) 속미인곡

정철

뎨 가ᄂᆞᆫ 뎌 각시 본 듯도 ᄒᆞᆫ뎌이고
텬샹(天上) ᄇᆡᆨ옥경(白玉京)을 엇디ᄒᆞ야 니별(離別)ᄒᆞ고
ᄒᆡ 다 뎌 져믄 날의 눌을 보라 가시ᄂᆞᆫ고
어와 네여이고 이내 ᄉᆞ셜 드러 보오
내 얼굴 이 거동이 님 괴얌즉 ᄒᆞᆫ가마ᄂᆞᆫ
엇딘디 날 보시고 네로다 녀기실ᄉᆡ
나도 님을 미더 군ᄠᅳ디 젼혀 업서
이ᄅᆡ야 교ᄐᆡ야 어ᄌᆞ러이 ᄒᆞ돗썬디
반기시ᄂᆞᆫ ᄂᆞᆺ비치 녜와 엇디 다ᄅᆞ신고
누어 ᄉᆡᆼ각ᄒᆞ고 니러 안자 혜여ᄒᆞ니
내 몸의 지은 죄 뫼ᄀᆞ티 빠혀시니
하ᄂᆞᆯ히라 원망ᄒᆞ며 사ᄅᆞᆷ이라 허믈ᄒᆞ랴
셜워 플텨혜니 조믈(造物)의 타시로다
글란 ᄉᆡᆼ각 마오 ᄆᆡ친 일이 이셔이다
님을 뫼셔 이셔 님의 일을 내 알거니
믈 ᄀᆞᄐᆞᆫ 얼굴이 편ᄒᆞ실 적 몃 날일고
츈한고열(春寒苦熱)은 엇디ᄒᆞ야 디내시며
츄일동텬(秋日冬天)은 뉘라셔 뫼셧ᄂᆞᆫ고
쥭조반(粥早飯) 죠셕(朝夕) 뫼 녜와 ᄀᆞᆺ티 셰시ᄂᆞᆫ가
기나긴 밤의 ᄌᆞᆷ은 엇디 자시ᄂᆞᆫ고
님 다히 쇼식(消息)을 아므려나 아쟈 ᄒᆞ니
오ᄂᆞᆯ도 거의로다 ᄂᆡ일이나 사ᄅᆞᆷ 올가
내 ᄆᆞᄋᆞᆷ 둘 ᄃᆡ 업다 어드러로 가쟛 말고
잡거니 밀거니 놉픈 뫼ᄒᆡ 올라가니
구롬은 ᄏᆞ니와 안개ᄂᆞᆫ 므ᄉᆞ 일고
산쳔(山川)이 어둡거니 일월(日月)을 엇디 보며
지쳑(咫尺)을 모ᄅᆞ거든 쳔 리(千里)ᄅᆞᆯ ᄇᆞ라보랴
ᄎᆞᆯ하리 믈ᄀᆞ의 가 ᄇᆡ길히나 보랴 ᄒᆞ니

저기 가는 저 각시 본 듯도 하구나
천상 백옥경을 어찌하여 이별하고
해 다 져 저문 날에 누굴 보러 가시는가
어와 너로구나 이내 사설 들어 보오
내 얼굴 이 거동이 임이 사랑함직 한가마는
어쩐지 날 보시고 너로다 여기심에
나도 임을 믿어 딴생각 전혀 없어
아양이며 교태며 어지럽게 하였던지
반기시는 낯빛이 예와 어찌 다르신가
누워 생각하고 일어나 앉아 헤아리니
내 몸의 지은 죄 산같이 쌓였으니
하늘을 원망하며 사람을 탓하겠는가
서러워 생각하니 조물주의 탓이로다
그것일랑 생각 마오 맺힌 일이 있습니다
임을 모셔 봐서 임의 일을 내 알거니
물 같은 얼굴이 편하실 때 몇 날일까
봄 추위 여름 더위 어떻게 지내시며
가을철 겨울철은 누가 모셨는가
죽조반 조석 진지 예전과 같이 올리시나
기나긴 밤에 잠은 어찌 주무시나
임 계신 곳 소식을 어떻게든 알자 하니
오늘도 저물었네 내일이나 사람 올까
내 마음 둘 데 없다 어디로 가잔 말인가
잡거니 밀거니 높은 산에 올라가니
구름은 물론이고 안개는 무슨 일인가
산천이 어두운데 해와 달을 어찌 보며
지척을 모르는데 천 리를 바라볼까
차라리 물가에 가 뱃길이나 보려 하니

ᄇᆞ람이야 믈결이야 어둥정 된뎌이고
샤공은 어ᄃᆡ 가고 븬 ᄇᆡ만 걸렷ᄂᆞᆫ고
강텬(江天)의 혼자 셔셔 디ᄂᆞᆫ ᄒᆡᄅᆞᆯ 구버보니
님 다히 쇼식(消息)이 더옥 아득ᄒᆞᆫ뎌이고
모쳠(茅簷) ᄎᆞᆫ 자리의 밤듕만 도라오니
반벽쳥등(半壁靑燈)은 눌 위ᄒᆞ야 ᄇᆞᆯ갓ᄂᆞᆫ고
오ᄅᆞ며 ᄂᆞ리며 헤ᄯᅳ며 바자니니
져근덧 녁진(力盡)ᄒᆞ야 픗ᄌᆞᆷ을 잠간 드니
졍셩(精誠)이 지극ᄒᆞ야 ᄭᅮᆷ의 님을 보니
옥(玉) ᄀᆞᄐᆞᆫ 얼구리 반(半)이 나마 늘거세라
ᄆᆞᄋᆞᆷ의 머근 말ᄉᆞᆷ 슬ᄏᆞ장 ᄉᆞᆲ쟈 ᄒᆞ니
눈믈이 바라나니 말ᄉᆞᆷ인들 어이 ᄒᆞ며
졍(情)을 못다 ᄒᆞ야 목이조차 몌여 ᄒᆞ니
오뎐된 계셩(鷄聲)의 ᄌᆞᆷ은 엇디 ᄭᆡ돗던고
어와 허ᄉᆞ(虛事)로다 이 님이 어ᄃᆡ 간고
결의 니러 안자 창(窓)을 열고 ᄇᆞ라보니
어엿븐 그림재 날 조ᄎᆞᆯ ᄲᅮᆫ이로다
출하리 ᄉᆡ여디여 낙월(落月)이나 되야이셔
님 겨신 창(窓) 안히 번드시 비최리라
각시님 ᄃᆞᆯ이야 ᄏᆞ니와 구ᄌᆞᆫ비나 되쇼셔

바람이야 물결이야 어수선히 되었구나
사공은 어디 가고 빈 배만 매여 있는가
강가에 혼자 서서 지는 해를 굽어보니
임 계신 곳 소식이 더욱 아득하구나
초가집 찬 자리에 밤중쯤 돌아오니
벽 가운데 청등은 누굴 위해 밝았는가
오르며 내리며 헤매며 서성대니
잠깐 동안 힘이 다해 풋잠을 잠깐 드니
정성이 지극하여 꿈에 임을 보니
옥 같은 얼굴이 반 넘어 늙었구나
마음에 먹은 말씀 실컷 사뢰려니
눈물이 쏟아지니 말씀인들 어찌 하며
정회를 못다 풀어 목조차 메여 오니
새벽닭 소리에 잠은 어찌 깨었던가
어와 허사로다 이 임이 어디 갔나
잠결에 일어나 앉아 창을 열고 바라보니
가엾은 그림자가 날 좇을 뿐이로다
차라리 죽어서 지는 달이나 되어서
임 계신 창 안에 환하게 비추리라
각시님 달은 물론이고 궂은비나 되소서

정재호, 장정수 옮김, 『송강가사』

핵심정리

갈래 : 가사
주제 : 임금을 그리는 정 (연군지정)
특징 : · 대화체 형식으로 화자의 슬픔을 일반화함
· 우리말의 구사가 뛰어남

03 현대 소설

1. 소설의 뜻

현실에서 있음직한 일을 작가가 상상하여 꾸며 쓴 산문 문학

2. 소설의 성격

· 허구성 : 현실을 바탕으로 작가가 꾸며 낸 이야기

· 진실성 : 인간과 삶의 진실을 다룸

· 산문성 : 운율이 없는 줄글 형식으로 쓴 글

· 개연성 : 현실에 있을 법한 이야기를 다룸

· 서사성 : 사건의 내용을 시간의 흐름에 따라 전개함

3. 소설 구성의 요소

· 인물 : 작품 속에 등장하여 사건을 이끄는 주체

· 사건 : 인물들이 일으키는 행동과 갈등

· 배경 : 행위와 사건이 일어나는 시간과 공간

4. 소설의 구성 단계

발단	전개	위기	절정	결말
인물과 배경이 소개되고, 사건의 실마리가 드러난다.	인물 간의 갈등과 대립이 시작된다.	갈등이 깊어지며, 새로운 사건이 발생한다.	갈등이 최고조에 이르고, 주제가 드러난다.	갈등이 해결되고, 주인공의 운명이 결정된다.

5. 소설의 갈등

① 내적 갈등 : 한 인물의 심리적 갈등

② 외적 갈등 : 등장 인물이 그를 둘러싼 외부 세계와 대립하면서 생기는 갈등

· 개인과 개인의 갈등 : 인물과 인물 사이에 일어나는 갈등

· 개인과 사회의 갈등 : 개인이 살아가면서 겪는 사회 윤리나 제도와의 갈등

· 개인과 운명과의 갈등 : 개인의 삶이 운명에 의해 좌우되는 데서 오는 갈등

6. 서사 구조

· 평면적 구성 : 순차적인 시간의 흐름에 따라 이야기를 전개함

· 입체적 구성 : 시간의 흐름을 바꾸어 이야기를 전개함 (역행적 구성)

· 액자식 구성 : 이야기 속에 또 다른 이야기가 존재함

7. 인물의 성격 제시 방법

· 직접적 방법 : 화자가 인물이 성격에 대하여 직접 설명하는 방법 (말하기)

· 간접적 방법 : 인물의 행동과 대화를 통해 성격을 드러내는 방법 (보여주기)

8. 소설의 시점

1인칭 시점	1인칭 주인공 시점	· 나=주인공=서술자 · 주인공인 '나'가 자신의 이야기를 하는 방식
	1인칭 관찰자 시점	· 나=관찰자=서술자 · 보조 인물인 '나'가 주인공을 관찰하는 입장에서 이야기를 하는 방식
3인칭 시점	3인칭 관찰자 시점	· 서술자=관찰자 · 작가가 관찰자의 입장에서 인물의 말과 행동을 관찰하여 이야기하는 방식
	전지적 작가 시점	· 서술자=신적인 존재 · 작가가 신의 입장에서 인물의 말과 행동은 물론 심리 변화까지도 파악하는 방식

(1) 레디메이드 인생

채만식

1

"뭐 어디 빈자리가 있어야지."

K사장은 안락의자에 폭신 파묻힌 몸을 뒤로 벌떡 젖히며 하품을 하듯이 시원찮게 대답을 한다.

두팔을 쭉 내뻗고 기지개라도 한번 쓰고 싶은 것을 겨우 참는 눈치다.

이 K사장과 둥근 탁자를 사이에 두고 공손히 마주앉아 얼굴에는 '나는 선배인 선생님을 극히 존경하고 앙모합니다' 하는 비굴한 미소를 띠고 있는 구변 없는 구변을 다하여 직업 동냥의 구걸(求乞) 문구를 기다랗게 늘어놓던 P……

P는 그러나 취직운동에 백전백패(百戰百敗)의 노졸(老卒)인지라 K씨의 힘 아니 드는 한마디의 거절에도 새삼스럽게 실망도 아니한다. 대답이 그렇게 나왔으니 인제 더 졸라도 별수가 없는 것이지만 헛일삼아 한마디 더 해보는 것이다.

"글쎄올시다. 그러시다면 지금 당장 어떻게 해주십사고 무리하게 조를 수야 있겠습니까마는 …… 그러면 이담에 결원이 있다든지 하면 그때는 꼭……"

이렇게 말하고 P는 지금까지 외면하였던 얼굴을 돌리어 K사장을 조심성 있게 바라보았다. 그러나 K사장은 위선 고개를 좌우로 두어번 흔들고는 여전히 하품 섞인 대답을 한다.

"결원이 그렇게 나나 어디…… 그리고 간혹 가다가 결원이 난다더라도 유력한 후보자가 몇십 명씩 밀려 있어서……"

P는 아무 말도 아니하고 고개를 숙였다. 인제는 영영 틀어진 것이다. '안녕히 계십시오' 하고 일어서는 것밖에는 별수가 없다.

별수가 없이 되었으니 '네 그렇습니까' 하고 선선히 일어서야 할 것이지만 지금까지의 은근히 모시고 있던 태도에 비하여 그것이 너무 낯간지러운 표변임을 알기 때문에 실망이나 하는 체하고 잠시 더 앉아 있는 것이다.

"거 참 큰일났어."

K사장은 P가 낙심해하는 것을 보고 밑천이 들지 아니하는 일이라서 알뜰히 걱정을 나누어준다.

"저렇게 좋은 청년들이 일거리가 없어서 저렇게들 애를 쓰니."

P는 속으로 코똥을 '흥' 하고 뀌었으나 아무 대답도 아니하였다. K사장은 P가 이미 더 조르지 아니하리라고 안심한지라 먼저 하품 섞어 '빈자리가 있어야지' 하던 시원찮은 태도는 버리고 그가 늘 흉중에 묻어 두었다가 청년들에게 한바탕씩 해 들려주는 훈화를 꺼낸다.

"그렇지만 내가 늘 말하는 것인데…… 저렇게 취직만 하려고 애를 쓸 게 아니야. 도회지에서 월급생활을 하려고 할 것만이 아니라 농촌으로 돌아가서……"

"농촌으로 돌아가서 무얼 합니까?"

P는 말 중동을 갈라 불쑥 반문하였다. 그는 기왕 취직운동은 글러진 것이니 속시원하게 시비라도 해보고 싶은 것이다.

"허 저게 다 모르는 소리야…… 조선은 농업국이요, 농민이 전 인구의 팔할이나 되니까 조선문제는 즉 농촌문제라고 볼 수 있는데, 아 지금 농촌에서 할 일이 오죽이나 많다구?"

"저는 그 말씀 잘 못 알아듣겠는데요. 저희 같은 사람이 농촌에 가서 할 일이 있을 것 같잖습니다."

"그럴 리가 있나! 가령 응…… 저……"

K사장은 끝내 대답을 하지 못한다. 그것은 무리가 아니다.

그가 구직하러 오는 지식 청년들에게 농촌으로 돌아가 농촌사업을 하라는 것과(다음에 또 꺼내는 일거리를 만들라는 것은) 결코 현실에서 출발한 이론적 근거가 있는 것이 아니었다. 그저 지식계급의 구직군이 넘치는 것을 보고 막연히 '농촌으로 돌아가라' '일을 만들어라' 고 해왔을 따름이다. 따라서 거기에 대한 구체적 플랜이 있는 것도 아니었던 것이다. 한편으로는 한 행세거리로 또 한편으로는 구직군 격퇴의 수단으로 자룡이 헌 창 쓰듯 썼을 뿐이지…… 그리하여 그동안까지는 대개는 그 막연한 설교를 들은성 만성하고 물러가는 것이 그들의 행투였었는데 오늘이 P에게만은 그렇지가 아니하여 불가불 구체적 설명을 해주어야 하게 말머리가 돌아선 것이다. 그래서 그는 떠듬떠듬 생각해 가면서 생각나는 대로 주워섬기는 것이다.

"가령 응…… 저…… 문맹퇴치운동도 있지. 농민의 구할은 언문도 모른단 말이야! 그리고 생활 개선운동도 좋고…… 헌신적으로."

"헌신적으로요?"

"그렇지…… 할테면 헌신적으로 해야지."

"무얼 먹고 헌신적으로 그런 사업을 합니까?…… 먹을 것이 있어서 그런 농촌사업이라도 할 신세라면 이렇게 취직을 못해서 애를 쓰겠습니까?"

"허! 그게 안된 생각이야…… 자기가 먹고 살 재산이 있으면서 사회를 위해서 일도 아니 하고 번들번들 논다는 것은, 그것은 타락된 생각이야."

P는 K사장의 억단을 내세우는 것을 보고 속으로 싱그레 웃었다.

"그렇지만 지금 조선 농촌에서는 문맹퇴치니 생활개선이니 합네 하고 손끝이 하얀 대학이나 전문학교 졸업생들이 모여오는 것을 그다지 반겨하기는커녕 머릿살을 앓을 것입니다. 농민이 우매하다든지 문화가 뒤떨어졌다든지 또 생활이 비참한 것의 근본 원인이, 기역 니은을 모른다든가 생활개선을 할 줄 몰라서 그런 것이 아니니까요. 그리고 조선의 지식 청년들이 모두 그런 인도주의자가 되어집니까?"

"되면 되지 안될 건 무어야?"

"그건 인도주의란 그것이 한개 공상이니까 그렇겠지요."
"허허…… 그러면 P군은 ××주의잔가?"

"되다가 찌부러진 찌스러깁니다. 철저한 ××주의자라면 이렇게 선생님한테 와서 취직운동도 아니합니다."

"못써. 그렇게 과격한 사상으로 기울어서야 쓰나…… 정 농촌으로 돌아가기가 싫거든 서울서라도 몇 사람 마음 맞는 사람이 모여서 무슨 일을 — 조국에 신문이 모자라니 신문을 하나 경영하든지 또 조그맣게 하자면 잡지 같은 것도 좋고 또 영리사업도 좋고…… 그러면 취직운동하는 것보담 훨씬 낫잖은가?"

"좋을 줄이야 압니다만 누가 돈을 내놉니까?"

"그거야 성의 있게 하면 자연 돈도 생기는 거지."

P는 엉터리없는 수작을 더 하기가 싫어 웬만큼 말을 끊고 일어섰다.

속에 있는 말을 어느 정도까지 활활 해준 것이 시원은 하나 또 취직이 글렀고나 생각하니 입안에서 쓴 침이 고여나온다.

복도에서 편집국장 C를 만났다. P는 C와 각별히 사이가 가까운 터이었다.

"사장 만나러 왔소?"

C는 묻는 것이다.

"아—니"

P는 거짓말을 하였다. 그는 지금 K사장을 만나 거절당한 이야기를 하기가 어쩐지 창피하기도 할 뿐 아니라 또 전부터 C더러 K사장에게 자기의 취직운동을 부탁해왔던 터인데 직접 이렇게 찾아와서 만났다고 하기가 혐의쩍기도 하여 시치미를 뚝 뗀 것이다.

"아주 단념하오."

C자기에게 부탁한 취직운동을 단념하란 말이다. 그러면 벌써 C가 K사장에게 이야기를 하였고 그 결과 일이 틀어진 것을 P는 모르고 와서 헛노릇을 한바탕 한 것이다. P는 먼저 C를 만나보지 아니 하고 K사장을 만난 것을 후회했다. C는 잠깐 멈췄던 말을 계속한다.

"어제 아침에 사장더러 P군의 사정이 퍽 난처하니 어떻게 생각해봐주면 좋겠다고 여러 말을 했다가 코 떼었소. 신문사가 구제기관이 아닌데 남의 사정이 난처한 것을 어떻게 하라느냐고 그럽디다…… 하기야 그게 옳은 말이지만……"

신문사가 구제기관이 아니라고 한다는 그 말이 P의 머리에는 침끝으로 찌르는 것같이 정신이 들게 울리었다.

'흥 망할 자식들!'

P는 혼잣말로 이렇게 투덜거리며 C와 작별도 아니하고 밖으로 나와버렸다.

9

일천 구백 삼십 사년의 이 세상에도 기적이 있다.

그것은 P가 굶어 죽지 아니한 것이다. 그는 최근 일주일 동안 돈이 생긴 데가 없다. 잡힐 것도 없었고 어디서 벌이한 적도 없다.

그렇다고 남의 집 문 앞에 가서 밥 한술 주시오 하고 구걸한 일도 없고 남의 것을 훔치지도 아니 하였다.

그러나 그 동안 굶어 죽지 아니하였다. 야위기는 하였지만 그래도 멀쩡하게 살아 있다. P와 같은 인생이 이 세상에 하나도 없이 싹 치워진다면 근로하는 사람이 조금은 편해질는지도 모른다.

P가 소부르주아 축에 끼이는 인테리가 아니요 노동자였더라면 그 동안 거지가 되었거나 비상수단을 썼을 것이다. 그러나 그에게는 그러한 용기도 없다. 그러면서도 죽지 아니하고 살아 있다. 그렇지만 죽기보다도 더 귀찮은 일은 그를 잠시도 해방시켜 주지 아니한다.

그의 아들 창선이를 올려 보낸다고 어제 편지가 왔고 오늘은 내일 아침에 경성역에 당도한다는 전보까지 왔다.

오정 때 전보를 받은 P는 갑자기 정신이 난 듯이 쩔쩔매고 돌아다니며 돈 마련을 하였다. 최소한도 이십 원은……하고 돌아다닌 것이 석양 때 겨우 십오원이 변통되었다.

종로에서 풍로니 남비니 양재기니 숟갈이니 무어니 해서 살림 나부랑이를 간단하게 장만하여 가지고 올라오는 길에 전에 잡지사에 있을 때 알은 ××인쇄소의 문선과장을 찾아갔다.

월급도 일없고 다만 일만 가르쳐 주면 그만이니 어린아이 하나를 써 달라고 졸라댔다.

A라는 그 문선과장은 요리조리 칭탈을 하던 끝에— 그는 P가 누구 친한 사람의 집 어린애를 천거하는 줄 알았던 것이다—

"보통학교나 마쳤나요?"

하고 물었다.

"아—니요."

P는 솔직하게 대답하였다.

"나이 몇인데?"

"아홉살."

"아홉살?"

A는 놀래어 반문을 하는 것이다.

"기왕 일을 배울 테면 아주 어려서부터 배워야지요."

"그래도 너무 어려서 원, 뉘집 애요?"

"내 자식놈이랍니다."

P는 그래도 약간 얼굴이 붉어짐을 깨달았다. A는 이 말에 가장 놀라운 듯이 입만 벌리고 한참이나 P를 물끄러미 바라다본다.

"왜? 내 자식이라고 공장에 못 보내란 법 있답디까?"

"아니 정말 그래요?"

"정말 아니고?"

"괴—니 실없는 소리…… 자제라고 해야 들어줄 테니까 그러시지?"

"아니 그건 그렇잖어요. 내 자식놈야요."

"그럼 왜 공부를 시키잖구?"

"인쇄소 일 배우는 것도 공부지."

"그건 그렇지만 학교에 보내야지."

"학교에 보낼 처지가 못되고 또 보낸댔자 사람 구실도 못할 테니까……."

"거 참 모를 일이요. 우리 같은 놈은 이 짓을 해 가면서도 자식을 공부시키느라고 애를 쓰는데 되려 공부시킬 줄 아는 양반이 보통학교도 아니 마친 자제를 공장엘 보내요?"

"내가 학교 공부를 해본 나머지 그게 못쓰겠으니까 자식은 딴 공부시키겠다는 것이지요."

"글쎄 정 그러시다면 내가 내 자식 진배없이 잘 데리고 있으면서 일이나 착실히 가르쳐 드리리다 마는 …… 원 너무 어린데 애처럽잖아요?"

"애처러운 거야 애비된 내가 더 하지요만 그것이 제게는 약이니까……."

P는 당부와 치하를 하고 인쇄소를 나왔다. 한짐 벗어 놓은 것같이 몸이 가뜬하고 마음이 느긋하였다.

11

일찍 맛보지 못한 새살림을 P는 시작하였다.

창선이가 도착한 날 밤.

창선이는 아랫목에서 색색 잠을 자고 있다. 외롭게 꿈을 꾸고 있으려니 생각하매 전에 없던 애정이 솟아오르는 듯하였다.

이튿날 아침 일찍 창선이를 데리고 ××인쇄소에 가서 A에게 맡기고 안내키는 발길을 돌이켜 나오는 P는 혼자 중얼거렸다.

"레디메이드 인생이 비로소 겨우 임자를 만나 팔리었구나."

☑ 핵심정리

갈래 : 현대 소설, 단편 소설, 풍자 소설
성격 : 사실적, 풍자적, 현실 비판적
시점 : 3인칭 전지적 작가 시점
주제 : 식민지 현실을 살아가는 지식인의 비애
특징 : · 일제 강점기에 과잉 생산된 조선 지식인 계급의 비참한 현실을 사실적으로 드러냄
· 인물의 행동을 통해 당대의 무기력한 지식인을 풍자하고, 냉소적인 어조로 현실을 비판함

(2) 달밤

이태준

성북동으로 이사 나와서 한 대엿새 되었을까, 그날 밤 나는 보던 신문을 머리맡에 밀어 던지고 누워 새삼스럽게,

"여기도 정말 시골이로군!"

하였다.

뭐 바깥이 컴컴한 걸 처음 보고 시냇물 소리와 쏴 하는 솔바람 소리를 처음 들어서가 아니라 황수건이라는 사람을 이날 저녁에 처음 보았기 때문이다.

그는 말 몇 마디 사귀지 않아서 곧 못난이란 것이 드러났다. 이 못난이는 성북동의 산들보다, 물들보다, 조그만 지름길들보다 더 나에게 성북동이 시골이란 느낌을 풍겨 주었다.

서울이라고 못난이가 없을 리야 없겠지만 대처에서는 못난이들이 거리에 나와 행세를 하지 못하고, 시골에선 아무리 못난이라도 마음 놓고 나와 다니는 때문인지, 못난이는 시골에만 있는 것처럼 흔히 시골에서 잘 눈에 띈다. 그리고 또 흔히 그는 태고 때 사람처럼 그 우둔하면서도 천진스런 눈을 가지고, 자기 동리에 처음 들어서는 손에게 가장 순박한 시골의 정취를 돋워 주는 것이다.

하루는 나는 '평생 소원이 무엇이냐?' 고 그에게 물어보았다. 그는 '그까짓 것쯤 얼른 대답하기는 누워서 떡 먹기' 라고 하면서 평생 소원은 자기도 원배달이 한번 되었으면 좋겠다는 것이었다.

남이 혼자 배달하기 힘들어서 한 이십 부 떼어 주는 것을 배달하고 월급이라고 원배달에게서 한 삼 원 받는 터라, 월급을 이십여 원을 받고 신문사 옷을 입고 방울을 차고 다니는 원배달이 제일 부럽노라 하였다. 그리고 방울만 차면 자기도 뛰어다니며 빨리 돌 뿐 아니라 그 은행소에 다니는 집 개도 조금도 무서울 것이 없겠노라 하였다.

하루는 바깥마당에서부터 뭐라고 떠들어 대며 들어왔다.

"이 선생님, 이 선생님 곕쇼? 아, 저도 내일부턴 원배달이올시다. 오늘 밤만 자면입쇼……."

한다. 자세히 물어보니 성북동이 따로 한 구역이 되었는데, 자기가 맡게 되었으니까 내일은 배달

복을 입고 방울을 막 떨렁거리면서 올 테니 보라고 한다. 그리고 '사람이란게 그러게 뭐든지 끝을 바라고 붙들어야 한다.' 고 나에게 일러 주면서 신이 나서 돌아갔다. 우리도 그가 원배달이 된 것이 좋은 친구가 큰 출세나 하는 것처럼 마음속으로 진실로 즐거웠다. 어서 내일 저녁에 그가 배달복을 입고 방울을 차고 와서 쫄럭거리는 것을 보리라 하였다.

그러나 이튿날 그는 오지 않았다. 밤이 늦도록 신문도 그도 오지 않았다. 그다음 날도 신문도 그도 오지 않다가 사흘째 되는 날에야, 이날은 해도 지기 전인데 방울 소리가 요란스럽게 우리 집으로 뛰어들었다.

'어디 보자!'

하고 나는 방에서 뛰어나갔다. 그러나 웬일일까? 정말 배달복에 방울을 차고 신문을 들고 들어서는 사람은 황수건이가 아니라 처음 보는 사람이었다.

"왜 전에 사람은 어디 가고 당신이오?"

물으니 그는,

"제가 성북동을 맡았습니다."

한다.

"그럼, 전에 사람은 어디를 맡았소?"

하니 그는 픽 웃으며,

"그까짓 반편을 어딜 맡깁니까? 배달부로 쓸랴다가 똑똑지가 못하니까 안 쓰고 말었나 봅니다."

나는 가까운 친구를 먼 곳에 보낸 것처럼, 아니 친구가 큰 사업에나 실패하는 것을 보는 것처럼 못 만나는 섭섭뿐이 아니라 마음이 아프기도 하였다. 그 당자와 함께 세상의 야박함이 원망스럽기도 하였다.

하루는 나는 거의 그를 잊어버리고 있을 때,

"이 선생님 곕쇼?"

하고 수건이가 찾아왔다. 반가웠다.

"선생님, 요즘 신문이 거르지 않고 잘 옵쇼?"

하고 그는 배달 감독이나 되어 온 듯이 묻는다.

"잘 오우. 왜 그러우?"

한즉 또,

"늦지도 않굽쇼, 일즉이 제때마다 꼬옥 옵쇼?"

한다.

“당신이 돌릴 때보다 세 시간은 일찍이 오고 날마다 꼭꼭 잘 오우.”

하니 그는 머리를 벅적벅적 긁으면서,

“하루라도 거르기만 해라, 신문사에 가서 대뜸 일러바치지…….”

하고 그 빈약한 주먹을 부르댄다.

나는 그날 그에게 돈 삼 원을 주었다. 그의 말대로 삼산학교 앞에 가서 버젓이 참외 장사라도 해 보라고. 그리고 돈은 남지 못하면 돌려주지 않아도 좋다 하였다.

그는 삼 원 돈에 덩실덩실 춤을 추다시피 뛰어나갔다. 그리고 그 이튿날,

“선생님 잡수시라굽쇼.”

하고 나 없는 때 참외 세 개를 갖다 두고 갔다.

그러고는 온 여름 동안 그는 우리 집에 얼씬하지 않았다. 들으니 참외 장사를 해 보긴 했는데 이내 장마가 들어 밑천만 까먹었고, 또 그까짓 것보다 한 가지 놀라운 소식은 그의 아내가 달아났다는 것이었다. 저희끼리 금슬은 괜찮았건만 동서가 못 견디게 굴어 달아난 것이라 한다. 남편만 남 같으면 따로 살림 나는 날이나 기다리고 살 것이나 평생 동서 밑에 살아야 할 신세를 생각하고 달아난 것이라 한다.

그런데 요 며칠 전이었다. 밤인데 달포 만에 수건이가 우리 집을 찾아왔다. 웬 포도를 큰 것으로 대여섯 송이를 종이에 싸지도 않고 맨손에 들고 들어왔다. 그는 벙긋거리며,

“선생님 잡수라고 사 왔습죠.”

하는 때였다. 웬 사람 하나가 날쌔게 그의 뒤를 따라 들어오더니 다짜고짜로 수건이의 멱살을 움켜쥐고 끌고 나갔다. 수건이는 그 우둔한 얼굴이 새하얗게 질리며 꼼짝 못 하고 끌려 나갔다.

나는 수건이가 포도원에서 포도를 훔쳐 온 것을 직각하였다. 쫓아 나가 매를 말리고 포돗값을 물어 주었다. 포돗값을 물어 주고 보니 수건이는 어느 틈에 사라지고 보이지 않았다.

나는 그 다섯 송이의 포도를 탁자 위에 얹어 놓고 오래 바라보며 아껴 먹었다. 그의 은근한 순정의 열매를 먹듯 한 알을 가지고도 오래 입 안에 굴려 보며 먹었다.

어제다. 문안에 들어갔다 늦어서 나오는데 불빛 없는 성북동 길 위에는 밝은 달빛이 깁을 깐 듯하였다.

그런데 포도원께를 올라오노라니까 누가 맑지도 못한 목청으로,

“사…… 케…… 와 나…… 미다카 다메이…… 키…… 카…….”

(술은 눈물인가 한숨인가 …….)

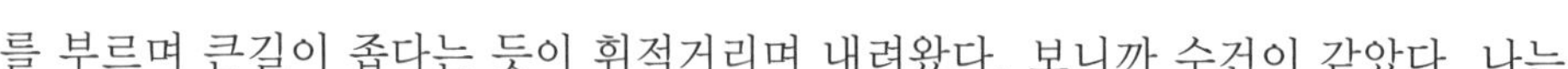

를 부르며 큰길이 좁다는 듯이 휘적거리며 내려왔다. 보니까 수건이 같았다. 나는,

"수건인가?"

하고 알은체하려다 그가 나를 보면 무안해할 일이 있는 것을 생각하고, 홱 길 아래로 내려서 나무 그늘에 몸을 감추었다.

그는 길은 보지도 않고 달만 쳐다보며, 노래는 이 이상은 외우지도 못하는 듯 첫 줄 한 줄만 되풀이하면서 전에는 본 적이 없었는데 담배를 다 퍽퍽 빨면서 지나갔다.

달밤은 그에게도 유감한 듯하였다.

☑ 핵심정리

갈래 : 현대 소설, 단편 소설　　**성격** : 사실적, 애상적
시점 : 1인칭 관찰자 시점
배경 : 시간 – 1930년대 일제 강점기 / 공간 – 서울 성북동
주제 : 세상으로부터 밀려난 못난이 '황수건'의 삶에 대한 연민
특징 : · 세밀하고 서정적인 묘사를 통해 인물과 사건을 선명하게 제시함
· 배경이 사건의 비극성을 심화시키지 않고, 서정적인 분위기를 만들어 줌으로써 독자에게 여운을 남김

(3) 메밀꽃 필 무렵

이효석

여름 장이란 애당초에 글러서 해는 아직 중천에 있건만 장판은 벌써 쓸쓸하고 더운 햇발이 벌여 놓은 전 휘장 밑으로 등줄기를 훅훅 볶는다. 마을 사람들은 거지반 돌아간 뒤요, 팔리지 못한 나무꾼 패가 길거리에 궁싯거리고들 있으나, 석유병이나 받고 고깃마리나 사면 족할 이 축들을 바라고 언제까지든지 버티고 있을 법은 없다. 츱츱스럽게 날아드는 파리 떼도 장난꾼 각다귀들도 귀찮다. 얼금뱅이요 왼손잡이인 드팀전의 허 생원은 기어코 동업의 조 선달을 나꾸어 보았다.

"그만 거둘까?"

"잘 생각했네. 봉평 장에서 한 번이나 흐붓하게 사 본 일 있었을까? 내일 대화 장에서나 한몫 벌어야겠네."

"오늘 밤은 밤을 새워서 걸어야 될걸."

"달이 뜨렷다."

(중략)

그렇다고는 하여도 꼭 한 번의 첫 일을 잊을 수는 없었다. 뒤에도 처음에도 없는 단 한 번의 괴이한 인연. 봉평에 다니기 시작한 젊은 시절의 일이었으나 그것을 생각할 적만은 그도 산 보람을 느꼈다.

"달밤이었으나 어떻게 해서 그렇게 됐는지 지금 생각해두 도무지 알 수 없어."

허 생원은 오늘 밤도 또 그 이야기를 끄집어내려는 것이다. 조 선달은 친구가 된 이래 귀에 못이 박히도록 들어 왔다. 그렇다고 싫증을 낼 수도 없었으나, 허 생원은 시침을 떼고 되풀이할 대로는 되풀이하고야 말았다.

"달밤에는 그런 이야기가 격에 맞거든."

조 선달 편을 바라는 보았으나, 물론 미안해서가 아니라 달빛에 감동하여서였다. 이지러는졌으나 보름을 가제 지난 달은 부드러운 빛을 흐붓이 흘리고 있다. 대화까지는 칠십 리의 밤길. 고개를 둘이나 넘고 개울을 하나 건너고 벌판과 산길을 걸어야 된다. 길은 지금 긴 산허리에 걸려 있다. 밤중을 지난 무렵인지 죽은 듯이 고요한 속에서 짐승 같은 달의 숨소리가 손에 잡힐 듯이 들리며, 콩 포기와 옥수수 잎새가 한층 달에 푸르게 젖었다. 산허리는 온통 메밀밭이어서 피기 시작한 꽃이 소금을 뿌린 듯이 흐뭇한 달빛에 숨이 막힐 지경이다. 붉은 대궁이 향기같이 애잔하고, 나귀들의 걸음도 시원하다. 길이 좁은 까닭에 세 사람은 나귀를 타고 외줄로 늘어섰다. 방울 소리가 시원스럽게 딸랑딸랑 메밀밭께로 흘러간다. 앞장선 허 생원의 이야기 소리는 꽁무니에 선 동이에게는 확적히는 안 들렸으나, 그는 그대로 개운한 제멋에 적적하지는 않았다.

"장 선 꼭 이런 날 밤이었네. 객줏집 토방이란 무더워서 잠이 들어야지. 밤중은 돼서 혼자 일어나 개울가에 목욕하러 나갔지. 봉평은 지금이나 그제나 마찬가지지. 보이는 곳마다 메밀 밭이어서 개울가가 어디없이 하얀 꽃이야. 돌밭에 벗어도 좋을 것을 달이 너무나 밝은 까닭에 옷을 벗으러 물방앗간으로 들어가지 않았나. 이상한 일도 많지 많지. 거기서 난데없는 성 서방네 처녀와 마주쳤단 말이네. 봉평서야 제일가는 일색이었지."

"팔자에 있었나 부지."

아무렴 하고 응답하면서 말머리를 아끼는 듯이 한참이나 담배를 빨 뿐이었다. 구수한 자줏빛 연기가 밤기운 속에 흘러서는 녹았다.

"날 기다린 것은 아니었으나, 그렇다고 달리 기다리는 놈팡이가 있는 것두 아니었네. 처녀는 울고 있단 말이야. 짐작은 대고 있었으나 성 서방네는 한창 어려워서 들고날 판인 때였지. 한집안 일이니 딸에겐들 걱정이 없을 리 있겠나. 좋은 데만 있으면 시집도 보내련만 시집은 죽어도 싫다지……. 그러나 처녀란 울 때같이 정을 끄는 때가 있을까. 처음에는 놀라기도 한 눈치였으나 걱정 있을 때는 누그러지기도 쉬운 듯해서 이럭저럭 이야기가 되었네……. 생각하면 무섭고도 기막힌 밤이었어."

"제천인지로 줄행랑을 놓은 건 그다음 날이었나?"

"다음 장도막에는 벌써 온 집안이 사라진 뒤였네. 장판은 소문에 발끈 뒤집혀 고작해야 술집에 팔려 가기가 상수라고, 처녀의 뒷공론이 자자들 하단 말이야. 제천 장판을 몇 번이나 뒤졌겠나. 하나 처녀의 꼴은 찡 귀 먹은 자리야. 첫날밤이 마지막 밤이었지. 그때부터 봉평이 마음에 든 것이 반평생을 두고 다니게 되었네. 평생인들 잊을 수 있겠나."

"수 좋았지. 그렇게 신통한 일이란 쉽지 않어. 항용 못난 것 얻어 새끼 낳고 걱정 늘고, 생각만 해두 진저리가 나지……. 그러나 늘그막바지까지 장돌뱅이로 지내기도 힘드는 노릇 아닌가. 난 가을까지만 하구 이 생애와두 하직하려네. 대화쯤에 조그만 전방이나 하나 벌이구 식구들을 부르겠어. 사시장철 뚜벅뚜벅 걷기란 여간이래야지."

"옛 처녀나 만나면 같이나 살까……. 난 거꾸러질 때까지 이 길 걷고 저 달 볼 테야."

산길을 벗어나니 큰길로 트였다. 꽁무니의 동이도 앞으로 나서 나귀들은 가로 늘어섰다.

"총각두 젊겠다, 지금이 한창 시절이렷다. 충줏집에서는 그만 실수를 해서 그 꼴이 되었으나 섭게 생각 말게."

"처, 천만에요. 되려 부끄러워요. 계집이란 지금 웬 제격인가요. 자나 깨나 어머니 생각뿐인데요."

허 생원의 이야기로 실심해 한 끝이라 동이의 어조는 한풀 수그러진 것이었다.

"아비어미란 말에 가슴이 터지는 것도 같았으나 제겐 아버지가 없어요. 피붙이라고는 어머니 하나뿐인걸요."

"돌아가셨나?"

"당초부터 없어요."

"그런 법이 세상에."

생원과 선달이 야단스럽게 껄껄들 웃으니, 동이는 정색하고 우길 수밖에는 없었다.

"부끄러워서 말하지 않으려 했으나 정말예요. 제천 촌에서 달도 차지 않은 아이를 낳고 어머니는 집을 쫓겨났죠. 우스운 이야기나, 그러기 때문에 지금까지 아버지 얼굴도 본 적 없고 있는 고장도 모르고 지내 와요."

고개가 앞에 놓인 까닭에 세 사람은 나귀를 내렸다.

고개 너머는 바로 개울이었다. 장마에 흘러 버린 널다리가 아직도 걸리지 않은 채로 있는 까닭에 벗고 건너야 되었다. 고의를 벗어 띠로 등에 얽어매고 반 벌거숭이의 우스꽝스러운 꼴로 물속에 뛰어들었다. 금방 땀을 흘린 뒤였으나 밤 물은 뼈를 찔렀다.

"그래, 대체 기르긴 누가 기르구?"

"어머니는 하는 수 없이 의부를 얻어 가서 술장사를 시작했죠. 술이 고주래서 의부라고 전망나니예요. 철들어서부터 맞기 시작한 것이 하룬들 편한 날 있었을까. 어머니는 말리다가 차이고 맞고 칼부림을 당하곤 하니 집 꼴이 무겠소. 열여덟 살 때 집을 뛰쳐나와서부터 이 짓이죠."

"총각 낫세론 섬이 무던하다고 생각했더니 듣고 보니 딱한 신세로군."

물은 깊어 허리까지 찼다. 속 물살도 어지간히 센 데다가 발에 차이는 돌멩이도 미끄러워 금시에 휩칠 듯하였다. 나귀와 조 선달은 재빨리 거의 건넜으나 동이는 허 생원을 붙드느라고 두 사람은 훨씬 떨어졌다.

"모친의 친정은 원래부터 제천이었던가?"

"웬걸요. 시원스리 말은 안 해 주나, 봉평이라는 것만은 들었죠."

"봉평? 그래, 그 아비 성은 무엇이구?"

"알 수 있나요. 도무지 듣지를 못했으니까."

"그, 그렇겠지."

하고 중얼거리며 흐려지는 눈을 까물까물하다가 허 생원은 경망하게도 발을 빗디뎠다. 앞으로 고꾸라지기가 바쁘게 몸째 풍덩 빠져 버렸다. 허우적거릴수록 몸을 걷잡을 수 없어, 동이가 소리를 치며 가까이 왔을 때에는 벌써 퍽이나 흘렀었다. 옷째 쫄딱 젖으니 물에 젖은 개보다도 참혹한 꼴이었다. 동이는 물속에서 어른을 해깝게 업을 수 있었다. 젖었다고는 하여도 여윈 몸이라 장정 등에는 오히려 가벼웠다.

"이렇게까지 해서 안됐네. 내 오늘은 정신이 빠진 모양이야."

"염려하실 것 없어요."

"그래, 모친은 아비를 찾지는 않는 눈치지?"

"늘 한번 만나고 싶다고는 하는데요."

"지금 어디 계신가?"

"의부와도 갈라져서 제천에 있죠. 가을에는 봉평에 모셔 오려고 생각 중인데요. 이를 물고 벌면 이럭저럭 살아갈 수 있겠죠."

"아무렴, 기특한 생각이야. 가을이랬다?"

동이의 탐탁한 등어리가 뼈에 사무쳐 따뜻하다. 물을 다 건넜을 때에는 도리어 서글픈 생각에 좀 더 업혔으면도 하였다.

"진종일 실수만 하니 웬일이오, 생원?"

조 선달은 바라보며 기어코 웃음이 터졌다.

"나귀야. 나귀 생각하다 실족을 했어. 말 안 했던가. 저 꼴에 제법 새끼를 얻었단 말이지. 읍내 강릉집 피마에게 말일세. 귀를 쫑긋 세우고 달랑달랑 뛰는 것이 나귀 새끼같이 귀여운 것이 있을까. 그것 보러 나는 일부러 읍내를 도는 때가 있다네."

"사람을 물에 빠치울 젠 딴은 대단한 나귀 새끼군."

허 생원은 젖은 옷을 웬만큼 짜서 입었다. 이가 덜덜 갈리고 가슴이 떨리며 몹시도 추웠으나, 마음은 알 수 없이 둥실둥실 가벼웠다.

"주막까지 부지런히들 가세나. 뜰에 불을 피우고 훗훗이 쉬어. 나귀에겐 더운물을 끓여 주고. 내일 대화 장 보고는 제천이다."

"생원도 제천으로?"

"오래간만에 가 보고 싶어. 동행하려나, 동이?"

나귀가 걷기 시작하였을 때 동이의 채찍은 왼손에 있었다. 오랫동안 아둑시니같이 눈이 어둡던 허 생원도 요번만은 동이의 왼손잡이가 눈에 띄지 않을 수 없었다.

걸음도 해깝고 방울 소리가 밤 벌판에 한층 청청하게 울렸다.

달이 어지간히 기울어졌다.

핵심정리

갈래 : 단편 소설, 순수 소설 **성격** : 낭만적, 서정적 **시점** : 3인칭 전지적 작가 시점

배경 : 시간 – 1920년대 어느 여름 낮부터 밤까지 / 공간 – 강원도 봉평에서 대화 장터로 가는 길

주제 : 장돌뱅이 삶의 애환과 인간 본연의 정

특징 :
- 서정적인 문체와 사실적 묘사를 통한 배경 묘사가 두드러짐
- 여운을 주는 결말 처리 방식을 사용함
- 시간적, 공간적 배경이 사건 진행의 중요한 장치가 됨

(4) 봄 · 봄

김유정

"장인님! 인젠 저……."

내가 이렇게 뒤통수를 긁고, 나이가 찼으니 성례를 시켜줘야 하지 않겠느냐고 하면, 그 대답이 늘 "이 자식아! 성례구 뭐구 미처 자라야지!"
하고 만다.

이 자라야 한다는 것은 내가 아니라 장차 내 안해가 될 점순이의 키 말이다.

내가 여기에 와서 돈 한 푼 안 받고 일하기를 삼 년 하고 꼬박이 일곱 달 동안을 했다. 그런데도 미처 못 자랐다니까 이 키는 언제야 자라는 겐지 짜증 영문 모른다. 일을 좀 더 잘해야 한다든지, 혹은 밥을(많이 먹는다고 노상 걱정이니까) 좀 덜 먹어야 한다든지 하면 나도 얼마든지 할 말이 많다. 허지만, 점순이가 안죽 어리니까 더 자라야 한다는 여기에는 어째 볼 수 없이 고만 벙벙하고 만다.

이래서 나는 애최 계약이 잘못된 걸 알았다. 이태면 이태, 삼 년이면 삼 년, 기한을 딱 작정하고 일을 해야 원, 할 것이다. 덮어놓고 딸이 자라는 대로 성례를 시켜 주마 했으니, 누가 늘 지키고 섰는 것도 아니고, 그 키가 언제 자라는지 알 수 있는가. 그리고 난 사람의 키가 무럭무럭 자라는 줄만 알았지 붙배기 키에 모로만 벌어지는 몸도 있는 것을 누가 알았으랴. 때가 되면 장인님이 어련하랴 싶어서 군소리 없이 꾸벅꾸벅 일만 해 왔다. 그럼 말이다, 장인님이 제가 다 알아채려서, "어 참, 너 일 많이 했다. 고만 장가들어라." 하고 살림도 내주고 해야 나도 좋을 것이 아니냐. 시치미를 딱 떼고 도리어 그런 소리가 나올까 봐서 지레 펄펄 뛰고 이 야단이다. 명색이 좋아 데릴사위지 일하기에 승겁기도 할뿐더러 이건 참 아무것도 아니다.
숙맥이 그걸 모르고 점순이의 키 자라기만 까맣게 기달리지 않었나.

"어러이! 말이! 맘 마 마……."

이렇게 노래를 하며 소를 부리면 여느 때 같으면 어깨가 으쓱으쓱한다. 웬일인지 밭 반도 갈지 않어서, 온몸의 맥이 풀리고 대구 짜증만 난다. 공연히 소만 들입다 두들기며 "안야! 안야! 이 망할 자식의 소(장인님의 소니까) 대리를 꺾어 들라."

그러나 내 속은 정말 안야 때문이 아니라 점심을 이고 온 점순이의 키를 보고 울화가 났든 것이다.

점순이는 뭐 그리 썩 이쁜 계집애는 못 된다. 그렇다구 또 개떡이냐 하면 그런 것두 아니고, 꼭 내 안해가 돼야 할 만치 그저 툽툽하게 생긴 얼굴이다. 나보다 십 년이 아래니까 올에 열여섯인데, 몸은 남보다 두 살이나 덜 자랐다. 남은 잘도 현칠이들 크건만 이건 우아래가 몽툭한 것이 내 눈에는 헐없이 감참외 같다.

참외 중에는 감참외가 젤 맛 좋고 이쁘니까 말이다. 둥글고 커단 눈은 서글서글하니 좋고, 좀 지쳐 찢어졌지만 입은 밥술이나 혹혹히 먹음직하니 좋다. 아따, 밥만 많이 먹게 되면 팔자는 고만 아니냐. 헌데 한 가지 파가 있다면 가끔가다 몸이 (장인님은 이걸 채시니없이 들까븐다고 하지만) 너머 빨리빨리 논다. 그래서 밥을 나르다가 때 없이 풀밭에다 깨빡을 쳐서 흙투성이 밥을 곧잘 먹인다. 안 먹으면 무안해할까 봐서 이걸 씹고 앉었노라면 으적으적 소리만 나고 돌을 먹는 겐지 밥을 먹는 겐지…….

그러나 이날은 웬일인지 성한 밥째루 밭머리에 곱게 나려놓았다. 그리고 또 내외를 해야 하니까 저만큼 떨어져 이쪽으로 등을 향하고 웅크리고 앉어서 그릇 나기를 기다린다.

내가 다 먹고 물러섰을 때, 그릇을 와서 챙기는데 난 깜짝 놀라지 않었느냐.

고개를 폭 숙이고 밥함지에 그릇을 포개면서 날더러 들으래는지 혹은 제 소린지

"밤낮 일만 하다 말 텐가!"

하고 혼자서 쫑알거린다. 고대 잘 내외하다가 이게 무슨 소린가 하고 난 정신이 얼떨떨했다. 그러면서도 한편 무슨 좋은 수나 있는가 싶어서 나도 공중을 대고 혼잣말로

"그럼 어떡해?"

하니까,

"성례시켜 달라지 뭘 어떡해."

하고 되알지게 쏘아붙이고 얼굴이 발개져서 산으로 그저 도망질을 친다.

나는 잠시 동안 어떻게 되는 심판인지 맥을 몰라서 그 뒷모양만 덤덤히 바라보았다.

봄이 되면 온갖 초목이 물이 오르고 싹이 트고 한다. 사람도 아마 그런가 부다 하고 며칠 내에 부쩍(속으로) 자란 듯싶은 점순이가 여간 반가운 것이 아니다.

실토이지 나는 점순이가 아츰상을 가지고 나올 때까지는 오늘은 또 얼마나 밥을 담었나 하고 이것만 생각했다. 상에는 된장찌개하고 간장 한 종지, 조밥 한 그릇, 그리고 밥보다 더 수부룩하게 담은 산나물이 한 대접, 이렇다. 나물은 점순이가 틈틈이 해 오니까 두 대접이고 네 대접이고 멋대루 먹어도 좋나, 밥은 장인님이 한 사발 외엔 더 주지 말라고 해서 안 된다. 그런데 점순이가 그 상을 내 앞에 나려놓며 제 말로 지껄이는 소리가

"구장님한테 갔다 그냥 온담 그래!"

하고 엊그제 산에서와 같이 되우 쫑알거린다. 딴은 내가 더 단단히 덤비지 않고 만 것이 좀 어리석었다, 속으로 그랬다. 나도 저쪽 벽을 향하야 외면하면서 내 말로

"안 된다는 걸 그럼 어떻건담!"

하니까,

"쇰을 잡아채지 그냥 둬, 이 바보야!"

하고 또 얼굴이 빨개지면서 성을 내며 안으로 샐죽하니 튀들어가지 않느냐. 이때 아무도 본 사람이 없었게 망정이지, 보았다면 내 얼굴이 에미 잃은 황새 새끼처럼 가여웁다 했을 것이다.

사실, 이때만치 슬펐든 일이 또 있었는지 모른다. 다른 사람은 암만 못생겼다 해두 괜찮지만 내 안해 될 점순이가 병신으로 본다면 참 신세는 따분하다. 밥을 먹은 뒤 지게를 지고 일터로 갈랴 하다 도루 벗어던지고 바깥마당 공석 우에 들어누어서, 나는 차라리 죽느니만 같지 못하다 생각했다.

내가 일 안 하면 장인님 저는 나이가 먹어 못 하고 결국 농사 못 짓고 만다. 뒷짐으로 트림을 꿀꺽 하고 대문 밖으로 나오다 날 보고서

"이 자식아, 왜 또 이러니?"

"관객이 났어유, 어이구 배야!"

"기껀 밥 처먹구 나서 무슨 관객이야? 남의 농사 버려 주면 이 자식아, 징역 간다, 봐라!"

"가두 좋아유. 아이구 배야!"

참말 난 일 안 해서 징역 가도 좋다 생각했다. 일후 아들을 낳어도 그 앞에서 '바보, 바보.' 이렇게 별명을 들을 테니까 오늘은 열 쪽에 난대도 결정을 내고 싶었다.

장인님이 일어나라고 해도 내가 안 일어나니까 눈에 독이 올라서 저편으로 힁하게 가더니 지게막대기를 들고 왔다. 그리고 그걸로 내 허리를 마치 돌 떠넘기듯이 쿡 찍어서 넘기고 넘기고 했다. 밥을 잔뜩 먹고 딱딱한 배가 그럴 적마다 뚱겨지면서 밸창이 꼿꼿한 것이 여간 켕기지 않았다. 그래도 안 일어나니까 이번에는 배를 지게막대기로 우에서 쿡쿡 찌르고 발길로 옆구리를 차고 했다. 장인님은 원체 심청이 궂어서 그러지만, 나도 저만 못하지 않게 배를 채었다.

아픈 것을 눈을 꽉 감고 넌 해라 난 재미난 듯이 있었으나, 볼기짝을 후려갈길 적에는 나도 모르는 결에 벌떡 일어나서 그 수염을 잡아챘다마는, 내 골이 난 것이 아니라 정말은 아까부터 벽 뒤 울타리 구멍으로 점순이가 우리들의 꼴을 몰래 엿보고 있었기 때문이다. 가뜩이나 말 한마디 톡톡히 못 한다고 바보라는데 매까지 잠자코 맞는 걸 보면 짜정 바보로 알 게 아닌가. 또, 점순이도 미워하는 이까진 놈의 장인님 하곤 아무것도 안 되니까 막 때려도 좋지만 사정 보아서 수염만 채고(제 원대로 했으니까 이때 점순이는 퍽 기뻤겠지.) 저기까지 잘 들리도록

"이걸 까셀라부다!"

하고 소리를 쳤다.

장인님은 더 약이 바짝 올라서 잡은 참 지게막대기로 내 어깨를 그냥 나려갈겼다. 정신이 다 아찔하다. 다시 고개를 들었을 때 그때엔 나도 온몸에 약이 올랐다. 이 녀석의 장인님을 하고 눈에서 불이 퍽 나서 그 아래 밭 있는 넝 알로 그대로 떼밀어 굴려 버렸다.

기어오르면 굴리고 굴리면 기어오르고 이러길 한 너덧 번을 하며, 그럴 적마다

"부려만 먹구 왜 성례 안 하지유!"

나는 이렇게 호령했다. 허지만, 장인님이 선뜻 오냐 낼이라두 성례시켜 주마 했으면 나도 성가신 걸 그만두었을지 모른다. 나야 이러면 때린 건 아니니까 나종에 장인 쳤다는 누명도 안 들을 터이고 얼마든지 해도 좋다.

한번은 장인님이 헐떡헐떡 기어서 올라오드니 내 바지가랭이를 요렇게 노리고서 담박 웅켜잡고 매달렸다. 악, 소리를 치고 나는 그만 세상이 다 팽그르 도는 것이

"빙장님! 빙장님! 빙장님!"

"이 자식! 잡아먹어라, 잡아먹어!"

"아! 아! 할아버지! 살려 줍쇼, 할아버지!"

하고 두 팔을 허둥지둥 내절 적에는 이마에 진땀이 쭉 내솟고 인젠 참으로 죽나 보다 했다. 그래두 장인님은 놓질 않드니 내가 기어히 땅바닥에 쓰러져서 거진 까무러치게 되니까 놓는다. 더럽다, 더럽다. 이게 장인님인가? 나는 한참을 못 일어나고 쩔쩔맸다. 그러다 얼굴을 드니(눈에 참 아무것도 보이지 않었다.) 사지가 부르르 떨리면서 나도 엉금엉금 기어가 장인님의 바지가랭이를 꽉 웅키고 잡아나꿨다.

내가 머리가 터지도록 매를 얻어맞은 것이 이 때문이다. 그러나 여기가 또한 우리 장인님이 유달리 착한 곳이다. 여느 사람이면 사경을 주어서라도 당장 내쫓았지, 터진 머리를 불솜으로 손수 지져 주고, 호주머니에 히연 한 봉을 넣어 주고, 그리고

"올 갈엔 꼭 성례를 시켜 주마. 암말 말구 가서 뒷골의 콩밭이나 얼른 갈아라."

하고 등을 뚜덕여 줄 사람이 누구냐.

나는 장인님이 너무나 고마워서 어느덧 눈물까지 났다. 점순이를 남기고 인젠 내쫓기려니 하다 뜻밖의 말을 듣고,

"빙장님! 인제 다시는 안 그러겠어유……."

이렇게 맹서를 하며 불랴살야 지게를 지고 일터로 갔다. 그러나 이때는 그걸 모르고 장인님을 원수로만 여겨서 잔뜩 잡아다렸다.

"아! 아! 이놈아! 놔라, 놔, 놔……."

장인님은 헷손질을 하며 솔개미에 챈 닭의 소리를 연해 질렀다. 놓긴 왜, 이왕이면 호되게 혼을 내 주리라 생각하고 짓궂이 더 댕겼다마는, 장인님이 땅에 쓰러져서 눈에 눈물이 피잉 도는 것을 알고 좀 겁도 났다.

"할아버지! 놔라, 놔, 놔, 놔, 놔놔."

그래도 안 되니까,

"얘, 점순아! 점순아!"

이 악장에 안에 있었든 장모님과 점순이가 헐레벌떡하고 단숨에 뛰어나왔다.

나의 생각에 장모님은 제 남편이니까 역성을 할는지도 모른다. 그러나 점순이는 내 편을 들어서 속으로 고수해서 하겠지……. 대체 이게 웬 속인지(지금까지도 난 영문을 모른다.), 아버질 혼내 주기는 제가 내래 놓고 이제 와서는 달겨 들며

"에그머니! 이 망할 게 아버지 죽이네!"

하고 내 귀를 뒤로 잡어댕기며 마냥 우는 것이 아니냐. 그만 여기에 기운이 탁 꺾이어 나는 얼빠진 등신이 되고 말었다. 장모님도 덤벼들어 한쪽 귀마저 뒤로 잡아채면서 또 우는 것이다.

이렇게 꼼짝 못하게 해 놓고 장인님은 지게막대기를 들어서 사뭇 나려조겼다.

그러나 나는 구태여 피할랴지도 않고 암만해도 그 속 알 수 없는 점순이의 얼굴만 멀거니 들여다보았다.

"이 자식! 장인 입에서 할아버지 소리가 나오도록 해?"

핵심정리

갈래 : 단편 소설, 순수 소설, 농촌 소설 **성격** : 해학적, 토속적 **시점** : 1인칭 주인공 시점

배경 : 시간 – 1930년대 봄 / 공간 – 강원도 산골의 농촌 마을

주제 : 어수룩한 데릴사위와 교활한 장인 사이의 해학적 갈등

특징 :
- · 1인칭 주인공 시점으로 서술자의 심리가 생생하게 드러남
- · 토속어와 비속어, 희극적 상황을 통해 해학성을 유발함
- · 시간의 흐름이 순차적이지 않고 과거와 현재를 오가는 역순행적 구성임
- · '절정' 부분에 '결말'을 삽입하는 역순행적 구성

(5) 태평천하 (太平天下)

채만식

1. 무임승차 기술

윤직원 영감은 재동 네거리 버스 정류장에서 춘심이와 같이 버스를 기다립니다. 때가 아침저녁의 러시아워도 아닌데 웬일인지 만원 된 차가 두 대나 그냥 지나가 버립니다. 그러더니 세 대째 만에, 그것도 여간 분비지 않는 걸, 들이 떼밀고 올라타니까 버스걸이 마구 울상을 합니다.

윤직원 영감은 자기 혼자서 탔으면 꼬옥 알맞을 버스 한 채를 만원 이상의 승객과 같이 탔으니 남이야 어찌 되었든 간에 윤직원 영감 당자도 무척 고생입니다. 그럴 뿐 아니라, 갓을 버스 천장에다가 치받치지 않으려고 허리를 꾸부정하고 섰자니, 공간을 더 많이 차지해야 됩니다. 그 대신 춘심이는 윤직원 영감의 겨드랑 밑에 가 박혀 있어 만약 두루마기 자락으로 가리기만 하면 찻삯은 안 물어도 될 성싶습니다.

겨우겨우 총독부 앞 종점에 당도하여 다들 내리는 데 섞여 윤직원 영감도 춘심이로 더불어 내리는데, 버스에 탔던 사람들은 기념이라도 하고 싶은 듯이 제가끔 한번씩 쳐다보고 갑니다.

윤직원 영감은 버스에서 내려서 대견하게 숨을 돌린 뒤에, 비로소 염낭끈을 풀어 천천히 돈을 꺼낸다는 것이 십 원짜리 지전입니다.

"그걸 어떡허라구 내놓으세요? 거스를 돈 없어요!"

여차장은 그만 소갈머리가 나서 보풀떨이를 합니다.

"그럼 어떡허넝가? 이것두 돈은 돈인디……."

"누가 돈 아니래요? 잔돈 내세요!"

"잔돈 읎어!"

"지금 주머니 속에서 잘랑잘랑 소리가 나든데 그러세요? 괜히……."

"으응, 이거?"

윤직원 영감은 염낭을 흔들어 그 잘랑잘랑 소리를 들려 주면서,

"……이건 못 쓰넌 돈이여, 사전이여…… 정, 그렇다면 못 쓰넌 돈이라두 그냥 받을 티여?"

하고 방금 끈을 풀려고 하는 것을, 여차장은 오만상을 찡그리고는,

“몰라요! 속상해 죽겠네……! 어디꺼정 가세요?”

하면서 참으로 구박이 자심합니다.

“정거장.”

“그럼, 전차에 가서 바꾸세요!”

“그러까?”

잔돈을 두어 두고도 십 원짜리를 낸 것이며, 부청 앞에서 내릴 테면서 정거장까지 간다고 한 것이며가 모두 요량이 있어서 한 짓입니다.

무사히 공차를 탄 윤직원 영감은 총독부 앞에서부터는 춘심이를 앞세우고 부민관까지 천천히 걸어서 갑니다.

“좁은 뽀수 타니라구 고생헌 값을 이렇기 도루 찾는 법이다.”

그는 이윽고 공차 타는 기술을 춘심이한테도 깨우쳐 주던 것인데, 그런 걸 보면 아마 청기와장수는 아닌 모양입니다.

2. 망진자(亡秦者)는 호야(胡也)니라

일찍이 윤직원 영감은 그의 소싯적 윤두꺼비 시절에, 자기 부친 말대가리 윤용규가 화적의 손에 무참히 맞아죽은 시체 옆에 서서, 노적이 불타느라고 화광이 충천한 하늘을 우러러,

“이놈의 세상, 언제나 망하려느냐?”

“우리만 빼놓고 어서 망해라!”

하고 부르짖은 적이 있겠다요.

이미 반세기 전, 그리고 그것은 당시의 나한테 불리한 세상에 대한 격분된 저주요, 겸하여 웅장한 투쟁의 선언이었습니다.

해서 윤직원 영감은 과연 승리를 했겠다요. 그런데…….

식구들은 시아버지 윤직원 영감이 보기가 싫은 건넌방 고씨만 빼놓고, 서울아씨, 태식이, 뒤채의 두 동서, 모두 안방에 모여 종수를 맞이하는 예를 표하고, 그들의 옹위 아래 윤직원 영감과 종수는 각기 아랫목과 뒷벽 앞으로 갈라 앉았습니다. 방금 점심 밥상을 받을 참입니다.

“너 경손 애비, 부디 정신채리라……!”

윤직원 영감이 종수더러 곰곰이 훈계를 하던 것입니다. 안식구가 있는 데라 점잖게 경손 애비

지요.

"……정신을 채리야 헐 것이 늬가 암만히여두 네 아우 종학이만 못히여! 종학이는 그놈이 재주두 있고 착실히여서, 너치름 허랑허지두 않고 그럴 뿐더러 내년 내후년이머넌 대학교를 졸업허잖냐? 내후년이지?"

"네."

"그렇지? 응, 그래, 내후년이면 대학교 졸업을 허구 나와서, 삼 년이나 다직 사 년만 찌들어나머넌 그놈은 지가 목적헌, 요새 그 목적이란 소리 잘 쓰더구나, 응? 목적…… 목적헌 경부가 되야 갖구서, 경찰서장이 된담 말이다! 응? 알겄어."

"네."

"그러닝개루 너두 정신을 바싹 채리 갖구서, 어서어서 군수가 되아야 않겄냐……? 아, 동생놈은 버젓한 경찰서장인디, 형놈은 게우 군서기를 댕기구 있담! 남부끄러서 어쩔 티여? 응……? 아 글씨, 군수 되구 경찰서장 되구 허머넌, 느덜 좋구 느덜 호강이지 머, 그 호강 날 주냐? 내가 이렇기 아등아등 잔소리를 허넌 것두 다 느덜 위히여서 그러지, 나는 파리 족통만치두 상관읎어야! 알어듣냐?"

"네."

"그놈 종학이는 참말루 쓰겄어! 그놈이 어려서버텀두 워너니 나를 자별허게 따르구, 재주두 있구 착실허구, 커서두 내 말을 잘 듣구……. 내가 그놈 하나넌 꼭 믿넌다, 꼭 믿어. 작년 올루 들어서 그놈이 돈을 어찌 좀 히피 쓰기는 허넝가 부더라마는, 그것두 허기사 네게다 대머는 안 쓰는 심이지. 사내자식이 너처럼 허랑허지만 말구서, 제 줏대만 실헐 양이면 돈을 좀 써두 괜찮언 법이여…… 그래서 지난달에두 오백 원 꼭 쓸 디가 있다구 핀지히였길래, 두말 않고 보내 주었다!"

마침 이때, 마당에서 헴헴, 점잖은 밭은기침 소리가 납니다. 창식이 윤주사가 조금 아까야 일어나서, 간밤에 동경서 온 전보 때문에 억지로 억지로 큰댁 행보를 하던 것입니다.

윤주사는 토방으로 내려서는 아들 종수더러, 언제 왔느냐고, 심상히 알은체를 하면서, 역시 토방으로 내려서는 두 며느리의 삼가로운 무언의 인사와, 마루까지만 나선 이복 누이동생 서울 아씨의 입인사를 받으면서, 방으로 들어가서는 부친 윤직원 영감한테 절을 한자리 꾸부리고서, 아들 종수한테 한자리 절과, 이복동생 태식이한테 경례를 받은 후, 비로소 한옆으로 꿇어앉습니다.

"해가 서쪽으서 뜨겄구나?"

윤직원 영감은 아들의 이렇듯 부르지도 않은 걸음을, 더욱이나 안방에까지 들어온 것을 이상타고 꼬집는 소립니다.

"……멋 하러 오냐? 돈 달라러 오지?"

"동경서 전보가 왔는데요……."

지체를 바꾸어 윤주사를 점잖고 너그러운 아버지로, 윤직원 영감을 속 사납고 경망스런 어린 아들로 둘러 놓았으면 꼬옥 맞겠습니다.

"동경서? 전보?"

"종학이놈이 경시청에 붙잽혔다구요?"

"으엉?"

외치는 소리도 컸거니와 엉덩이를 꿍— 찧는 바람에, 하마 방구들이 내려앉을 뻔했습니다. 모여 선 온 식구가 제가끔 정도에 따라 제각기 놀란 것은 물론이구요.

윤직원 영감은 마치 묵직한 몽치로 뒤통수를 얻어맞은 양, 정신이 멍—해서 입을 벌리고 눈만 휘둥그랬지, 한동안 말을 못 하고 꼼짝도 않습니다.

그러다가 이윽고 으르렁거리면서 잔뜩 쪼글트리고 앉습니다.

"거, 웬 소리냐? 으응? 으응……? 거 웬 소리여? 으응? 으응?"

"그놈 동무가 친 전본가 본데, 전보가 돼서 자세는 모르겠습니다."

윤주사는 조끼 호주머니에서 간밤의 그 전보를 꺼내어 부친한테 올립니다. 윤직원 영감은 채듯 전보를 받아 쓰윽 들여다보더니 커다랗게 읽습니다. 물론 원문은 일문이니까 몰라 보고, 윤주사네 서사 민서방이 번역한 그대로지요.

"종학, 사상관계로, 경시청에 피검……이라니? 이게 무슨 소리다냐?"

"종학이가 사상관계로 경시청에 붙잽혔다는 뜻일 테지요!"

"사상관계라니?"

"그놈이 사회주의에 참예를……."

"으엉?"

아까보다 더 크게 외치면서 벌떡 뒤로 나동그라질 뻔하다가 겨우 몸을 가눕니다.

윤직원 영감은 먼저에는 몽치로 뒤통수를 얻어맞은 것 같이 멍했지만, 이번에는 앉아 있는 땅이 지함을 해서 수천 길 밑으로 꺼져 내려가는 듯 정신이 아찔했습니다.

그러나 그것은 결단코 자기가 믿고 사랑하고 하는 종학이의 신상을 여겨서가 아닙니다.

윤직원 영감은 시방 종학이가 사회주의를 한다는 그 한 가지 사실이 진실로 옛날의 드세던 부랑당패가 백길 천길로 침노하는 그것보다도 더 분하고, 물론 무서웠던 것입니다.

진(秦)나라를 망할 자 호(胡:오랑캐)라는 예언을 듣고서 변방을 막으려 만리장성을 쌓던 진시황, 그는, 진나라를 망한 자 호가 아니요, 그의 자식 호해(胡亥)임을 눈으로 보지 못하고 죽었으니, 오히려 행복이라 하겠습니다.

"사회주의라니? 으응? 으응?"

윤직원 영감은 사뭇 사람을 아무나 하나 잡아먹을 듯 집이 떠나게 큰 소리로 포효(咆哮)를 합니다.

"……으응? 그놈이 사회주의를 허다니! 으응? 그게, 참말이냐? 참말이여?"

"허긴 그놈이 작년 여름방학에 나왔을 때버틈 그런 기미가 좀 뵈긴 했어요!"

"그러머넌 참말이구나! 그러머넌 참말이여, 으응!"

윤직원 영감은 이마로, 얼굴로 땀이 방울방울 배어 오릅니다.

"……그런 쳐죽일 놈이, 깎어 죽여두 아깝잖을 놈이! 그놈이 경찰서장 허라닝개루, 생판 사회주의허다가 뎁다 경찰서에 잽혀? 으응……? 오—사 육시를 헐 놈이, 그놈이 그게 어디 당헌 것이라구 지가 사회주의를 히여? 부자놈의 자식이 무엇이 대껴서 부랑당패에 들어?"

아무도 숨도 크게 쉬지 못하고, 고개를 떨어뜨리고 섰기 아니면 앉았을 뿐, 윤직원 영감이 잠깐 말을 그치자 방 안은 물을 친 듯이 조용합니다.

"……오죽이나 좋은 세상이여? 오죽이나……."

윤직원 영감은 팔을 부르걷은 주먹으로 방바닥을 땅— 치면서 성난 황소가 영각을 하듯 고함을 지릅니다.

"화적패가 있너냐아? 부랑당 같은 수령(守令)들이 있더냐……? 재산이 있대야 도적놈의 것이요, 목숨은 파리 목숨 같던 말세넌 다 지내가고오…… 자 부아라, 거리거리 순사요, 골골마다 공명헌 정사(政事), 오죽이나 좋은 세상이여…… 남은 수십만 명 동병(動兵)을 히여서, 우리 조선놈 보호히여 주니, 오죽이나 고마운 세상이여? 으응……? 제 것 지니고 앉아서 편안허게 살 태평세상, 이걸 태평천하라구 허는 것이여, 태평천하……! 그런디 이런 태평천하에 태어난 부자놈의 자식이, 더군다나 왜 지가 떵떵거리구 편안허게 살 것이지, 어찌서 지가 세상 망쳐 놀 부랑당패에 참섭을 헌담 말이여, 으응?"

땅— 방바닥을 치면서 벌떡 일어섭니다. 그 몸짓이 어떻게도 요란스럽고 괄괄한지, 방금 발광이 되는가 싶습니다. 아닌게아니라 모여 선 가권들은 방바닥 치는 소리에도 놀랐지만, 이 어른이 혹시 상성이 되지나 않는가 하는 의구의 빛이 눈에 나타남을 가리지 못합니다.

"……착착 깎어 죽일 놈……! 그놈을 내가 핀지히여서, 백 년 지녁을 살리라구 헐걸! 백 년 지녁 살리라구 헐 테여…… 오냐, 그놈을 삼천 석거리는 직분(分財)하여 줄라구 히였더니, 오—냐, 그놈 삼천 석거리를 톡톡 팔어서, 경찰서으다가 사회주의허는 놈 잡어 가두는 경찰서으다가 주어 버릴걸! 으응, 죽일 놈!"

마지막의 으응 죽일 놈 소리는 차라리 울음 소리에 가깝습니다.

"……이 태평천하에! 이 태평천하에……."

핵심정리

갈래 : 풍자 소설, 사회 소설, 가족사 소설 **성격** : 풍자적, 비판적, 사실적 **시점** : 3인칭 전지적 작가 시점

배경 : 시간 – 1930년대 / 공간 – 서울 한 평민 출신의 대지주 집안

주제 : 윤 직원 일가의 몰락 과정을 통한 식민지 시대의 타락상 비판

특징 :
- 해학적이고 풍자적인 판소리 사설 문체를 통해 인물의 행위를 조롱, 풍자함
- 판소리 사설의 창자와 같이 독자와 인물 중간에서 작가가 직접 개입하여 독자의 이해를 도움
- 반어를 통한 희화화와 풍자를 보임

(6) 장마

윤흥길

[앞부분의 줄거리]

'나(동만)'의 외가 식구들은 6 · 25 사변으로 '나'의 집으로 피난와 친가 식구들과 함께 살게 된다. 사돈댁에서 신세를 지는 처지에 있는 외할머니와 베푸는 입장인 친할머니는 삼촌이 빨치산, 외삼촌이 국군 소위라는 거북한 상황 속에서도 말다툼 없이 의좋게 지냈다. 그러다가 내가 낯선 사람의 꾐에 빠져 빨치산인 삼촌이 밤에 몰래 집에 왔다고 실토한 일로 '나'의 아버지가 읍내에 잡혀가 고초를 겪는 사건이 발생한다. 이 때문에 할머니는 '나'를 '과자 한 조각에 삼촌을 팔아 먹은 천하의 무지막지한 사람 백정'으로 여기는 데 반해 외할머니는 은근히 나를 감싸면서 두 분의 사이에 금이 가기 시작한다.

그러다가 외삼촌의 전사 소식이 날아들자, 상심한 외할머니는 장마비가 쏟아지는 하늘을 향해 빨갱이를 다 쓸어가 버리라고 저주를 퍼붓는다. 빨치산으로 나간 삼촌의 소식을 애타게 기다리던 할머니는 이것을 자기 아들더러 죽으라는 말로 받아들여 외할머니와 한바탕 큰 싸움을 벌이게 된다.

빨치산이 되어 산으로 숨은 삼촌이 몰래 집에 왔던 그 날 밤, 할머니와 아버지, 어머니, 고모의 설득에 자수를 결심하려던 삼촌은 문 밖의 발소리에 놀라 다시 산으로 도망쳤던 것이다. '나'는 그 발소리가 외할머니의 기척이었음을 눈치챈다. 그 뒤로 빨치산과 국군의 전투가 벌어지고, 빨치산들의 처참한 주검들이 읍내에 전시되었다는 소식이 전해지자, '나'의 가족들은 삼촌이 죽었거나, 곧 죽을 것이라는 체념에 빠진다. 그러나 할머니만은 소경 점쟁이에게서 삼촌이 '아무 날 아무 시'에 살아 돌아온다는 말을 듣고, 그 예언을 신앙처럼 믿으면서 삼촌을 맞이할 준비를 하느라고 잠도 끼니도 거른 채 몇 날 며칠 동안 가족들을 들볶는다. 그 '아무 날 아무 시'가 하루 앞으로 다가오자 할머니는 밤새도록 등을 환하게 밝혀 놓으라고 명하는데, 그 날 밤 '나'는 구렁이 우는 소리를 듣고 두려움에 식은땀을 흘린다.

1

할머니가 대문간에 서서 호통을 치는 바람에 혼곤한 잠에서 깨었다. 날은 부옇게 밝았으나 아직도 꼭두새벽이었다. 가뜩이나 짧은 여름밤인데 그런 정도는 자나마나였다. 잠을 설친 탓으로 머릿속이 띠잉 울리고 눈꺼풀은 슬슬 감겼다. 그러나 나는 아무렇지도 않은 편이었다. 여러 날 겹치는 피로와 긴장 때문에 얼굴 모양들이 모두 말이 아니었다. 아버지는 부황이 든 사람처럼 얼굴이 누렇게 떠 부석부석했고, 어머니는 숫제 강마른 대꼬챙이였다. 외가 식구들이라 해서 특별히 나은 사람도 없었다. 그런데 우리 할머니만이 홀로 청청해 가지고 첫새벽부터 기진맥진한 사람들을 게으른 소 잡도리하듯 했다. 아버지와 어머니를 대문간에 나란히 불러 놓고 무섭게 닦아세우는 중이었다. 장명등이 꺼져 있었다. 기름이 아직 반나마 들어 있는데도 어느 바람이 언제 끄고 갔는지 유리 갓에 물기가 촉촉했다. 장명등 일로 할머니는 몹시 심정이 상해 버렸다. 하느님이 간밤에 몰래 들어와서 아버지와 어머니의 정성을 시험하고 간 증거로 삼아 버렸다.

할머니의 노여움은 거기에서 그치지 않았다. 그것 한 가지만으로도 하나밖에 없는 동생 시동생을 끝까지 돌봐 줄 의사가 있는지 없는지 알 수 있다면서 정성의 기미가 보일 때까지 광과 장롱의 열쇠를 당신이 직접 맡아 관리하겠다고 선언해 버렸다.

"경사시런 날 아적부텀 예펜네가 집 안에서 큰 소리를 하면 될 일도 안 되는 벱이니께 이만침혀 두고 참는다만, 후사는 느덜이 알어서들 혀라. 나는 손구락 한나 깐닥 않고 뒷전에서 귀경만 허고 있을란다."

말을 마치고 돌아서면서 할머니는 거듭 혀를 찼다.

"큰자석이라고 있다는 것이 저 모양이니 원, 쯧쯧."

할머니는 양쪽 팔을 홰홰 내저으며 부리나케 안채로 향했다.

"지지리 복도 못 타고난 년이지. 나만침 아덜 메누리복이 없는 년도 드물 것이여."

사랑채 앞을 지나면서 또 혼잣말을 했다. 말이 혼잣말이지 실상은 이웃에까지 들릴 고함에 가까운 소리였다.

시간이 진시에 점점 가까워질수록 사람이 늘어 우리 집은 더욱 더 붐볐다. 마을 안에서 성한 발을 가진 사람은 하나도 안 빠지고 다 모인 성싶었다. 혼자 진구네 집 마루에 앉아 담배를 피우는 낯선 사내의 모습도 보였다. 장터처럼 북적거리는 속에서 우리는 아직 아침밥도 먹지 못했다. 삼촌이 오면 같이 먹는다고 할머니가 상을 못 차리게 했던 것이다. 아주 굶는 건 아니니까 진득이 참는 도리밖에 없지만, 그러자니 배가 굉장히 고팠다.

마침내 진시였다. 진시가 시작되는 여덟 시였다. 모두들 흥분에 싸여 초조하게 기다리는 가운데 자꾸만 시간이 흘렀다. 아홉 시가 지나고 어느덧 열 시가 다 되었다. 그런데도 우리 집엔 아무 일도 일어나지 않았다.

사람들이 죄다 흩어진 다음에야 비로소 우리는 점심이나 다름없는 아침을 먹을 수 있었다. 구장어른과 진구네 식구들만이 나중까지 남아 실의에 잠긴 우리 일가의 말동무가 되어 주었다. 안방에 혼자 남은 할머니를 제외하고 모두들 침통한 표정으로 건넌방에 차려진 상머리에 둘러앉았다. 뜨적뜨적 수저를 놀리는 심란한 얼굴들에 비해 반찬만은 명절날만큼이나 걸었다. 기왕 해놓은 밥이니까 먼저들 들라고 말하면서도 할머니 자신은 한사코 조반상을 거부해 버렸다. 진시가 벌써 지났는데도 할머니는 여전히 태평이었다. 적어도 겉으로는 그렇게 보였다. 애당초 말이 났을 때부터 자기는 시간 같은 건 그리 염두에 두지 않았다는 것이다. 중요한 것은 '아무 날' 이지 그까짓 '아무 시' 따위는 별 게 아니라는 것이었다. 하늘이 주관하는 일에도 간혹 실수가 있는 법인데 하물며 사람이 하는 일이야 따져 무얼 하겠냐는 것이었다. 아무리 점쟁이가 용하다고는 해도 시간만큼은 이 쪽에서 너그럽게 받아들여야 된다는 주장이었다. 할머니한테는 아직도 그 날 하루가 창창히 남아 있었던 것이다. 어느 때 와도 기필코 올 사람이니까 그 때까지 더 두고 기다렸다가 모처럼 한번 모자 겸상을 받겠다면서 할머니는 추호도 지친 기색을 나타내지 않았다.
마루 위에 발돋움을 하고 자꾸만 입맛을 다시면서 근천을 떨던 워리란 놈이 갑자기 토방으로 내려섰다. 우리는 워리가 대문 쪽을 향해 으르렁거리는 소리를 들었다. 그리고 이내 함성을 들었다.

수저질을 하던 아버지의 손이 허공에서 정지하는 걸 계기로 우리는 일시에 모든 동작을 멈추었다. 아이들이 일제히 올리는 함성이 매우 빠른 속도로 가까이 오는 중이었다. 숟가락을 아무데나 팽개치면서 나는 밖으로 뛰어나갔다. 우리 집 대문간이 왁자 지껄하는 소리로 금방 소란해졌다. 마당 한복판에서 나는 다시 기세를 올리는 아이들의 아우성과 정면으로 맞닥뜨렸다. 우선 눈에 뜨이는 것이 저마다 입을 크게 벌리고 있는 한 떼의 조무래기패였다. 그들의 손엔 돌멩이 아니면 기다란 나뭇개비 같은 것들이 골고루 들려 있었다. 우리 집 대문 안으로 짓쳐 들어오는 걸 잠시 망설이는 동안 아이들은 무기를 든 손을 흔들면서 거푸 기세만 올렸다. 그 중의 한 아이가 힘껏 돌팔매질을 했다. 돌멩이가 날아와 푹 꽂히는 땅바닥에서 나는 끝내 못 볼 것을 보고야 말았다. 꿈틀꿈틀 기어오는 기다란 것이 거기에 있었다. 눈어림으로만도 사람 키보다 훨씬 큰 한 마리의 구렁이였다. 꿈틀거림에 따라 누런 비늘가죽이 이리저리 번들거리는 그 끔찍스런 몸뚱어리를 보는 순간, 그것의 울음소리를 듣던 간밤의 기억이 얼핏 되살아나면서 오금쟁이가 대번에 뻣뻣이 굳어져 버렸다.

2

"자네 오면 줄라고 노친께서 여러 날 들어 장만헌 것일세. 먹지는 못헐망정 눈요구라도 허고 가소. 다아 자네 노친 정성 아닌가. 내가 자네를 쫓을라고 이러는 건 아니네. 그것만은 자네도 알어야 되네. 남새가 나드라도 너무 섭섭타 생각 말고, 집안일일랑 아모 걱정 말고 머언 걸음 부데 펜안히 가소."

이야기를 다 마치고 외할머니는 불씨가 담긴 그릇을 헤집었다. 그 위에 할머니의 흰 머리를 올려놓자 지글지글 끓는 소리를 내면서 타오르기 시작했다. 단백질을 태우는 노린내가 멀리까지 진동했다. 그러자 눈 앞에서 벌어지는, 그야말로 희한한 광경에 놀라 사람들은 저마다 탄성을 올렸다. 외할머니가 아무리 타일러도 그 때까지 움쩍도 하지 않고 그토록 오랜 시간을 버티던 그것이 서서히 움직이기 시작한 것이다. 감나무 가지를 친친 감았던 몸뚱이가 스르르 풀리면서 구렁이는 땅바닥으로 툭 떨어졌다. 떨어진 자리에서 잠시 머뭇거린 다음 구렁이는 꿈틀꿈틀 기어 외할머니 앞으로 다가왔다. 외할머니가 한쪽으로 비켜 서면서 길을 터 주었다. 이리저리 움직이는 대로 뒤를 따라가며 외할머니는 연신 소리를 질렀다. 새막에서 참새 떼를 쫓을 때처럼

"숴이! 숴이!"

하고 소리를 지르면서 손뼉까지 쳤다. 누런 비늘가죽을 번들번들 뒤틀면서 그것은 소리 없이 땅바닥을 기었다. 안방에 있던 식구들도 마루로 몰려나와 마당 한복판을 가로질러 오는 기다란 그것을 모두 질린 표정으로 내려다보고 있었다. 꼬리를 잔뜩 사려 가랑이 사이에 감춘 워리란 놈이 그래도 꼴값을 하느라고 마루 밑에서 다 죽어 가는 소리로 짖어 대고 있었다. 몸뚱이의 움직임과는 여전히 따로 노는 꼬리 부분을 왼쪽으로 삐딱하게 흔들거리면서 그것은 방향을 바꾸어 헛간과 부엌 사이 공지를 천천히 지나갔다.

"숴이! 숴어이!"

외할머니의 쉰 목청을 뒤로 받으며 그것은 우물 곁을 거쳐 넓은 뒤란을 어느덧 완전히 통과했다. 다음은 숲이 우거진 대밭이었다.

"고맙네, 이 사람! 집안일은 죄다 성님한티 맽기고 자네 혼자 몸띵이나 지발 성혀서 먼 걸음 펜안히 가소. 뒷일은 아모 염려 말고 그저 펜안히 가소. 증말 고맙네, 이 사람아."

장마철에 무성히 돋아난 죽순과 대나무 사이로 모습을 완전히 감추기까지 외할머니는 우물 곁에서서 마지막 당부의 말로 구렁이를 배웅하고 있었다.

이웃 마을 용상리까지 가서 진구네 아버지가 의원을 모시고 왔다. 졸도한 지 서너 시간 만에야 겨우 할머니는 의식을 회복할 수 있었다. 그 서너 시간이 무의식의 세계에서는 서너 달에 해당되는 먼 여행이었던 듯 할머니는 방 안을 휘이 둘러보면서 정말 오래간만에 집에 돌아온 사람 같은 표정을 지었다.

"갔냐?"

이것이 맑은 정신을 되찾고 나서 맨 처음 할머니가 꺼낸 말이었다. 고모가 말뜻을 재빨리 알아

듣고 고개를 끄덕였다. 인제는 안심했다는 듯이 할머니는 눈을 지그시 내리깔았다. 할머니가 까무러친 후에 일어났던 일들을 고모가 조용히 설명해 주었다. 외할머니가 사람들을 내쫓고 감나무 밑에 가서 타이른 이야기, 할머니의 머리카락을 태워 감나무에서 내려오게 한 이야기, 대밭 속으로 사라질 때까지 시종일관 행동을 같이 하면서 바래다 준 이야기……, 간혹가다 한 대목씩 빠지거나 약간 모자란다 싶은 이야기는 어머니가 옆에서 상세히 설명을 보충해 놓았다. 할머니는 소리 없이 울고 있었다. 두 눈에서 하염없이 솟는 눈물방울이 홀쭉한 볼고랑을 타고 베갯잇으로 줄줄 흘러내렸다. 이야기를 다 듣고 나서 할머니는 사돈을 큰방으로 모셔 오도록 아버지한테 분부했다. 사랑채에서 쉬고 있던 외할머니가 아버지 뒤를 따라 큰방으로 건너왔다. 외할머니로서는 벌써 오래 전에 할머니하고 한 다래끼 단단히 벌인 이후로 처음 있는 큰방 출입이었다.

"고맙소."

정기가 꺼진 우묵한 눈을 치켜 간신히 외할머니를 올려다보면서 할머니는 목이 꽉 메었다.

"사분도 별시런 말씀을 다……."

외할머니도 말끝을 마무르지 못했다.

"야한티서 이얘기는 다 들었소. 내가 당혀야 헐 일을 사분이 대신 맡었구랴. 그 험헌 일을 다 치르노라고 얼매나 수고시렀으꼬."

"인자는 다 지나간 일이닝게 그런 말씀 고만두시고 어서어서 뫼이나 잘 추시리기라우."

"고맙소, 참말로 고맙구랴."

할머니가 손을 내밀었다. 외할머니가 그 손을 잡았다. 손을 맞잡은 채 두 할머니는 한동안 말을 잇지 못했다. 그러다가 할머니 쪽에서 먼저 입을 열어 아직도 남아 있는 근심을 털어놓았다.

"탈없이 잘 가기나 혔는지 몰라라우."

"염려 마시랑게요. 지금쯤 어디 가서 펜안히 거처험시나 사분 댁 터주 노릇을 톡톡이 하고 있을 것이요."

그만한 이야기를 나누는 데도 대번에 기운이 까라져 할머니는 가쁜 숨을 몰아쉬었다. 가까스로 할머니가 잠들기를 기다려 구완을 맡은 고모만을 남기고 모두들 큰방을 물러나왔다.

그 날 저녁에 할머니는 또 까무러쳤다. 의식이 없는 중에도 댓 숟갈 흘려 넣은 미음과 탕약을 입 밖으로 죄다 토해 버렸다. 그리고 이튿날부터는 마치 육체의 운동장에서 정신이란 이름의 장난꾸러기가 들어왔다 나갔다 숨바꼭질하기를 수없이 되풀이하는 것 같은 고통의 시간의 연속이었다. 대소변을 일일이 받아 내는 고역을 치러 가면서 할머니는 꼬박 한 주일을 더 버티었다. 안에 있는 아들보다 밖에 있는 아들을 언제나 더 생각했던 할머니는 마지막 날 밤에 다 타버린 촛불이 스러지듯 그렇게 눈을 감았다. 할머니의 긴 일생 가운데서, 어떻게 생각하면, 잠도 안 자고

먹지도 않고 그러고도 놀라운 기력으로 며칠 동안이나 식구들을 들볶아 대면서, 삼촌을 기다리던 그 짧막한 기간이 사실은 꺼지기 직전에 마지막 한순간을 확 타오르는 촛불의 찬란함과 맞먹는, 할머니에겐 가장 자랑스럽고 행복에 넘치던 시간이었었나 보다. 임종의 자리에서 할머니는 내 손을 잡고 내 지난날을 모두 용서해 주었다. 나도 마음 속으로 할머니의 모든 걸 용서했다.

정말 지루한 장마였다.

☑ 핵심정리

갈래 : 전후 소설, 성장 소설　**성격** : 사실적, 토속적, 상징적　**시점** : 1인칭 관찰자 시점

배경 : 시간 – 6 · 25 전쟁 중의 장마철 / 공간 – 어느 시골 마을

주제 : 이념의 대립으로 빚어진 한 가정의 비극과, 민족적 정서를 통한 극복

특징 :
- 어린 '나'와 어른이 된 '나'의 이중 시점으로 서술함
- 이념의 대립을 극복할 수 있다는 휴머니즘적 주제 의식을 강조함

(7) 완장

윤흥길

[전체 줄거리]

땅 투기로 졸부가 된 최 사장이 이곡리의 판금(너름) 저수지 사용권을 얻어 양어장을 만든 후 이장 익삼을 통해 알게 된 동네 건달 임종술에게 저수지 감시원직을 맡아 달라고 부탁한다.

종술은 저수지 밖에서까지 완장을 차고 다니며 완장의 위력을 맛본다. 저수지에 낚시하러 온 청년들에게 기합을 주는가 하면 한밤중에 몰래 낚시하던 국민학교 동창 부자(父子)를 폭행하는 등 종술의 위세는 날이 갈수록 더해 간다. 그러나 평소에 관심을 두고 있던 부월이만은 노골적으로 완장의 권위를 인정하지 않는다. 운암댁은 완장에 집착하는 아들 종술을 보며, 완장을 두른 일본 헌병의 폭력으로 피해를 입었던 남편이 6·25 전쟁 때는 완장을 차고 권력을 휘두르다가 결국 가족 모두 불행해졌던 기억을 떠올린다.

한편 종술은 자신을 고용한 최 사장 일행의 낚시질까지 막무가내로 막는 바람에 감시원직을 박탈당한다. 쫓겨난 뒤에도 종술은 여전히 완장을 차고 저수지를 지키는 일에 골몰한다. 그러던 중 우연히 만난 6학년 때의 담임 선생님에게 완장이 '왜놈들 찌끄레기'라는 훈계를 듣는다.

얼마 뒤 종술은 가뭄 때문에 저수지의 물을 방류하기로 하여 감시원이 더 이상 필요 없게 되었다는 이야기를 듣고 분노를 터뜨리며 순경에게까지 행패를 부리다가 결국 쫓기는 신세가 된다.

부월은 종술을 설득하여 완장을 저수지에 버리고 함께 마을을 떠난다. 종술이 떠난 다음 날, 저수지의 물 빼기 작업이 진행되면서 물문의 소용돌이에서 드러난 완장을 운암댁이 오랫동안 지켜본다.

"사람이 운수 불길혀서 잠시 잠깐 이런 촌구석에 처백혀 있다고 그렇게 호락호락 시삐 보들 마시오! 에이 여보쇼들, 저수지 감시가 뭐요, 감시가! 내가 게우 오만 원짜리 꼴머심 푼수배끼 안 되는 것 같소? 나 임종술이, 이래 뵈야도 왕년에는 사장님 소리까장 들어 본 사람이오!"

그것은 공연한 허풍 아닌 사실이었다. 동대문의 시장 바닥에서 처음에는 목판부터 시작해서 나중에 포장마차를 할 때라든지, 마지막으로 양키 물건에 손을 대기까지 종술은 그를 상대하는 사람들로부터 좋은 의미로든 나쁜 의미로든 좌우간 사장님 소리를 곧잘 듣곤 했었다. 딸 하나를 낳아 놓고는 호남 지방의 야산 개발 사업이 한창일 무렵에 마을에 가끔 나타나던 측량 기사 보조원인지 뭔지 하고 눈이 맞아서 달아나 버린 마누라까지도 처음에는 자기를 사장님이라고 불렀었다. 식도 안 올리고 살림부터 차린 그녀를 처음 만난 곳은 그가 한때 단골로 드나들던 맥주홀이었다.

"무작정 화를 낼 일만은 아니네. 사람이 과거는 어쨌을망정 시방은 사세에 따를 줄도 알어야 장차 또 늘품수가 생기는 벱이지. 안 그런가? 한번 자알 생각혀 보소."

지칠 줄 모르는 최 사장의 끈기에 힘입어 익삼 씨도 다시 설득에 나섰다.

"내가 자네라면은 나는 기왕 낚시질허는 짐에 비단잉어에다 월급봉투를 암냥혀서 한목에 같이 낚어 올리겄네. 삽자루 들고 땅띄기허는 배도 아니고 그냥 소일 삼어서 감시원 완장 차고 물 가상이로 왔다리갔다리 허면서……."

"완장요!"

그렇다. 완장 바로 그것이었다. 그것이 순간적으로 종술의 흥분한 머리를 무섭게 때려서 갑자기 멍한 상태로 만들어 놓는 것이었다.

"팔에다 차는 그 완장 말입니까?"

종술의 천치스런 질문에 최 사장은 또다시 그 어울리지 않는 너털웃음을 호탕하게 터뜨렸다.

"이 사람아, 팔 완장 말고 기저구맨치로 사추리에다 차는 완장이라도 봤는가?"

완장이란다! 왼쪽 팔에다 끼고 다니는 그 완장 말이다!

본래 잽싼 데가 있는 최 사장이었다. 그는 우연히 튀어나온 완장이란 말에 놀랍게도 민감한 반응을 보이는 종술의 허점을 간파하고는 쥐란 놈이 곳간 벽에 구멍을 뚫듯 거기를 집중적으로 공격하기로 마음먹었다.

"종술이 자네가 원헌다면 하얀 완장에다가 뻘건 글씨로 감시원이라고 크막허게 써서 멋들어지게 채워 줄 작정이네."

고단했던 생애를 통하여 직접으로 간접으로 인연을 맺어 온 숱한 완장들의 기억이 주마등처럼 종술의 뇌리를 스쳤다. 완장의 나라, 완장에 얽힌 무수한 사연들로 점철된 완장의 역사가 너훌거리는 치맛자락의 한끝을 슬쩍 벌려 바야흐로 흔들리기 시작하는 종술의 가슴을 유혹하고 있었다.

시장 경비나 방범들의 눈을 피해 전 재산이나 다름없는 목판을 들고 이 골목 저 골목으로 끝없이 쫓겨 다니던 시절, 도로 교통법 위반이다 뭐다 해서 걸핏하면 포장마차에 걸려 오던 시비와 단속들, 암거래 조직에 끼어들어 미군 부대나 양색시들로부터 흘러나오는 물건을 상인들한테 중계하던 시절, 그리고 똑같이 전매법과 관세법의 위반을 전문으로 하는 다른 조직과의 피나는 세력 다툼 끝에 상대편의 밀고로 뒤가 구린 미제 컬러텔레비전을 운반하다가 체포되어 특정범죄의 가중 처벌을 몸으로 때우던 시절…….

어느 시기나 다 마찬가지로 돈을 벌어 보려고 몸부림치는 그의 노력 앞에는 언제나 완장들이 도사리고 있었던 셈이다. 완장 앞에서는 선천적으로 약한 체질이었다. 완장 때문에 녹아나는 건

늘 제 쪽이었다. 제각각 색깔 다르고 글씨도 다른 그 숱한 완장들에 그간 얼마나 많은 한을 품어 왔던가. 그리고 다른 한편으로는 그 완장들을 얼마나 또 많이 선망해 왔던가.

완장이란 말 한마디에 허망하게 무너지는 자신을 종술은 속수무책으로 방관만 하고 있었다.

아들한테서 저수지의 감시원으로 취직했다는 이야기를 듣고 육순이 내일모레인 운암댁은 삼 년 묵은 체증이 내려앉는 듯한 상쾌함을 맛보았다. 동네 강 부잣집 유채밭에 날품으로 웃거름을 주고 오는 길인데, 쌓이고 쌓인 하루의 피곤이 말끔히 가시는 기분이었다. 월급 오만 원의 많고 적음이 문제가 아니었다. 삭신이 뒤틀리지 않는 한은 늙어 죽는 날까지 무슨 짓을 해서라도 손녀 하나 있는 것 자기 손으로 거두기로 이미 각오가 되어 있었다. 설령 무보수로 일한다 하더라도 상관은 없었다. 문제는 사람의 됨됨이에 있었다.

사대육신 나무랄 데 없는 장정이 반거충이로 펀둥펀둥 '먹고 대학' 다니면서 사시장청 말썽이나 질러 쌓는 통에 동네 안에서 그나마 밥줄 이어 나가기도 차츰 점직해지는 판국이었다. 남들한테 손가락질만 안 받고 살아도 감지덕지 황감할 지경인데 거기에다 또 취직까지 했단다. 망나니 외아들한테서 삼십 년 만에 처음 받아 보는 효도인 셈이었다. 지지리도 홀어미의 속을 썩여 온 자식이 아니던가.

"월급이 많들 않은 만침 허는 일도 별로 없구만요. 그저 감시원 완장이나 차고 슬슬 바람 쐬기 겸 대봇둑이나……."

어머니가 느끼는 기쁨이 여간만 큰 것이 아닌 줄 익히 아는지라 종술은 그 기쁨을 더욱 배가시킬 요량으로 대수롭지 않은 척 무심히 지껄임으로써 극적인 효과를 노렸다.

그러나 운암댁의 귀에는 그 말이 결코 무심하게 들리지가 않았다. 결국 애당초 의도했던 그대로 극적인 효과가 나타나고만 셈이었다.

"뭣이여야? 완장이여?"

"예, 여그 요짝 왼팔에다 감시원 완장을 처억 허니 둘르고 순시를 돌기로 혔구만요. 고냥 맨몸띵이로 단속에 나서면 권위가 없어서 낚시꾼들이 시삐 보고 말을 잘 안 들어 먹으니깨요."

그제서야 종술은 자라 콧구멍을 벌름거리고 메기 주둥이를 히죽거려 가며 구태여 자랑스러움을 감추려 하지 않았다.

"오매 시상에나, 니가 완장을 다 둘러야?"

"그깟놈의 것, 쇠고랑 채울 권한도 없고 그냥 명예뿐인디요, 뭐."

너무도 놀란 나머지 운암댁은 눈앞이 다 캄캄해 왔다. 처음 맛본 기쁨이 마을회관 옆 공동 수도 푼수에 지나지 않는 것이라면 나중에 느낀 놀라움은 널금 저수지하고도 맞먹을 정도로 그 규모가 대단한 것이었다. 대체나 이 노릇을 어째야 옳단 말이냐.

"너 그것 안 둘르고 감시원 헐 수는 없겄냐?"

당치도 않은 말씀이었다. 순전히 완장의 매력 한 가지에 이끌려 맡기로 한 감시원이었다. 그런데 그걸 두르지 말라는 이야기는 결과적으로 아들더러 언제까지고 개망나니 먹고 대학생으로 그냥 세월을 보내라는 이야기나 마찬가지였다.

"에이 참, 엄니도! 엄니는 동네서 사람대접 조깨 받고 살라고 그러는 아들이 그렇게도 여엉 못마땅허요?"

"돌아가신 냥반 생각이 나서 안 그러냐."

아버지 말이 나오는 바람에 종술은 갑자기 말문이 막혔다. 어머니의 심정을 대강은 이해할 것 같았다. 하지만…….

"완장이라면 사죽을 못 쓰는 것도 다아 지 핏줄 탓인갑다."

"그 완장허고 이 완장은 엄연히 승질부터가 달르단 말이오!"

홧김에 종술은 그예 또 몽니를 부리고 말았다. 새 출발이 약속된 날, 그 삼삼한 기분에 걸맞게 모처럼 어머니 앞에서 고분고분한 태도를 보이자고 단단히 작정한 바 있었으나 케케묵은 생각으로 아들의 흥을 산산조각내는 데는 달리 도리가 없었다.

"알았다, 알았어. 너 허고 잡은 대로 허거라, 언지는 니가 이 에미 말 듣고 일판 꾸미는 자식이더냐."

늘상 하던 버릇으로 눈자위가 또 허옇게 뒤집히려는 아들을 보고 운암댁은 황망히 막설을 했다.

☑ 핵심정리

갈래 : 장편 소설, 세태 소설　　**시점** : 3인칭 전지적 작가 시점
배경 : 시간 – 1970~1980 독재 정권 / 공간 – 농촌
주제 : 권력의 속성에 대한 날카로운 비판
특징 : · 상징적 소재로 주제 의식을 드러냄
· 방언을 사용해 사실감과 생동감이 느껴짐
· 해학적 문체를 구사함

(8) 삼포 가는 길

황석영

[앞부분의 줄거리]
공사판을 떠돌아다니는 영달은 공사가 중단되자 어디로 갈 것인가를 생각하며 방황한다. 그리고 현장 사무소가 문을 닫을 즈음에 밀린 밥값을 내지 않고 도망치다가, 고향인 삼포로 가는 정 씨를 만나게 된다. 두 사람은 함께 삼포로 가는 기차를 타려고 감천으로 가던 중 술집에서 도망친 백화를 만난다. 백화는 처음에 두 사람을 경계하지만 자신과 비슷한 처지라는 것을 알고 서서히 마음을 연다.

아직 초저녁이 분명한데 날씨가 나빠서인지 곧 어두워질 것 같았다. 눈은 더욱 새하얗게 돋보였고, 사위는 고요한데 나무 타는 소리만이 들려왔다.

"감옥뿐 아니라, 세상이란 게 따지면 고해 아닌가……."

정 씨는 벗어서 불 가에다 쬐고 있던 잠바를 입으면서 중얼거렸다.

"어둡기 전에 어서 가야지."

그들은 일어났다. 아직도 불길 좋게 타고 있는 모닥불 위에 눈을 한 움큼씩 덮었다. 산천이 차츰 희미하게 어두워졌다. 새들이 이리저리로 깃을 찾아 숲에 모여들고 있었다. 영달이가 백화에게 물었다.

"그래, 이젠 어떡할 셈요, 집에 가면……?"

백화가 대답을 않고 웃기만 했다. 정 씨가 말했다.

"시집가야지 뭐."

"시집은 안 가요. 이제 와서 무슨 시집이에요. 조용히 틀어박혀 집의 농사나 거들지요. 동생들이 많아요."

사방이 어두워지자 그들도 얘기를 그쳤다. 어디에나 눈이 덮여 있어서 길을 잘 분간할 수가 없었다. 뒤에 처졌던 백화가 눈 덮인 길의 고랑에 빠져 버렸다. 발이라도 삐었는지 백화는 꼼짝 못하고 주저앉아 신음을 했다. 영달이가 달려들어 싫다고 뿌리치는 백화를 업었다. 백화는 영달이의 등에 업히면서 말했다.

"무겁죠?"

영달이는 대꾸하지 않았다. 백화는 어린애처럼 가벼웠다. 등이 불편하지도 않았고 어쩐지 가뿐한 느낌이었다. 아마 쇠약해진 탓이리라 생각하니 영달이는 어쩐지 대전에서의 옥자가 생각나서 눈시울이 화끈했다. 백화가 말했다.

"어깨가 참 넓으세요. 한 세 사람쯤 업겠어."

"댁이 근수가 모자라서 그렇다구."

그들은 일곱 시쯤에 감천 읍내에 도착했다. 마침 장이 섰었는지 파장된 뒤인데도 읍내 중앙은 흥청대고 있었다. 전 부치는 냄새, 고기 굽는 냄새, 곰국 냄새가 풍겨 왔다. 영달이는 이제 백화를 옆에서 부축하고 있었다. 발을 디딜 때마다 여자가 얼굴을 찡그렸다. 정 씨가 백화에게 물었다.

"어느 방향이오?"

"전라선이에요."

"나는 호남선 쪽인데. 여비는 있소?"

"군용차를 사정해서 타고 가면 돼요."

그들은 장터 모퉁이에서 아직도 따뜻한 온기가 남아 있는 팥 시루떡을 사 먹었다. 백화가 자기 몫에서 절반을 떼어 영달에게 내밀었다.

"더 드세요. 날 업구 왔으니 기운이 배나 들었을 텐데."

역으로 가면서 백화가 말했다.

"어차피 갈 곳이 정해지지 않았다면 우리 고향에 함께 가요. 내 일자리를 주선해 드릴게."

"내야 삼포루 가는 길이지만, 그렇게 하지?"

정 씨도 영달이에게 권유했다. 영달이는 흙이 덕지덕지 달라붙은 신발 끝을 내려다보며 아무 말이 없었다. 대합실에서 정 씨가 영달이를 한쪽으로 끌고 가서 속삭였다.

"여비 있소?"

"빠듯이 됩니다. 비상금이 한 천 원쯤 있으니까."

"어디루 가려오?"

"일자리 있는 데면 어디든지……."

스피커에서 안내하는 소리가 웅얼대고 있었다. 정 씨는 대합실 나무 의자에 피곤하게 기대어 앉은 백화 쪽을 힐끗 보고 나서 말했다.

"같이 가시지. 내 보기엔 좋은 여자 같군."

"그런 거 같아요."

"또 알우? 인연이 닿아서 말뚝 박구 살게 될지. 이런 때 아주 뜨내기 신셀 청산해야지."

영달이는 시무룩해져서 역사 밖을 멍하니 내다보았다. 백화는 뭔가 쑤군대고 있는 두 사내를 불안한 듯이 지켜보고 있었다. 영달이가 말했다.

"어디 능력이 있어야죠."

"삼포엘 같이 가실라우?"

"어쨌든……."

영달이가 뒷주머니에서 꼬깃꼬깃한 오백 원짜리 두 장을 꺼냈다.

"저 여잘 보냅시다."

영달이는 표를 사고 삼립 빵 두 개와 찐 달걀을 샀다. 백화에게 그는 말했다.

"우린 뒤차를 탈 텐데…… 잘 가슈."

영달이가 내민 것들을 받아 쥔 백화의 눈이 붉게 충혈되었다. 그 여자는 더듬거리며 물었다.

"아무도…… 안 가나요?"

"우린 삼포루 갑니다. 거긴 내 고향이오."

영달이 대신 정 씨가 말했다. 사람들이 개찰구로 나가고 있었다. 백화가 보퉁이를 들고 일어섰다.

"정말, 잊어버리지…… 않을게요."

백화는 개찰구로 가다가 다시 돌아왔다. 돌아온 백화는 눈이 젖은 채로 웃고 있었다.

"내 이름 백화가 아니에요. 본명은요……. 이점례예요."

여자는 개찰구로 뛰어나갔다. 잠시 후에 기차가 떠났다.

그들은 나무 의자에 기대어 한 시간쯤 잤다. 깨어 보니 대합실 바깥에 다시 눈발이 흩날리고 있었다. 기차는 연착이었다. 밤차를 타려는 시골 사람들이 의자마다 가득 차 있었다. 두 사람은 말없이 담배를 나눠 피웠다. 먼 길을 걷고 나서 잠깐 눈을 붙였더니 더욱 피로해졌던 것이다. 영달이가 혼잣말로,

"쳇, 며칠이나 견디나……."

"뭐라구?"

"아뇨, 백화란 여자 말요. 저런 애들…… 한 사날두 촌 생활 못 배겨 나요."

"사람 나름이지만 하긴 그럴 거요. 요즘 세상에 일이 년 안으로 인정이 휙 변해가는 판인데 ……."

정 씨 옆에 앉았던 노인이 두 사람의 행색과 무릎 위의 배낭을 눈여겨 살피더니 말을 걸어왔다.

"어디 일들 가슈?"

"아뇨, 고향에 갑니다."

"고향이 어딘데……."

"삼포라고 아십니까?"

"어 알지, 우리 아들놈이 거기서 도자를 끄는데……."

"삼포에서요? 거 어디 공사 벌릴 데나 됩니까? 고작해야 고기잡이나 하구 감자나 매는데요."

"어허! 몇 년 만에 가는 거요?"

"십 년."

노인은 그렇겠다며 고개를 끄덕였다.

"말두 말우, 거긴 지금 육지야. 바다에 방둑을 쌓아 놓구, 추럭이 수십 대씩 돌을 실어 나른다구."

"뭣 땜에요?"

"낸들 아나. 뭐 관광호텔을 여러 채 짓는담서, 복잡하기가 말할 수 없데."

"동네는 그대루 있을까요?"

"그대루가 뭐요. 맨 천지에 공사판 사람들에다 장까지 들어섰는걸."

"그럼 나룻배두 없어졌겠네요."

"바다 위로 신작로가 났는데, 나룻배는 뭐에 쓰오. 허허, 사람이 많아지니 변고지. 사람이 많아지면 하늘을 잊는 법이거든."

작정하고 벼르다가 찾아가는 고향이었으나, 정 씨에게는 풍문마저 낯설었다. 옆에서 잠자코 듣고 있던 영달이가 말했다.

"잘됐군. 우리 거기서 공사판 일이나 잡읍시다."

그때에 기차가 도착했다. 정 씨는 발걸음이 내키질 않았다. 그는 마음의 정처를 방금 잃어버렸던 때문이었다. 어느 결에 정 씨는 영달이와 똑같은 입장이 되어버렸다.

기차가 눈발이 날리는 어두운 들판을 향해서 달려갔다.

☑ 핵심정리

갈래 : 사실주의 소설 **성격** : 사실적, 현실 비판적 **시점** : 3인칭 전지적 작가 시점

배경 : 시간 – 1970년대의 겨울날 / 공간 – 공사장에서 철도역까지 눈 덮인 길

주제 : 산업화 과정에서 소외된 하층민들의 애환과 연대의식

특징 :
- 1970년대 이후 급속하게 진행되었던 농촌의 해체와 근대화 과정에서 고향을 잃고 떠도는 사람들의 삶의 모습을 드러냄
- 소외된 떠돌이 노동자, 술집 작부를 등장시켜 하층민의 애환과 인간적 유대감을 그려냄

(9) 유자소전

이문구

1970년, 내가 지금의 세종 문화 회관 자리에 있던 예총 회관의 문인 협회 사무실에서 협회 기관지를 편집하고 있을 어름이었다.

어느 날 난데없이 유자가 불쑥 찾아왔다. 10년도 넘어 된 해후였다. 이산(怡山)의 시처럼 "어디서 무엇이 되어 다시 만나랴." 했더니, 그는 재벌 그룹 총수의 승용차 운전수가 되고, 나는 글이라고 끄적거려 봤자 누구 하나 알아주는 이가 없는 무명작가가 되어서 다시 만나게 된 것이었다.

한번은 다 본 책이 있으면 달라고 하여 번역판 "사기(史記)"를 한 질 주었더니, 그 후부터는 올 때마다 책 탐을 드러내는 것이었다. 잡지사 편집실에는 사시장철 기증본으로 들어오는 책만 해도 이루 주체를 못 하도록 더미로 답쌓이기 마련이었다. 그는 오는 족족 자기 욕심껏 그 책 더미를 헐어 갔다. 장근 17년 동안 밥상머리에서도 책을 놓지 않았던 그의 열정적인 독서 생활이야말로 실은 그렇게 출발한 것이었다.

또 책 때문에 오는 것만도 아니었다. 직장에서 답답한 일이 있으면 터놓고 하소연할 만한 상대로서 나를 택했던 것도 비일비재의 경우에 속하였다.

하루는 어디로 어디로 해서 어디로 좀 와 보라고 하기에 물어물어 찾아갔더니, 귀꿈맞게도 붕어니 메기니 하고 민물고기로만 술상을 보는 후미진 대폿집이었다.

나는 한내를 떠난 이래 처음 대하는 민물고기 요리여서 새삼스럽게도 해감내가 역하고 싫었으나, 그는 흙탕 내도 아니고 시궁 내도 아닌 그 해감내가 문득 그리워져서 부득이 그 집으로 불러냈다는 것이었다.

"허울 좋은 하늘타리지, 수챗구녕 내가 나서 워디 먹겄나, 이까짓 냄새가 뭣이 그리워서 이걸 다 돈 주고 사 먹어. 나 원 참, 취미두 별 움둑가지 같은 취미가 다 있구먼."

내가 사뭇 마뜩잖아했더니,

"그래두 좀 구적구적헌 디서 사는 고기가 하꾸라이버덤은 맛이 낫어."
하면서 그날사 말고 수그러들 기미를 보이지 않는 것이었다. 그가 자기주장에 완강할 때는 반드시 경험론적인 설득 논리로써 무장이 되어 있는 경우였다.

"무슨 얘기가 있는 모양이구먼."

"있다면 있구 읎다면 읎는디, 들어 볼라남?"

그는 이야기를 펼쳐 놓았다.

총수의 자택에 연못이 생긴 것은 그 며칠 전의 일이었다. 뜰 안에다 벽이고 바닥이고 시멘트를 들이부어 만들었으니 연못이라기보다는 수족관이라고 하는 편이 알맞은 시설이었다. 시멘트가 굳어지자 물을 채우고 울긋불긋한 비단잉어들을 풀어 놓았다.

비단잉어들은 화려하고 귀티나는 맵시로 보는 사람마다 탄성을 자아내게 하였으나, 그는 처음부터 흘기눈을 떴다. 비행기를 타고 온 수입 고기라서가 아니었다. 그 회사 직원의 몇 사람 치 월급을 합쳐도 못 미치는 상식 밖의 몸값 때문이었다.

"대관절 월매짜리 고기간디 그려?"

내가 물어보았다.

"마리당 팔십만 원씩 주구 가져왔댜."

그 회사 직원들의 봉급 수준을 모르기에 내 월급으로 계산을 해 보니, 자그마치 3년 4개월 동안이나 봉투째로 쌓아야 겨우 한 마리 만져 볼까 말까 한 값이었다.

"웬 늠으 잉어가 사람버덤 비싸다나?"

내가 기가 막혀 두런거렸더니,

"보통 것은 아닐러먼그려. 뱉어낸메네또(베토벤)라나 뭬라나를 틀어 주면 그 가락대루 따러서 허구, 차에코풀구싶어(차이콥스키)라나 뭬라나를 틀어 주면 또 그 가락대루 따러서 허구, 좌우간 곡을 틀어 주는 대루 못 추는 춤이 읎는 순전 딴따라 고기닝께. 물고기두 꼬랑지 흔들어서 먹구 사는 물고기가 있다는 건 이번에 그 집에서 츰 봤구먼."

그런데 이 비단잉어들이 어제 새벽에 떼죽음을 한 거였다. 자고 일어나 보니 죄다 허옇게 뒤집어진 채로 떠 있는 것이었다.

총수가 실내화를 꿴 발로 뛰어나왔지만 아무 소용 없는 일이었다.

"어떻게 된 거야?"

한동안 넋 나간 듯이 서 있던 총수가 하고많은 사람 중에 하필이면 유자를 겨냥하며 물은 말이었다.

"글쎄유, 아마 밤새에 고뿔이 들었던 개비네유."

유자는 부러 딴청을 하였다.

"뭐야? 물고기가 물에서 감기 들어 죽는 물고기두 봤어?"

총수는 그가 마치 혐의자나 되는 것처럼 화풀이를 하려 드는 것이었다.

그는 비위가 상해서

"그야 팔자가 사나서 이런 후진국에 시집와 살라니께 여라 가지루다 객고(客苦)가 쌓여서 조시두 안 좋았을 테구…… 그런디다가 부릇쓰구 지루박이구 가락을 트는 대루 디립다 춰 댔으니께 과로해서 몸살끼두 다소 있었을 테구…… 본래 받들어서 키우는 새끼덜일수록이 다다 탈이 많은 법이니께……."

그는 시멘트의 독성을 충분히 우려내지 않고 고기를 넣은 것이 탈이었으려니 하면서도 부러 배참으로 의뭉을 떨었다.

"하는 말마다 저 말 같잖은 소리…… 시끄러 이 사람아."

총수는 말 가운데 어디가 어떻게 듣기 싫었는지 자기 성질을 못 이기며 돌아섰다.

그는 총수가 그랬다고 속상해할 만큼 속이 옹색한 편이 아니었다.

그렇지만 오늘 아침에 들은 말만은 쉽사리 삭일 수가 없었다.

총수는 오늘도 연못이 텅 빈 것이 못내 아쉬운지 식전마다 하던 정원 산책도 그만두고 연못가로만 맴돌더니,

"유 기사, 어제 그 고기들은 다 어떡했나?"

또 그를 지명하며 묻는 것이었다.

그는 아무렇지 않게 대답했다.

"한 마리가 황소 너댓 마리 값이나 나간다는디, 아까워서 그냥 내뻔지기두 거시기허구, 비싼 고기는 맛두 괜찮겄다 싶기두 허구…… 게 비늘을 대강 긁어서 된장끼 좀 허구, 꼬치장두 좀 풀구, 마늘두 서너 통 다져 늫구, 멀국두 좀 있게 지져서 한 고뿌덜씩 했지유."

"뭣이 어쩌구 어째?"

"왜유?"

"왜애유? 이런 잔인무도한 것들 같으니……."

총수는 분기탱천(憤氣撑天)하여 부쩌지를 못하였다. 보아하니 아는 문자는 다 동원하여 호통을 쳤으면 하나 혈압을 생각하여 참는 눈치였다.

"달리 처리헐 방법두 읎잖은감유."

총수의 성깔을 덧들이려고 한 말이 아니었다. 그가 할 수 있는 것이 그 방법 말고는 없었기 때문에 그렇게 뒷동을 달은 거였다.

총수는 우악스럽고 무식하기 짝이 없는 아랫것들하고 따따부따해 봤자 공연히 위신이나 흠이 가고 득될 것이 없다고 판단했는지, 숨결이 웬만큼 고루 잡힌 어조로,

"그 불쌍한 것들을 저쪽 잔디밭에다 고이 묻어 주지 않고, 그래 그걸 술안주해서 처먹어 버려? 에이…… 에이…… 피두 눈물두 없는 독종들……."

하고 혼잣말처럼 중얼거리면서 들어가 버리는 것이었다.

"그리, 지져 먹어 보니 맛이 워떻탸?"

내가 물은 말이었다.

"워떻기는 뭬가 워뗘…… 살이라구 허벅허벅헌 것이, 별맛도 읎더구만그려." 하고 그는 다시 말을 이었다.

"내가 독종이면 저는 말종인디…… 좌우지간 맛대가리 읎는 서양 물고기 한 사발에 국산 욕을 두 사발이나 먹구 났더니, 지금지금허구 해감내가 나더래두 이런 붕어 지지미 생각이 절루 나길래 예까장 나오라구 했던겨."

총수는 그 뒤로 그를 비롯하여 비단잉어를 나눠 먹었음 직한 대문 경비원이며, 보일러실 화부며, 자녀들 등 · 하교용 승용차 운전수며, 자택에서 근무하는 종업원들에게는 조석으로 눈을 흘기면서도, 비단잉어 회식 사건을 빌미로 인사이동을 단행할 의향까지는 없는 것 같았다.

그는 하루바삐 총수의 승용차 운전석을 떠나고 싶었다. 남들은 그룹 소속 운전수들의 정상(頂上)이나 다름없는 그 자리에 서로 못 앉아서 턱주가리가 떨어지게 올려다보고들 있었지만, 그는 총수가 틀거지만 그럴듯한 보잘것없는 위선자로 비치기 시작하자, 그동안 그런 줄도 모르고 주야로 모셔 온 나날들이 그렇게 욕스러울 수가 없었고, 그런 위선자에게 이렇듯 매인 몸으로 살 수밖에 없는 구차스러운 삶이 칙살맞고 가련하지 않을 수가 없었다.

☑ 핵심정리

갈래 : 풍자 소설

성격 : 비판적, 해학적, 풍자적, 전기적

시점 : 1인칭 관찰자 시점(일부 전지적 작가 시점 혼용)

배경 : 시간 - 1970년대 / 공간 - 서울

주제 : 유자의 인격적 면모를 드러내고 물질 만능 주의에 빠진 현대 사회 비판

특징 : · 유자의 일대기를 전통적 '전'의 양식을 차용함
· 사투리를 사용하여 향토적 정서를 드러냄

(10) 종탑 아래에서

윤흥길

[앞부분의 줄거리]
'나'는 군수 관사를 찾아갔다가 명은이 외할머니를 만난다. 명은이 외할머니는 '나'에게 명은이가 입원했다는 사실을 알려 주고, 명은이의 말동무가 되어 주어 고맙다는 인사와 관사에 자주 놀러 오라는 말을 한다. 그리고 부모가 한꺼번에 죽는 것을 보고 명은이의 눈이 멀었으니 명은이 앞에서는 절대 부모 이야기, 사람이 죽고 사람을 죽이는 이야기, 장님 이야기는 꺼내지 말라고 당부한다.

저녁놀에 물든 발그레한 낯꽃으로 명은이는 정원 한복판에 오도카니 서 있었다. 손에 공이 쥐여 있고 곁에 나비란 놈도 알짱거리고 있었지만 공놀이는 아예 시작할 생각조차 하지 않았다. 하릴없이 먼산바라기가 되어 언제까지고 꼼짝도 하지 않는 명은이 모습을 나는 철책 밖에서 한참이나 몰래 지켜보았다.

바로 그때였다. 종소리가 데엥, 하고 묵중하게 울렸다. 한번 울리기 시작한 종소리는 짧은 쉴참을 거친 후 뎅그렁 뎅, 뎅그렁 뎅, 연달아 기세 좋게 울렸다. 명은이는 느닷없는 종소리에 움찔 놀라는 기색이었다. 종소리가 들려오는 신광 교회 쪽을 향해 명은이의 고개가 천천히 돌아갔다. 저녁놀에 함빡 젖은 채 종소리에 다소곳이 귀를 기울이는 명은이 모습에서 나는 가슴이 철렁 내려앉으리만큼 묘한 감동을 받았다.

"삼일 종이여."

나는 철책 밖에 내가 와 있다는 사실을 그예 큰 소리로 기별하고 말았다. 명은이가 화들짝 놀라는 몸짓을 취했다.

"나비야! 나비야!"

하마터면 잊을 뻔했다는 듯이, 마치 내가 나타나기 전까지 줄곧 나비와 함께 공놀이를 하고 있었던 것처럼 명은이는 공을 잔디밭 위로 도르르 굴리면서 부산을 떠는 시늉을 했다. 겨냥이 지나쳐 공은 철책 밑을 통과해서 내 발치까지 데굴데굴 굴러왔다. 나는 공을 주워 철책 안으로 던졌다.

"왔으면 얼른 들어와야지 왜 거기 서 있니?"

거기 누구, 하고 묻는 대신 명은이는 나를 책망하는 척했다. 때맞춰 관사 현관문이 활짝 열렸다. 명은이 외할머니가 꾸짖음 반 반가움 반의 어정쩡한 기색으로 나를 맞아들였다. 잔뜩 낯꽃을 붉힌 채 나는 관사 내부를 빠른 걸음으로 통과해서 정원으로 나갔다.

"삼일 종이 뭔데?"

"수요일에 치는 종이여. 교회 사람들은 수요일 저녁 예배를 삼일 예배라고 불러. 저것은 초종이여. 한참 있다가 재종을 칠 거여."

나는 도롱테 굴리듯 빠른 말씨로 한바탕 정신없이 지껄였다.

"어머나, 건호 너 교회 다니니?"

"엉. 딸고만이 아부지가 시방 초종을 치고 있는 중이여. 명은이 너, 딸고만이 아부지가 누군지 모르지? 딸고만이 아부지는……."

야트막한 언덕 위 신광 교회 종탑 밑에서 종 줄 끝에 대롱대롱 매달려 허공 속을 연방 오르락내리락하면서 신나게 종을 치고 있을 사찰 아저씨의 앙바틈한 모습을 머리에 떠올리니까 절로 웃음이 비어졌다. 다섯 번째로 또 딸을 낳고 나서 지어 준 이름이 딸고만이였다.

"딸내미 이름을 그러코롬 엉터리없이 지어 놓으면 요담 번엔 틀림없이 아들을 낳게 된디야."

명은이는 한바탕 기분 좋게 깔깔거렸다. 아, 명은이가 웃는다! 내가 서울내기 지지배를 웃게코롬 맨들었다! 나는 득의양양해서 넋이야 신이야 하며 마구잡이로 떠벌렸다.

"딸고만이 아부지가 종 치는 걸 보면 너도 아매 배꼽을 잡고 웃을 거여. 얼매나 괴상허게 생겼는지 알어? 키는 나보담 쬐끔 더 크고, 머리는 훌러덩 벳겨지고……."

말을 하다 말고 나는 갑자기 입을 다물었다. 명은이가 앞을 못 본다는 점에 뒤늦게 생각이 미친 까닭이었다. 종소리의 꼬리 부분이 긴 여운을 끌면서 저녁 하늘 속으로 천천히 사라지고 있었다.

"딸고만이 아버지 얘길 계속해 봐."

명은이가 잔디밭 위에 아무렇게나 퍼벌하고 앉으면서 재촉했다. 나도 덩달아 명은이 앞에 퍽석 주저앉았다.

딸고만이 아버지는 정말 괴짜였다. 교회 종을 치기 위해 이 세상에 태어난 사람 같았다. 종을 치지 않을 때는 우리에게 놀림감이 되지만 종을 치는 동안만큼은 언제나 존경의 대상이 되곤 했다. 마치 종 줄의 일부분인 양 앙바틈한 몸집이 굵은 밧줄 끝에 매달려 발바닥이 땅에 닿을 새가 없으리만큼 위로 솟구쳤다 아래로 곤두박질치기를 되풀이하면서 힘차게 종소리를 울려 대는 동안 그는 얼굴이 온통 시뻘겋게 상기한 채 꿈을 꾸는 듯한 표정을 짓곤 했다. 종 치는 일이 거반 끝나 갈 무렵쯤 되면 그는 자기 주위로 새까맣게 몰려들어 찬탄 어린 눈빛으로 구경하는 조무래기들 가운데서 딱 한 명만 골라 딱 한 차례만 종 줄을 잡아당기는 영광을 안겨 주곤 했다. 그악스레 뒤쫓아 다니며 딸고만이 아버지라고 놀려 먹은 적이 없는 착한 아이한테 대개 특혜를 베푸는 것이었다.

"딸고만이 아버지를 한번 봤으면 좋겠다."

"나랑 같이 교회 가면 얼매든지 볼 수 있어."

말을 주고받다 보니 뭔가 좀 이상하다는 생각이 퍼뜩 들었다. 앞을 못 보는 명은이가 무슨 재주로 딸고만이 아버지를 본단 말인가?

"눈엔 안 보여도 마음으로는 얼마든지 볼 수 있어."

내 속마음을 읽었는지 명은이가 얼른 어른스럽게 말했다. 기왕 말이 나온 김에 우리는 주일 저녁에 함께 신광 교회에 가기로 약속을 정했다.

주일 저녁이 오기까지 시간은 굼벵이 걸음처럼 더디 흘러갔다. 외할머니의 허락을 받고 명은이와 나는 딸고만이 아버지가 초종을 울릴 시간에 맞추어 관사를 출발했다. 명은이 손을 잡고 조심조심 길을 인도하는 탓에 관사에서 신광 교회까지 평상시보다 곱절 이상 거리가 멀게 느껴졌다. 먼 길을 걷는 동안 나는 전에 주일 학교 반사한테서 들은 이야기를 재탕해서 명은이에게 들려주는 일로 시간을 때웠다.

옛날 어느 성에 용감한 기사와 바람처럼 빨리 달리는 백마가 살고 있었다. 기사는 사랑하는 백마를 타고 전쟁터마다 다니며 번번이 큰 공을 세워 성주로부터 푸짐한 상을 받곤 했다. 전쟁이 끝났다. 세월이 흘러 백마는 늙고 병들게 되었다. 그러자 기사는 자기와 오랫동안 생사고락을 함께한 백마를 외면한 채 전혀 돌보지 않았다. 늙고 병든 백마는 성내를 이리저리 떠돌다가 어떤 종탑 앞에 이르렀다. 누구든지 종을 쳐서 억울한 사연을 호소할 수 있게끔 성주가 세워 놓은 종탑이었다. 백마의 눈에 종탑을 휘휘 감고 올라간 칡넝쿨이 보였다. 배고픔에 못 이겨 백마는 칡넝쿨을 뜯어 먹기 시작했다. 그러다 종 줄을 잘못 건드리는 바람에 그만 종을 울리고 말았다. 종소리를 들은 성주가 무슨 사연인지 자세히 알아보도록 부하에게 지시했다. 그리하여 백마의 억울한 사연을 알게 된 성주는 은혜를 저버린 기사를 벌주고 백마를 죽을 때까지 따뜻이 보살펴 주었다.

"억울한 사람은 누구든지 종을 칠 수 있다고?"

느슨히 잡고 있던 내 손을 갑자기 꽉 움켜쥐면서 명은이가 물었다. 나는 괜스레 우쭐해진 나머지 얼김에 말갈망도 못할 허세를 부리고 말았다.

"그렇다니깨. 아무나 다 종을 침시나 맘속으로 소원을 빌으면은 그 소원이 죄다 이뤄진디야."

마침내 신광 교회 입구로 들어섰다. 아직 이른 시간이라서 그런지 우리 말고 다른 교인들 모습은 교회 근처에서 전혀 찾아볼 수 없었다. 하늘로 오르는 사닥다리인 양 높고 가파른 돌계단이 우리 앞을 떡하니 막아섰다. 발을 헛디디지 않게끔 명은이를 단단히 부축한 채 천천히 돌계단을 오르기 시작했다.

돌계단을 다 오르자 비낀 저녁 햇살을 듬뿍 받아 아름답게 빛나는 웅장한 석조 교회당이 시야를 그득 메웠다. 우리는 종탑 앞에서 손을 맞잡은 채 때가 되기를 기다렸다. 잠시 후에 교회당 뒤편 사택 쪽에서 딸고만이 아버지가 모습을 드러냈다.

"딸고만이 아부지다."

나는 명은이에게 귀엣말로 가만히 속삭였다. 길게 뻗은 교회당 건물 옆구리를 따라 통로에 깔린 자갈을 밟으며 딸고만이 아버지가 걸어왔다. 명은이는 몹시 긴장한 자세로 저벅저벅 다가오는 발소리에 조용히 귀를 기울였다. 저녁 햇살을 함빡 뒤집어쓴 딸고만이 아버지의 민머리가 알전구처럼 반짝거렸다. 나는 최대한 허리를 굽혀 예바르게 꾸뻑 인사를 올렸다. 딸고만이 아버지는 나를 금세 알아보았다. 그러나 낯선 얼굴인 명은이 쪽에 짤막한 눈길을 던졌을 뿐, 여느 때와 딴판으로 모범생처럼 구는 나를 거들떠보지도 않으면서 그는 되우 뻐겨 대는 걸음걸이로 종탑에 다가섰다. 그는 몸에 익은 솜씨로 종탑 쇠기둥을 타고 뽀르르 위로 기어오른 다음 아이들 손이 닿지 않을 높직한 자리에 매어 놓은 종 줄을 밑으로 풀어 내렸다. 그가 굵은 밧줄을 힘차게 아래로 잡아당기자 종탑 꼭대기 그 까마득한 높이에 매달려 있던 거대한 놋종이 한쪽으로 휘우뚱 기울어졌다. 또 한 차례 줄을 잡아당기자 이번에는 반대편으로 놋종이 휘우뚱 넘어갔다. 오른쪽, 왼쪽, 번차례로 기울어지기를 두 번, 세 번…….

"인제 종소리가 울릴 차례여."

내 말이 끝남과 동시에 데엥, 하고 첫 번째 종소리가 묵직하게 울려 퍼졌다. 갑자기 귀를 먹먹하게 만드는 둔중한 종소리에 놀라 명은이는 눈살을 찌푸리며 잽싸게 손바닥으로 귀를 막았다. 종소리가 차츰 빨라지기 시작했다. 딸고만이 아버지의 앙바틈한 몸집은 어느새 종 줄과 한 몸을 이루어 쉴 새 없이 허공을 오르락내리락하느라 발바닥이 땅에 닿을 겨를도 없을 지경이었다. 뎅그렁 뎅, 뎅그렁 뎅, 기세 좋게 울리는 종소리가 귀싸대기를 사정없이 갈겨 댔다. 나는 명은이 손바닥을 붙잡아 귀에 붙였다 뗐다 하는 동작을 되풀이했다. 기다란 종소리의 중동을 뚝 잘라 동강을 내었다가 다시 이어 붙이기를 되풀이하는 그 장난이 명은이 얼굴에 발갛게 꽃물이 배게끔 핏기를 돋우었다.

건공중에 둥둥 떠 있던 딸고만이 아버지의 발바닥이 어느새 슬그머니 땅으로 되돌아와 있었다. 종 치는 작업을 마무리하기 위해 종 줄 잡아당기는 힘을 적당히 조절하는 중이었다. 나는 실오라기 같은 희망을 품은 채 딸고만이 아버지가 아닌 사찰 아저씨를 향해 최대한 존경의 눈빛을 띄워 보냈다. 하지만 아무 소용이 없는 아침이었다. 사찰 아저씨 아닌 딸고만이 아버지는 결국 나로 하여금 마지막 순간에 딱 한 차례 종 줄을 잡아당기게 하는 그 특혜를 베풀지 않은 채 매정하게 종 치기를 끝내 버렸다. 주일마다 뒤꽁무니를 밟고 다니며 딸고만이 아버지라고 그악스레 놀려 댄 지난날들이 여간만 후회되는 게 아니었다.

아쉬움을 달랠 요량으로 나는 얼른 고무신을 벗어 들었다. 여태껏 늘 해 왔던 방식에 따라 나는 바야흐로 저녁 하늘 저 멀리 사라지려는 마지막 종소리를 고무신짝 안에 양껏 퍼 담았다. 그런 다음 잽싸게 고무신짝을 명은이 귓바퀴에 찰싹 붙여 주었다. 그러자 명은이 얼굴에 해맑은 미소가 가득 번져 나기 시작했다. 어미 종은 이미 움직임을 멈추었지만 고무신짝 안에는 새끼 종이 담겨 아직도 작은 움직임을 계속하고 있었다. 그 종이 꿀벌처럼 잉잉거리면서 대고 명은이 귀를 간질이고 있을 것이었다.

왔던 길과는 달리 돌아가는 길은 호사스러운 감동의 보자기에 감싸여 있어서 관사까지 걷는 시간이 조금 전보다 절반 이하로 짧게 느껴졌다. 명은이는 흥분한 기색을 여간해서 감추지 못했다. 관사 앞에서 헤어지기 직전에 명은이는 나에게 고맙다고 말했다. 깍쟁이 서울 계집애 입에서 고맙다는 인사가 나오기는 그때가 처음이었다.

"건호야."

일껏 내 이름을 불러 놓고도 명은이는 한참이나 더 뜸을 들인 다음에야 가까스로 뒷말을 이었다.

"네 얼굴이 어떻게 생겼는지 궁금해. 내 손으로 한번 만져 보고 싶어."

참으로 난처한 순간이었다. 틀림없이 집 안 어느 구석에서 우리를 지켜보고 있을 명은이 외할머니를 의식하면서 나는 잠시 망설였다. 에라, 모르겠다는 심정으로 나는 결국 명은이 손을 끌어다 내 얼굴에 대 주었다. 그리고 두 눈을 질끈 감아 버렸다. 축축이 땀에 젖은 손이 내 얼굴 윤곽을 천천히 더듬어 나가기 시작했다. 명은이는 내 이목구비 하나하나를 차례차례 신중히 어루만졌다.

"얼굴이 아주 잘생겼구나. 나한테 얼굴을 보여 줘서 고마워."

난생처음 잘생겼다는 소리를 들었다. 나는 홧홧 달아오르는 낯꽃을 주체할 수가 없어 도망치다시피 관사 앞을 떠나 버렸다. 관사로부터 멀어지자 나는 겅중겅중 뜀걸음을 놓기 시작했다. 비록 서투른 솜씨나마 휘파람을 후익후익 날리면서 나는 신나게 집으로 향했다.

명은이가 내게 무리한 부탁을 해 온 것은 신광 교회 종탑에서 색다른 경험을 한 바로 그다음 날이었다. 다시 만나자마자 명은이는 나를 붙잡고 엉뚱깽뚱한 소리를 했다.

"건호야, 날 다시 교회로 데려가 줘. 내 손으로 종을 쳐 보고 싶어."

"그랬다간 큰일 나! 딸고만이 아부지 손에 맞어 죽을 거여!"

나는 팔짝 뛰면서 그 청을 모지락스레 거절했다. 하지만 명은이는 나한테 검질기게 달라붙으면서 계속 비라리 치고 있었다.

"제발 부탁이야. 딱 한 번만 내 손으로 직접 종을 쳐 보고 싶어."

"종은 쳐서 뭣 헐라고?"

"그냥 그래! 내 손으로 울리는 종소리를 듣고 싶을 뿐이야."

말은 그렇게 했지만 나는 명은이의 진짜 속셈이 무엇인가를 금세 알아차릴 수 있었다. 동화 속의 늙고 병든 백마를 흉내 내고 싶은 것이었다. 버림받은 백마처럼 자신의 억울한 사정을 성주에게 호소하고 싶은 것이었다. 다름 아닌 눈을 뜨고 싶다는 소원을 하나님에게 전할 속셈임이 틀림없었다. 누구든지 종을 치면서 소원을 빌면 다 이루어진다고 명은이 앞에서 공연히 허튼소리를 지껄인 일이 새삼스레 후회되었다. 대관절 무슨 재주로 딸고만이 아버지 허락도 없이 교회 종을 무단히 울린단 말인가?

"알었다고. 알었다니께."

연방 도리머리를 하는 내 마음과는 딴판으로 내 입에서는 승낙의 말이 잘도 흘러나왔다. 끝끝내 명은이의 간청을 뿌리칠 재간이 내게 없다는 사실을 나는 처음부터 잘 알고 있었다.

"일요일은 절대로 안 돼야. 수요일도 절대로 안 돼야."

"그럼 언제?"

보이지도 않는 눈을 반짝 빛내면서 명은이가 대답을 재촉했다. 예배 모임이 없는 평일이라면 어찌어찌 가능할 것 같기도 했다.

"목요일 밤중이라면 혹간 몰라도……."

목요일 아침이 밝았다. 목요일 낮이 지나갔다. 마침내 목요일 밤이 찾아왔다. 명은이는 시내 산보를 구실 삼아 외할머니한테 밤마을을 허락받았다. 어둠길을 나서는 우리를 명은이 외할머니가 관사 밖 길가까지 따라 나와 걱정스러운 얼굴로 배웅했다. 앞 못 보는 외손녀를 걱정하는 백발 노파의 마음이 신광 교회까지 줄곧 우리와 동행하는 듯한 기분이었다.

명은이 손을 잡고 신광 교회 돌계단을 오르는 동안 내 온몸은 사뭇 떨렸다. 지레 흥분이 되는지, 아니면 두려움 때문인지 땀에 흠씬 젖은 명은이 손 또한 달달 떨리고 있었다. 명은이가 소원을 이룰 수만 있다면 딸고만이 아버지한테 맞아 죽어도 상관없다고 각오를 다지면서 나는 젖은 빨래를 쥐어짜듯 모자라는 용기를 빨끈 쥐어짰다.

신광 교회는 어둠 속에 고자누룩이 가라앉아 있었다. 이제부터 우리가 저지르려는 엄청난 짓거리에 어울리게끔 주변에 아무런 인기척이 없음을 거듭 확인하고 나서 나는 종탑 가까이 명은이를 잡아끌었다. 괴물처럼 네 개의 긴 다리로 일어선 철제의 종탑이 캄캄한 밤하늘을 향해 우뚝 발돋움을 하고 있었다. 깊은 물속으로 자맥질하기 직전의 순간처럼 나는 까마득한 종탑 꼭대기를 올려다보며 연거푸 심호흡을 해 댔다. 그런 다음 딸고만이 아버지가 항상 하던 방식대로 종탑 쇠기둥을 타고 뽀르르 위로 기어올라 철골에 매인 밧줄을 밑으로 풀어 내렸다.

"꽉 붙잡고 있어."

명은이 손에 밧줄 밑동을 쥐여 주고 나서 나는 양팔을 높이 뻗어 밧줄에다 내 몸무게를 몽땅 실었다. 그동안 늘 보아 나온 딸고만이 아버지의 종 치는 솜씨를 흉내 내어 나는 죽을힘을 다해 밧줄을 잡아당기기 시작했다. 종탑 꼭대기에 되똑 얹힌 거대한 놋종이 천천히 한쪽으로 기울어지는 첫 느낌이 밧줄을 타고 내 손에 얼얼하게 전해져 왔다. 마치 한 풀 줄기에 나란히 매달려 함께 바람에 흔들리는 두 마리 딱따깨비처럼 명은이 역시 밧줄에 제 몸무게를 실은 채 나랑 한통으로 건공중을 오르내리는 동작에 어느새 눈치껏 장단을 맞추고 있었다. 어둠 때문에 잘 보이지 않았지만 내 코끝에 훅훅 끼얹히는 명은이의 거친 숨결에 섞인 단내로 미루어 명은이가 시방 어떤 표정을 짓고 있는지 너끈히 짐작할 수 있었다.

"소원 빌을 준비를 혀!"

내 말이 채 끝나기도 전에 데엥, 하고 첫 번째 종소리가 울렸다. 그 첫 소리를 울리기까지가 힘들었다. 일단 첫 소리를 울리고 나니 그다음부터는 모든 절차가 한결 수월해졌다. 뎅그렁 뎅, 뎅그렁 뎅, 기세 좋게 울려 대는 종소리에 귀가 갑자기 먹먹해졌다.

"소원을 빌어! 소원을 빌어!"

종소리와 경쟁하듯 목청을 높여 명은이를 채근하는 한편 나도 맘속으로 소원을 빌기 시작했다. 명은이가 소원을 다 빌 때까지 딸고만이 아버지를 잠시 귀먹쟁이로 만들어 달라고 빌고 또 빌었다. 명은이와 내가 한 몸이 되어 밧줄에 매달린 채 땅바닥과 허공 사이를 절굿공이처럼 오르락내리락하면서 온몸으로 방아를 찧을 적마다 놋종은 우리 머리 위에서 부르르부르르 진저리를 치며 엄청난 목청으로 울어 댔다. 사람이 밧줄을 다루는 게 아니라 이젠 탄력이 붙을 대로 붙어버린 밧줄이 오히려 사람을 제멋대로 갖고 노는 듯한 느낌이었다.

한창 종 치는 일에 고부라져 있었던 탓에 딸고만이 아버지가 달려오는 줄도 까맣게 몰랐다. 되알지게 엉덩이를 한방 걷어채고 나서야 앙바틈한 그의 모습을 어둠 속에서 겨우 가늠할 수 있었다. 기차 화통 삶아 먹은 듯한 고함과 동시에 그가 와락 덤벼들어 내 손을 밧줄에서 잡아떼려 했다. 그럴수록 나는 더욱더 기를 쓰고 밧줄에 매달려 더욱더 힘차게 종소리를 울렸다. 주먹질과 발길질이 무수히 날아들었다. 마구잡이 매타작에서 명은이를 지켜 주기 위해 나는 양다리를 가

새질러 명은이 허리를 감싸 안았다. 한데 엉클어져 악착스레 종을 쳐 대는 두 아이를 혼잣손으로 좀처럼 떼어 내기 어렵게 되자 나중에는 딸고만이 아버지도 밧줄에 함께 매달리고 말았다. 결국 종 치는 사람이 셋으로 불어난 꼴이었다. 그 어느 때보다 기운차게 느껴지는 종소리가 어둠에 잠긴 세상 속으로 멀리멀리 퍼져 나가고 있었다. 명은이 입에서 별안간 울음이 터져 나오기 시작했다. 때때옷을 입은 어린애를 닮은 듯한 그 울음소리를 무동 태운 채 종소리는 마치 하늘 끝에라도 닿으려는 기세로 독수리처럼 높이높이 솟구쳐 오르고 있었다.

뎅그렁 뎅 뎅그렁 뎅 뎅그렁 뎅…

☑ 핵심정리

갈래 : 현대 소설, 단편 소설, 액자 소설

성격 : 사실적, 상징적, 향토적

시점 : 1인칭 관찰자 시점

배경 : 시간적 – 한국 전쟁 / 공간적 – 전북 익산 시내

주제 : 사랑과 연민(공감)을 통한 전쟁의 상처 치유

특징 :
- 전쟁의 폭력성에서 비롯된 문제 상황과 해결방안을 제시하고 있다.
- 소년과 소녀를 등장시켜 전쟁의 참혹함을 드러내고 있다.
- 구체적인 지명과 사투리를 사용하여 작품의 사실성을 높이고 있다.
- '백마 이야기'를 제시하여 작중 인물의 상황과 주제를 부각하고 있다.

04 고전 소설

1. 고전 소설

일반적으로 현대 소설과 구분하여 갑오개혁(1894년) 이전까지 지어진 소설

2. 고전 소설의 특징

인물	전형적, 평면적	한 계층을 대표하고, 성격이 변하지 않는 인물이 등장함
사건	우연적, 비현실적	사건 전개가 주로 우연한 계기에서 이루어지며, 현실에서 일어나기 어려운 전기적 사건이 자주 일어남
	행복한 결말	주인공이 원하는 것을 얻는 결말로 끝맺으며, 권선징악의 주제를 드러냄
배경	막연함, 비현실적	주로 중국과 조선, 천상계 등으로 나뉘며 구체적으로 제시되지 않음
구성	일대기적, 순행적	사건이 시간 흐름에 따라 전개되며, 인물의 출생에서 죽음에 이르기까지를 담음
서술	서술자의 개입, 해학적 표현	전개되고 있는 사건이나 인물의 말과 행동 등에 대하여 서술자가 자신의 견해를 밝혀 서술하고, 언어유희나 과장 같은 표현을 통해 웃음을 유발함

3. 고전 소설의 유형

영웅, 군담 소설	· 고전 소설의 주류를 차지했던 소설로, 주인공이 전쟁에서 영웅적 활약을 펼침 · 영웅의 일대기적 구성과 행복한 결말을 보임. (영웅의 일대기적 구성 : 고귀한 혈통 – 비정상적 출생 – 탁월한 능력 – 어린 시절의 시련 – 조력자의 구출과 양육 – 성장 후 위기 – 고난의 극복과 성공)
풍자 소설	임진왜란과 병자호란을 계기로 당대 사회에 대한 비판적 관점이 반영된 소설로, 선비의 사회적 책임과 사회의 모순을 판단하여 밝힘
애정 소설	남녀 주인공이 현실의 고난을 이기고 사랑의 결실을 맺는 결말이 대부분이나, '운영전', '심생의 사랑'과 같이 비극적 결말을 보이는 작품도 있음
판소리계 소설	· 민간에서 구비 전승되던 판소리 사설이 정착된 소설로, 대개 '근원설화 → 판소리 사설 → 판소리계 소설 → 신소설'의 형성과정을 거침 · 당대 민중의 갈등과 고통을 해학적 전통으로 승화시킴

(1) 허생전

박지원

1

허생은 묵적골(墨積洞)에 살았다. 곧장 남산(南山) 밑에 닿으면, 우물 위에 오래된 은행나무가 서 있고, 은행나무를 향하여 사립문이 열렸는데, 두어 칸 초가는 비바람을 막지 못할 정도였다. 그러나 허생은 글 읽기만 좋아하고, 그의 처가 남의 바느질품을 팔아서 입에 풀칠을 했다.

하루는 그 처가 몹시 배가 고파서 울음 섞인 소리로 말했다.

"당신은 평생 과거(科擧)를 보지 않으니, 글을 읽어 무엇합니까?"

허생은 웃으며 대답했다.

"나는 아직 독서를 익숙히 하지 못하였소."

"그럼 장인바치 일이라도 못 하시나요?"

"장인바치 일은 본래 배우지 않은 걸 어떻게 하겠소?"

"그럼 장사는 못 하시나요?"

"장사는 밑천이 없는 걸 어떻게 하겠소?"

처는 왈칵 성을 내며 소리쳤다.

"밤낮으로 글을 읽더니 기껏 '어떻게 하겠소?' 소리만 배웠단 말씀이오? 장인바치 일도 못 한다, 장사도 못 한다면, 도둑질이라도 못 하시나요?"

허생은 읽던 책을 덮어 놓고 일어나면서,

"아깝다. 내가 당초 글 읽기로 십 년을 기약했는데, 인제 칠 년인걸……."
하고 휙 문밖으로 나가 버렸다.

허생은 거리에 서로 알 만한 사람이 없었다. 바로 운종가로 나가서 시중의 사람을 붙들고 물었다.

"누가 서울 성중에서 제일 부자요?"

변 씨(卞氏)를 말해 주는 이가 있어서, 허생이 곧 변 씨의 집을 찾아갔다. 허생은 변 씨를 대하여 길게 읍하고 말했다.

“내가 집이 가난해서 무얼 좀 해 보려고 하니, 만 냥을 꿔어 주시기 바랍니다.”

변 씨는

“그러시오.”

하고 당장 만 냥을 내주었다. 허생은 감사하다는 인사도 없이 가 버렸다. 변 씨 집의 자제와 손들이 허생을 보니 거지였다. 실띠의 술이 빠져 너덜너덜하고, 갖신의 뒷굽이 자빠졌으며, 쭈그러진 갓에 허름한 도포를 걸치고, 코에서 맑은 콧물이 흘렀다. 허생이 나가자 모두들 어리둥절해서 물었다.

“저이를 아시나요?”

“모르지.”

“아니, 이제 하루아침에, 평생 누군지도 알지 못하는 사람에게 만 냥을 그냥 내던져 버리고 성명도 묻지 않으시다니, 대체 무슨 영문인가요?”

변 씨가 말하는 것이었다.

“이건 너희들이 알 바 아니다. 대체로 남에게 무엇을 빌리러 오는 사람은 으레 자기 뜻을 대단히 선전하고, 신용을 자랑하면서도 비굴한 빛이 얼굴에 나타나고, 말을 중언부언하게 마련이다. 그런데 저 객은 형색은 허술하지만, 말이 간단하고, 눈을 오만하게 뜨며, 얼굴에 부끄러운 기색이 없는 것으로 보아, 재물이 없어도 스스로 만족할 수 있는 사람이다. 그 사람이 해 보겠다는 일이 작은 일이 아닐 것이매, 나 또한 그를 시험해 보려는 것이다. 안 주면 모르되, 이왕 만 냥을 주는 바에 성명은 물어 무엇을 하겠느냐?”

허생은 만 냥을 입수하자, 다시 자기 집에 들르지도 않고 바로 안성(安城)으로 내려갔다. 안성은 경기도, 충청도 사람들이 마주치는 곳이요, 삼남(三南)의 길목이기 때문이다. 거기서 대추, 밤, 감, 배며 석류, 귤, 유자 등속의 과일을 모조리 두 배의 값으로 사들였다. 허생이 과일을 몽땅 쓸었기 때문에 온 나라가 잔치나 제사를 못 지낼 형편에 이르렀다. 얼마 안 가서, 허생에게 두 배의 값으로 과일을 팔았던 상인들이 도리어 열 배의 값을 주고 사 가게 되었다. 허생은 길게 한숨을 내쉬었다.

“만 냥으로 온갖 과일의 값을 좌우했으니, 우리나라의 형편을 알 만하구나.”

그는 다시 칼, 호미, 포목 따위를 가지고 제주도에 건너가서 말총을 죄다 사들이면서 말했다.

“몇 해 지나면 나라 안의 사람들이 머리를 싸매지 못할 것이다.”

허생이 이렇게 말하고 얼마 안 가서 과연 망건값이 열 배로 뛰어올랐다.

(중략)

허생은 몸소 이천 명이 1년 먹을 양식을 준비하고 기다렸다. 군도들이 빠짐없이 모두 돌아왔다. 드디어 다들 배에 싣고 그 빈 섬으로 들어갔다. 허생이 도둑을 몽땅 쓸어 가서 나라 안에 시끄러운 일이 없었다.

그들은 나무를 베어 집을 짓고, 대(竹)를 엮어 울을 만들었다. 땅기운이 온전하기 때문에 백곡이 잘 자라서, 한 해나 세 해만큼 걸러 짓지 않아도 한 줄기에 아홉 이삭이 달렸다. 3년 동안의 양식을 비축해 두고, 나머지를 모두 배에 싣고 장기도로 가져가서 팔았다. 장기라는 곳은 삼십만여 호나 되는 일본의 속주(屬州)이다. 그 지방이 한참 흉년이 들어서 구휼하고 은 백만냥을 얻게 되었다.

허생이 탄식하면서,

"이제 나의 조그만 시험이 끝났구나."

2

변 씨가 이번에는 딴 이야기를 꺼냈다.

"방금 사대부들이 남한산성(南漢山城)에서 오랑캐에게 당했던 치욕을 씻어 보고자 하니, 지금이야말로 지혜로운 선비가 팔뚝을 뽐내고 일어설 때가 아니겠소? 선생의 그 재주로 어찌 괴롭게 파묻혀 지내려 하십니까?"

"어허, 자고로 묻혀 지낸 사람이 한둘이었겠소? 우선, 졸수재 조성기 같은 분은 적국에 사신으로 보낼 만한 인물이었건만 베잠방이로 늙어 죽었고, 반계 거사 유형원 같은 분은 군량을 조달할 만한 재능이 있었건만 저 바닷가에서 소요하고 있지 않습니까? 지금의 집정자들은 가히 알 만한 것들이지요. 나는 장사를 잘하는 사람이라, 내가 번 돈이 족히 구왕(九王)의 머리를 살 만하였으되 바닷속에 던져 버리고 돌아온 것은, 도대체 쓸 곳이 없기 때문이었지요."

변 씨는 한숨만 내쉬고 돌아갔다.

변 씨는 본래 이완 이 정승과 잘 아는 사이였다. 이완이 당시 어영대장이 되어서 변 씨에게 위항(委巷)이나 여염(閭閻)에 혹시 쓸 만한 인재가 없는가를 물었다. 변 씨가 허생의 이야기를 하였더니, 이 대장은 깜짝 놀라면서,

"기이하다. 그게 정말인가? 그의 이름이 무엇이라 하던가?"하고 묻는 것이었다.

"소인이 그분과 상종해서 3년이 지나도록 여태껏 이름도 모르옵니다."

"그인 이인(異人)이야. 자네와 같이 가 보세."

밤에 이 대장은 구종들도 다 물리치고 변 씨만 데리고 걸어서 허생을 찾아갔다. 변 씨는 이 대장을 문밖에 서서 기다리게 하고 혼자 먼저 들어가서, 허생을 보고 이 대장이 몸소 찾아온 연유를 이야기했다. 허생은 못 들은 체하고,

"당신 차고 온 술병이나 어서 이리 내놓으시오."했다. 그리하여 즐겁게 술을 들이켜는 것이었다. 변 씨는 이 대장을 밖에 오래서 있게 하는 것이 민망해서 자주 말하였으나, 허생은 대꾸도 않다가 야심(夜深)해서 비로소 손을 부르게 하는 것이었다. 이 대장이 방에 들어와도 허생은 자리에서 일어서지도 않았다. 이 대장은 몸 둘 곳을 몰라 하며 나라에서 어진 인재를 구하는 뜻을 설명하자, 허생은 손을 저으며 막았다.

"밤은 짧은데 말이 길어서 듣기에 지루하다. 너는 지금 무슨 벼슬에 있느냐?"

"대장이오."

"그렇다면 너는 나라의 신임 받는 신하로군. 내가 와룡 선생 같은 이를 천거하겠으니, 네가 임금께 아뢰어서 삼고초려를 하게 할 수 있겠느냐?"

이 대장은 고개를 숙이고 한참 생각하더니,

"어렵습니다. 제이(第二)의 계책을 듣고자 하옵니다."했다.

"나는 원래 '제이' 라는 것은 모른다."하고 허생은 외면하다가, 이 대장의 간청에 못 이겨 말을 이었다.

"명(明)나라 장졸들이 조선은 옛 은혜가 있다고 하여, 그 자손들이 많이 우리나라로 망명해 와서 정처 없이 떠돌고 있으니, 너는 조정에 청하여 종실(宗室)의 딸들을 내어 모두 그들에게 시집보내고, 훈척(勳戚) 권귀(權貴)의 집을 빼앗아서 그들에게 나누어 주게 할 수 있겠느냐?"

이 대장은 또 머리를 숙이고 한참을 생각하더니,

"어렵습니다."

했다.

"이것도 어렵다, 저것도 어렵다 하면 도대체 무슨 일을 하겠느냐? 가장 쉬운 일이 있는데, 네가 능히 할 수 있겠느냐?"

"말씀을 듣고자 하옵니다."

"무릇, 천하에 대의(大義)를 외치려면 먼저 천하의 호걸들과 접촉하여 결탁하지 않고는 안 되고, 남의 나라를 치려면 먼저 첩자를 보내지 않고는 성공할 수 없는 법이다. 지금 만주 정부가 갑자기 천하의 주인이 되어서 중국 민족과는 친근해지지 못하는 판에, 조선이 다른 나라보다 먼저

섬기게 되어 저들이 우리를 가장 믿는 터이다. 진실로 당(唐)나라, 원(元)나라 때처럼 우리 자제들이 유학 가서 벼슬까지 하도록 허용해 줄 것과 상인의 출입을 금하지 말도록 할 것을 간청하면, 저들도 반드시 자기네에게 친근해지려 함을 보고 기뻐 승낙할 것이다. 국중의 자제들을 가려 뽑아 머리를 깎고 되놈의 옷을 입혀서, 그중 선비는 가서 빈공과에 응시하고, 또 서민은 멀리 강남(江南)에 건너가서 장사를 하면서, 저 나라의 실정을 정탐하는 한편, 저 땅의 호걸들과 결탁한다면 한번 천하를 뒤집고 국치(國恥)를 씻을 수 있을 것이다."

이 대장은 힘없이 말했다.

"사대부들이 모두 조심스럽게 예법을 지키는데, 누가 변발을 하고 호복을 입으려 하겠습니까?"

허생은 크게 꾸짖어 말했다.

"소위 사대부란 것들이 무엇이란 말이냐? 오랑캐 땅에서 태어나 자칭 사대부라 뽐내다니 이런 어리석을 데가 있느냐? 의복은 흰옷을 입으니 그것이야말로 상인(喪人)이나 입는 것이고, 머리털을 한데 묶어 송곳같이 만드는 것은 남쪽 오랑캐의 습속에 지나지 못한데, 대체 무엇을 가지고 예법이라 한단 말인가? 번오기(樊於期)는 원수를 갚기 위해서 자신의 머리를 아끼지 않았고, 무령왕(武靈王)은 나라를 강성하게 만들기 위해서 되놈의 옷을 부끄럽게 여기지 않았다. 이제 대명(大明)을 위해 원수를 갚겠다 하면서, 그까짓 머리털 하나를 아끼고, 또 장차 말을 달리고 칼을 쓰고 창을 던지며 활을 당기고 돌을 던져야 할 판국에 넓은 소매의 옷을 고쳐 입지 않고 딴에 예법이라고 한단 말이냐? 내가 세 가지를 들어 말하였는데, 너는 한 가지도 행하지 못한다면서 그래도 신임 받는 신하라 하겠는가? 신임 받는 신하라는 게 참으로 이렇단 말이냐? 너 같은 자는 칼로 목을 잘라야 할 것이다."

하고 좌우를 돌아보며 칼을 찾아서 찌르려 했다. 이 대장은 놀라서 일어나 급히 뒷문으로 뛰쳐나가 도망쳐서 돌아갔다.

이튿날, 다시 찾아가 보았더니, 집이 텅 비어 있고, 허생은 간 곳이 없었다.

☑ 핵심정리

갈래 : 고전 소설, 한문 소설, 풍자 소설
성격 : 풍자적, 비판적, 현실 개혁적
시점 : 3인칭 전지적 작가 시점
주제 : 무능한 사대부에 대한 비판과 각성 촉구
특징 : · 실학사상을 바탕으로 당대 현실에 대해 비판하고 개혁을 촉구함
· 고전 소설의 전형적 특징인 행복한 결말을 벗어나 미완의 결말 구조를 취함

(2) 춘향전

작자 미상

[앞부분 줄거리]

숙종 즉위 초, 전라도 남원에 사는 퇴기 월매는 성 참판과의 사이에서 춘향을 낳아 정성껏 기른다. 남원 부사로 부임한 아버지를 따라 한양에서 내려온 이몽룡은 단옷날, 경치를 구경하고자 광한루 오작교에 나왔다가 그네를 타러 나온 춘향을 보고 첫눈에 반한다. 그날로 둘은 백년가약을 맺어 열렬히 사랑하게 된다. 그러나 이몽룡의 아버지가 동부승지 교지를 받아 가족이 모두 남원을 떠나게 되자, 이몽룡은 후일을 기약하며 춘향을 두고 한양으로 떠난다.

그 후, 새로운 남원 부사로 변학도가 부임하고, 춘향을 불러내어 수청을 강요한다. 하지만 춘향은 수청 요구를 거부하고 결국 옥에 갇혀 고초를 겪는다. 한편 한양으로 올라갔던 이몽룡은 전라도 어사가 되어 남원에 내려오는 길에 농부들로부터 남원의 변 사또가 학정(虐政)을 일삼고 있다는 사실과 춘향이 옥에 갇혔다는 소식을 듣는다. 그리고 걸인의 행색으로 월매와 춘향을 만나는데, 그런 모습을 보고도 춘향은 내일 죽게 될 자신의 처지보다 이몽룡을 걱정하며 월매에게 이몽룡을 부탁한다.

교과서에 제시된 부분은 이몽룡이 옥에 갇힌 춘향을 만난 다음 날, 변 사또의 생일잔치 장면에서부터 이 작품이 끝나는 데까지이다.

가까운 읍의 수령들이 모여든다. 운봉 영장, 구례, 곡성, 순창, 옥과, 진안, 장수 원님이 차례로 모여든다. 왼쪽에 행수, 군관 오른쪽에 청령, 사령이 있고 본관 사또는 주인이 되어 한가운데 있어 하인 불러 분부하되,

"관청색(官廳色) 불러 다담(茶啖)을 올리라. 육고자 불러 큰 소를 잡고, 예방(禮房) 불러 악공을 대령하고, 승발 불러 천막을 대령하라. 사령 불러 잡인을 금하라."

이렇듯 요란할 제 온갖 깃발이며 삼현육각 풍류 소리 공중에 떠 있고, 붉은 옷 붉은 치마 입은 기생들은 흰 손 비단 치마 높이 들어 춤을 추고, 지화자 둥덩실 하는 소리에 어사의 마음이 심란하구나.

"여봐라 사령들아. 너의 사또에게 여쭈어라. 먼 데 있는 걸인이 좋은 잔치에 왔으니 술과 안주

나 좀 얻어먹자고 여쭈어라."

저 사령의 거동 보소.

"우리 사또님이 걸인을 금하였으니, 어느 양반인지는 모르오만 그런 말은 내지도 마오."

등을 밀쳐 내니 어찌 아니 명관(名官)인가. 운봉 영장이 그 거동을 보고 본관 사또에게 청하는 말이,

"저 걸인의 의관은 남루하나 양반의 후예인 듯하니 말석에 앉히고 술잔이나 먹여 보냄이 어떠하뇨?"

본관 사또 하는 말이,

"운봉의 소견대로 하오마는."

'마는' 하는 끝말을 내뱉고는 입맛이 사납겠다. 어사또 속으로,

'오냐. 도적질은 내가 하마. 오라는 네가 받아라.'

운봉 영장이 분부하여,

"저 양반 듭시라고 하여라."

어사또 들어가 단정히 앉아 좌우를 살펴보니, 당 위의 모든 수령 다담상을 앞에 놓고 진양조가 높아 가는데, 어사또의 상을 보니 어찌 아니 통분하랴. 모서리 떨어진 개상판에 닥나무 젓가락, 콩나물, 깍두기, 막걸리 한 사발 놓았구나. 상을 발길로 탁 차 던지며 운봉 영장의 갈비를 가리키며,

"갈비 한 대 먹고지고."

"다리도 잡수시오."

하고는 운봉이 하는 말이,

"이러한 잔치에 풍류로만 놀아서는 맛이 적사오니 차운(次韻) 한 수씩 하여 보면 어떠하오?"

"그 말이 옳다."

하니 운봉이 운을 낼 제 '높을 고(高)' 자, '기름 고(膏)' 자 두 자를 내어 놓고 차례로 운을 달아 시를 짓는다. 이때 어사또 하는 말이,

"걸인이 어려서 한시(漢詩)깨나 읽었더니 좋은 잔치 당하여서 술과 안주를 포식하고 그냥 가기 민망하니 차운 한 수 하사이다."

운봉 영장이 반겨 듣고 필연(筆硯)을 내어 주니, 좌중 사람들이 다 짓지도 않았는데 순식간에 글 두 귀를 지었으되, 백성들의 형편을 생각하고 본관 사또의 정체를 감안하여 지었것다.

금준미주(金樽美酒) 천인혈(千人血)이요
옥반가효(玉盤佳肴) 만성고(萬姓膏)라
촉루낙시(燭淚落時) 민루낙(民淚落)이요
가성고처(歌聲高處) 원성고(怨聲高)라.

이 글 뜻은,

금동이의 아름다운 술은 일만 백성의 피요
옥소반의 아름다운 안주는 일만 백성의 기름이라.
촛불 눈물 떨어질 때 백성 눈물 떨어지고
노랫소리 높은 곳에 원망 소리 높았더라.

이렇듯이 지었으되 본관 사또는 몰라보는데 운봉 영장은 글을 보며 속으로,
'아뿔싸. 일이 났다.'

본관 사또가 술주정이 나서 분부하되,
"춘향을 급히 올리라."
이때에 어사또 부하들과 내통한다. 서리를 보고 눈길을 보내니 서리, 중방 거동 보소. 역졸을 불러 단속할 제 이리 가며 수군, 저리 가며 수군수군. 서리, 역졸 거동 보소. 외올망건 공단 모자 새 패랭이 눌러쓰고, 석 자 감발 새 짚신에 한삼(汗衫) 고의 산뜻하게 차려입고, 육모 방망이 사슴 가죽끈을 손목에 걸어 쥐고, 여기서 번쩍 저기서 번쩍, 남원 읍이 우글우글. 청파 역졸 거동 보소. 달 같은 마패를 햇빛같이 번쩍 들어,
"암행어사 출도야."
외치는 소리에 강산이 무너지고 천지가 뒤집히는 듯 초목금수(草木禽獸)인들 아니 떨랴. 남문에서,
"출도야."
북문에서,
"출도야."
동서문 출도 소리 청천(靑天)에 진동하고,
"모든 아전들 들라."

외치는 소리에 육방(六房)이 넋을 잃어,

"공형이오."

등채로 휘닥딱.

"애고 죽겠다."

"공방, 공방."

공방이 자리 들고 들어오며,

"안 하겠다던 공방을 하라더니 저 불속에 어찌 들랴."

등채로 휘닥딱.

"애고 박 터졌네."

좌수(座首), 별감(別監) 넋을 잃고 이방, 호방 혼을 잃고 나졸들이 분주하네. 모든 수령 도망갈 제 거동 보소. 인궤 잃고 강정 들고, 병부(兵符) 잃고 송편 들고, 탕건 잃고 용수 쓰고, 갓 잃고 소반 쓰고. 칼집 쥐고 오줌 누기. 부서지는 것은 거문고요 깨지는 것은 북과 장고라. 본관 사또가 똥을 싸고 멍석 구멍 새앙쥐 눈 뜨듯하고, 안으로 들어가서,

"어 추워라. 문 들어온다 바람 닫아라. 물 마르다 목 들여라."

관청색은 상을 잃고 문짝을 이고 내달으니, 서리, 역졸 달려들어 후닥딱.

"애고 나 죽네."

이때 어사또 분부하되,

"이 골은 대감이 좌정하시던 골이라. 잡소리를 금하고 객사(客舍)로 옮겨라."

자리에 앉은 후에,

"본관 사또는 봉고파직 하라."

분부하니,

"본관 사또는 봉고파직이오."

사대문(四大門)에 방을 붙이고 옥형리 불러 분부하되,

"네 골 옥에 갇힌 죄수를 다 올리라."

호령하니 죄인을 올린다. 다 각각 죄를 물은 후에 죄가 없는 자는 풀어 줄새,

"저 계집은 무엇인고?"

형리 여쭈오되,

"기생 월매의 딸이온데 관청에서 포악한 죄로 옥중에 있삽내다."

"무슨 죄인고?"

형리 아뢰되,

"본관 사또 수청 들라고 불렀더니 수절이 정절이라. 수청 아니 들려 하고 사또에게 악을 쓰며 달려든 춘향이로소이다."

어사또 분부하되,

"너 같은 년이 수절한다고 관장(官長)에게 포악하였으니 살기를 바랄쏘냐. 죽어 마땅하되 내 수청도 거역할까?"

춘향이 기가 막혀,

"내려오는 관장마다 모두 명관(名官)이로구나. 어사또 들으시오. 층암절벽 높은 바위가 바람 분들 무너지며, 청송녹죽 푸른 나무가 눈이 온들 변하리까. 그런 분부 마옵시고 어서 바삐 죽여 주오."

하며,

"향단아, 서방님 어디 계신가 보아라. 어젯밤에 옥 문간에 와 계실 제 천만당부 하였더니 어디를 가셨는지 나 죽는 줄 모르는가."

어사또 분부하되,

"얼굴 들어 나를 보라."

하시니 춘향이 고개 들어 위를 살펴보니, 걸인으로 왔던 낭군이 분명히 어사또가 되어 앉았구나. 반 웃음 반 울음에,

"얼씨구나 좋을시고 어사 낭군 좋을시고. 남원 읍내 가을이 들어 떨어지게 되었더니, 객사에 봄이 들어 이화춘풍(李花春風) 날 살린다. 꿈이냐 생시냐? 꿈을 깰까 염려로다."

한참 이리 즐길 적에 춘향 어미 들어와서 가없이 즐겨하는 말을 어찌 다 설화(說話)하랴.

춘향의 높은 절개 광채 있게 되었으니 어찌 아니 좋을쏜가. 어사또 남원의 공무 다한 후에 춘향 모녀와 향단이를 서울로 데려갈새, 위의(威儀)가 찬란하니 세상 사람들이 누가 아니 칭찬하랴. 이때 춘향이 남원을 하직할새, 영귀(榮貴)하게 되었건만 고향을 이별하니 일희일비(一喜一悲)가 아니 되랴.

핵심정리

갈래 : 판소리계 소설, 염정 소설 **성격** : 해학적, 풍자적, 운문적 **시점** : 3인칭 전지적 작가 시점

주제 :
- 신분을 초월한 사랑과 정절
- 탐관오리의 횡포에 대한 풍자

특징 :
- 판소리계 소설 특유의 해학과 풍자가 돋보임
- 서술자의 편집자적 논평이 드러남
- 확장적 문체를 사용하여 표현 효과를 극대화
- 비속어, 일상적인 구어와 양반들의 한문투 등 다양한 계층의 언어가 혼재

(3) 홍계월전

작자 미상

[앞부분 줄거리]

명나라 때 이부 시랑(吏部侍郎) 홍무는 나이 사십이 되도록 자녀가 없어 고민하였다. 그러던 어느 날, 부인 양 씨의 꿈에 선녀가 나타난 후 무남독녀 계월을 얻었는데, 그 아이가 어려서부터 대단히 총명하였다. 계월이 다섯 살 때, 장시랑의 반란이 일어나 난리 속에 부모와 헤어진다. 자리에 싸여 강에 던져진 계월은 여공이라는 사람의 도움으로 목숨을 건진다. 여공은 계월의 이름을 평국이라 고친 후, 동갑인 아들 보국과 함께 곽 도사에게 보내 가르침을 받게 한다. 이후 계월과 보국은 나란히 과거에 급제한다.

오랑캐가 중원을 침범하자 천자의 명에 따라 계월은 원수로, 보국은 부원수로 전쟁터에 나간다. 그러나 보국이 계월의 말을 듣지 않고, 호기를 부리며 나가 싸우다가 크게 패한다. 계월은 이를 벌하려다 여러 장수의 만류로 용서하고, 자기가 직접 나가 적을 무찌른다. 이 과정에서 계월은 헤어졌던 부모와 우연히 만난다.

계월이 전쟁에 다녀온 후로 병이 매우 깊어지자 천자는 어의를 보내는데, 어의의 진맥으로 계월이 여자임이 탄로 난다. 계월은 상소를 올려 천자를 속인 죄를 청하나, 천자는 이를 너그럽게 용서하며 계월의 벼슬을 그대로 둔 채 보국과의 혼인을 중매한다. 계월은 앞으로 규중에 갇혀 살아야 한다는 생각에 남자로 태어나지 못한 것을 한스러워하고, 보국은 자기를 군령으로 다스려 조롱한 계월에게 불만을 품으며 두 사람은 갈등을 겪게 된다. 천자의 명에 따라 계월과 보국이 혼례를 치른 다음 날 보국의 애첩인 영춘이 계월의 행차를 보고도 예를 갖추지 않자 계월은 군법을 적용하여 그의 목을 베게 한다.

이때 보국은 계월이 영춘을 죽였다는 말을 듣고 분함을 이기지 못해 부모에게 아뢰었다.

"계월이 전날은 대원수 되어 소자를 중군장으로 부렸으니 군대에 있을 때에는 소자가 계월을 업신여기지 못했사옵니다. 하지만 지금은 계월이 소자의 아내이오니 어찌 소자의 사랑하는 영춘을 죽여 제 마음을 편안하지 않게 할 수가 있단 말이옵니까?"

여공이 이 말을 듣고 만류했다.

"계월이 비록 네 아내는 되었으나 벼슬을 놓지 않았고 기개가 당당하니 족히 너를 부릴 만한 사람이다. 그러나 예로써 너를 섬기고 있으니 어찌 마음 씀을 그르다고 하겠느냐? 영춘은 네 첩이다. 자기가 거만하다가 죽임을 당했으니 누구를 한하겠느냐? 또한 계월이 잘못해 궁노(宮奴)나 궁비(宮婢)를 죽인다 해도 누가 계월을 그르다고 책망할 수 있겠느냐? 너는 조금도 염려하지 말고 마음을 변치 마라. 만일 계월이 영춘을 죽였다 하고 계월을 꺼린다면 부부 사이의 의리도 변할 것이다. 또한 계월은 천자께서 중매하신 여자라 계월을 싫어한다면 네게 해로움이 있을 것이니 부디 조심하라."

"장부가 되어 계집에게 괄시를 당할 수 있겠나이까?"

보국이 이렇게 말하고 그 후부터는 계월의 방에 들지 않았다. 이에 계월이,

'영춘이 때문에 나를 꺼려 오지 않는구나.'

라고 생각했다.

"누가 보국을 남자라 하겠는가? 여자에게도 비할 수 없구나."

이렇게 말하며 자신이 남자가 되지 못한 것이 분해 눈물을 흘리며 세월을 보냈다.

각설. 이때 남관(南關)의 수장이 장계를 올렸다. 천자께서 급히 뜯어보시니 다음과 같은 내용이었다.

> 오왕과 초왕이 반란을 일으켜 지금 황성을 범하고자 하옵니다. 오왕은 구덕지를 얻어 대원수로 삼고 초왕은 장맹길을 얻어 선봉으로 삼았사온데, 이들이 장수 천여 명과 군사 십만을 거느려 호주 북쪽 고을 칠십여 성을 무너뜨려 항복을 받고 형주 자사 이왕태를 베고 짓쳐 왔사옵니다. 소장의 힘으로는 능히 방비할 길이 없어 감히 아뢰오니 엎드려 바라건대, 황상께서는 어진 명장을 보내셔서 적을 방비하옵소서.

천자께서 보시고 크게 놀라 조정의 관리들과 의논하니 우승상 정영태가 아뢰었다.

"이 도적은 좌승상 평국을 보내야 막을 수 있을 것이오니 급히 평국을 부르소서."

천자께서 들으시고 오래 있다가 말씀하셨다.

"평국이 전날에는 세상에 나왔으므로 불렀지만 지금은 규중에 있는 여자니 차마 어찌 불러서 전장에 보내겠는가?"

이에 신하들이 아뢰었다.

"평국이 지금 규중에 있으나 이름이 조야에 있고 또한 작록을 거두지 않았사오니 어찌 규중에 있다 하여 꺼리겠나이까?"

천자께서 마지못하여 급히 평국을 부르셨다.

이때 평국은 규중에 홀로 있으며 매일 시녀를 데리고 장기와 바둑으로 세월을 보내고 있었다. 그런데 사관(使官)이 와서 천자께서 부르신다는 명령을 전했다. 평국이 크게 놀라 급히 여자 옷

을 조복(朝服)으로 갈아입고 사관을 따라가 임금 앞에 엎드리니 천자께서 크게 기뻐하며 말씀하셨다.

“경이 규중에 처한 후로 오랫동안 보지 못해 밤낮으로 사모하더니 이제 경을 보니 기쁨이 한량없도다. 그런데 짐이 덕이 없어 지금 오와 초 두 나라가 반란을 일으켜 호주의 북쪽 땅을 쳐 항복을 받고, 남관을 헤쳐 황성을 범하고자 한다고 하는도다. 그러니 경은 스스로 마땅히 일을 잘 처리하여 사직을 보호하도록 하라.”

이렇게 말씀하시니 평국이 엎드려 아뢰었다.

“신첩이 외람되게 폐하를 속이고 공후의 작록을 받아 영화로이 지낸 것도 황공했사온데 폐하께서는 죄를 용서해 주시고 신첩을 매우 사랑하셨사옵니다. 신첩이 비록 어리석으나 힘을 다해 성은을 만분의 일이나 갚으려 하오니 폐하께서는 근심하지 마옵소서.”

천자께서 이에 크게 기뻐하시고 즉시 수많은 군사와 말을 징발해 주셨다. 그리고 벼슬을 높여 평국을 대원수로 삼으시니 원수가 사은숙배하고 위의를 갖추어 친히 붓을 잡아 보국에게 전령(傳令)을 내렸다.

적병의 형세가 급하니 중군장은 급히 대령하여 군령을 어기지 마라.

보국이 전령을 보고 분함을 이기지 못해 부모에게 말했다.

“계월이 또 소자를 중군장으로 부리려 하오니 이런 일이 어디에 있사옵니까?”

여공이 말했다.

“전날 내가 너에게 무엇이라 일렀더냐? 계월이를 괄시하다가 이런 일을 당했으니 어찌 계월이가 그르다고 하겠느냐? 나랏일이 더할 수 없이 중요하니 어찌할 수 없구나.”

이렇게 말하고 어서 가기를 재촉했다. 보국이 할 수 없이 갑옷과 투구를 갖추고 진중(陳中)에 나아가 원수 앞에 엎드리니 원수가 분부했다.

“만일 명령을 거역하는 자가 있다면 군법으로 시행할 것이다.”

보국이 겁을 내어 중군장 처소로 돌아와 명령이 내려지기를 기다렸다.

원수가 장수에게 임무를 각각 정해 주고 추구월 갑자일에 행군하여 십일월 초하루에 남관에 당도했다. 삼 일을 머무르고 즉시 떠나 오 일째에 천촉산을 지나 영경루에 다다르니 적병이 드넓은 평원에 진을 쳤는데 그 단단함이 철통과도 같았다. 원수가 적진을 마주 보고 진을 친 후 명령을 하달했다.

“장수의 명령을 어기는 자는 곧바로 벨 것이다.”

이러한 호령이 추상같으므로 장수와 군졸들이 겁을 내어 어찌할 줄을 모르고 보국은 또 매우 조심했다.

이튿날 원수가 중군장에게 분부했다.

"며칠은 중군장이 나가 싸우라."

중군장이 명령을 듣고 말에 올라 삼 척 장검을 들고 적진을 가리켜 소리 질렀다.

"나는 명나라 중군 대장 보국이다. 대원수의 명령을 받아 너희 머리를 베려 하니 너희는 어서 나와 칼을 받으라."

핵심정리

갈래 : 군담 소설, 여성 영웅 소설 **성격** : 전기적, 우연적, 영웅적 **시점** : 3인칭 전지적 작가 시점

주제 : 홍계월의 영웅적인 행적과 활약, 남성 중심 사회에 대한 비판

특징 :
- 주인공의 일대기적 구성 방식을 취함
- 신분을 감추기 위한 남장 모티프가 사용됨
- 여성이 남성보다 우월한 능력을 가진 존재로 그려짐
- 여성의 봉건적 역할을 거부하는 근대적 가치관이 드러남

(4) 구운몽

김만중

[앞부분 줄거리]

중국 당나라 때, 인도에서 온 육관 대사는 형산 연화봉에서 불도를 설법한다. 동정 용왕이 설법에 참석한 것에 사례하기 위해 대사는 제자 성진(性眞)을 보냈는데, 성진은 용왕이 권하는 술을 마시고 돌아오다가 남악 위 부인을 모시는 팔선녀를 만나 희롱한다. 팔선녀와의 일로 잠을 못 이루던 성진은 세속적 부귀공명에 대한 미련 때문에 번뇌한다. 결국, 육관 대사의 꾸짖음을 듣고 팔선녀와 함께 인간 세상으로 추방되어 양소유(楊少游)라는 이름으로 환생한다.

양소유는 열 살 때 부친을 여의고 어머니 슬하에서 자라다가 열여섯 살 때 과거에 급제한다. 그 후 토번의 난을 평정한 공으로 승상이 되어 위국공에 책봉되고 부마가 된다. 양소유는 입신양명하는 과정에서 팔선녀의 후신인 여덟 명의 여자들과 차례로 만나 부부의 연을 맺게 된다. 두 공주와 여섯 낭자를 거느리고 행복한 나날을 보내던 양소유는, 나이가 들어가면서 벼슬에서 물러나기를 황제에게 거듭 청하고, 황제는 마지못해 이를 허락하며 취미궁을 하사한다.

이날, 두 부인과 여섯 낭자를 데리고 대에 올라 머리에 국화를 꽂고 추경을 희롱할새 입에 팔진이 염어하고 귀에 관현이 쉷쥥 난지라. 다만 춘운으로 하여금 과합을 붙들고 섬월로 옥호를 이끌며 국화주를 가득 부어 처첩이 차례로 헌수하더니, 이윽고 비낀 날이 곤명지에 돌아지고 구름 그림자 진천에 떨어지니 눈을 들어 한번 보니 가을빛이 창망하더라. 승상이 스스로 옥소를 잡아 두어 소리를 부니 오오열열하여 원하는 듯하고, 우는 듯하고 고할 듯하고 형경이 역수를 건널 적 점리를 이별하는 듯, 패왕이 장중에서 우희를 돌아보는 듯하니, 모든 미인이 처연하여 슬픈 빛이 많더라.

양 부인이 옷깃을 여미고 물어 가로되,

"승상이 공을 이미 이루고 부귀 극하여 만인이 부러워하고 천고에 듣지 못한 바라. 좋은 날을 당하여 풍경을 희롱하며 꽃다운 술은 잔에 가득하며 사랑하는 사람이 곁에 있으니, 이 또한 인생에 즐거운 일이거늘, 퉁소 소리 이러하니 오늘 퉁소는 옛날 퉁소가 아니로소이다."

승상이 옥소를 던지고 부인 낭자를 불러 난간을 의지하고 손을 들어 두루 가리키며 가로되,

"북으로 바라보니 평평한 들과 무너진 언덕에 석양이 시든 풀에 비친 곳은 진시황의 아방궁이요, 서로 바라보니 슬픈 바람이 찬 수풀에 불고 저문 구름이 빈 산에 덮은 데는 한 무제의 무릉이요, 동으로 바라보니 분칠한 성이 청산을 둘렀고 붉은 박공이 반공에 숨었는데 명월은 오락가락하되 옥난간을 의지할 사람이 없으니 이는 현종 황제 태진비로 더불어 노시던 화청궁이라. 이 세 임금은 천고 영웅이라 사해로 집을 삼고 억조로 신첩을 삼아 호화 부귀 백 년을 짧게 여기더니 이제 다 어디 있느뇨?

소유는 본디 하남 땅 베옷 입은 선비라. 성천자 은혜를 입어 벼슬이 장상에 이르고, 여러 낭자가 서로 좇아 은정이 백 년이 하루 같으니, 만일 전생 숙연으로 모여 인연이 다하면 각각 돌아감은 천지에 떳떳한 일이라. 우리 백 년 후 높은 대 무너지고 굽은 못이 이미 메이고 가무하던 땅이 이미 변하여 거친 산과 시든 풀이 되었는데, 초부와 목동이 오르내리며 탄식하여 가로되, '이것이 양 승상이 여러 낭자로 더불어 놀던 곳이라. 승상의 부귀 풍류와 여러 낭자의 옥용화태 이제 어디 갔느뇨?' 하리니, 어이 인생이 덧없지 않으리오?

내 생각하니 천하에 유도와 선도와 불도가 가장 높으니 이 이른바 삼교라. 유도는 생전 사업과 신후 유명할 뿐이요, 신선은 예부터 구하여 얻은 자가 드무니 진시황, 한 무제, 현종 황제를 볼 것이라. 내 치사한 후로부터 밤에 잠만 들면 매양 포단 위에서 참선하여 뵈니 이 필연 불가로 더불어 인연이 있는지라. 내 장차 장자방의 적송자 좇음을 효칙하여, 집을 버리고 스승을 구하여 남해를 건너 관음을 찾고 오대에 올라 문수께 예를 하여, 불생불멸할 도를 얻어 진세 고락을 초월하려 하되, 여러 낭자로 더불어 반생을 좇았다가 일조에 이별하려 하니 슬픈 마음이 자연 곡조에 나타남이로소이다."

잔을 씻어 다시 부으려 하더니, 홀연 석경에 막대 던지는 소리 나거늘 괴이히 여겨 생각하되 '어떤 사람이 올라오는고?' 하더니, 한 호승이 눈썹이 길고 눈이 맑고 얼굴이 괴이하더라. 엄연히 좌상에 이르러 승상을 보고 예하여 왈,

"산야 사람이 대승상께 뵈나이다."

승상이 이인인 줄 알고 황망히 답례 왈,

"사부는 어디로부터 오신고?"

호승이 웃어 왈,

"평생 고인을 몰라보시니 귀인이 잊음 헐타는 말이 옳도소이다."

승상이 자세히 보니 과연 낯이 익은 듯하거늘 홀연 깨쳐 능파 낭자를 돌아보며 왈,

"소유가 전일 토번을 정벌할 제 꿈에 동정 용궁에 가 잔치하고 돌아오는 길에 남악에 가 놀았는데, 한 화상이 법좌에 앉아서 경을 강론하더니 노부가 그 화상이냐?"

호승이 박장대소하고 가로되,

"옳다, 옳다. 비록 옳으나 몽중에 잠깐 만나 본 일은 생각하고 십 년을 동처하던 일을 알지 못하니 뉘 양 장원을 총명타 하더뇨?"

승상이 망연하여 가로되,

"소유가 십오륙 세 전은 부모 좌하를 떠나지 않았고 십육 세에 급제하여 연하여 직명이 있었으니, 동으로 연국에 봉사하고 서로 토번을 정벌한 밖은 일찍 경사를 떠나지 않았으니 언제 사부로 더불어 십 년을 상종하였으리오?"

호승이 웃어 왈,

"상공이 오히려 춘몽을 깨지 못하였도소이다."

승상 왈,

"사부가 어찌하면 소유로 하여금 춘몽을 깨게 하리오?"

호승 왈,

"이는 어렵지 아니하니이다."

하고, 손 가운데 석장을 들어 석난간을 두어 번 두드리니 홀연 네 녘 산골로부터 구름이 일어나 대 위에 끼이어 지척을 분변치 못하니, 승상이 정신이 아득하여 마치 취몽 중에 있는 듯하더니 오래되어서야 소리 질러 가로되,

"사부가 어이 정도로 소유를 인도치 아니하고 환술로 서로 희롱하느뇨?"

말을 떨구지 못하여서 구름이 걷히니 호승이 간 곳이 없고 좌우를 돌아보니 여덟 낭자가 또한 간 곳이 없는지라. 정히 경황하여 하더니, 그런 높은 대와 많은 집이 일시에 없어지고 제 몸이 한 작은 암자 중의 한 포단 위에 앉았으되, 향로에 불이 이미 사라지고, 지는 달이 창에 이미 비치었더라.

스스로 제 몸을 보니 일백여덟 낱 염주가 손목에 걸렸고 머리를 만지니 갓 깎은 머리털이 가칠가칠하였으니, 완연히 소화상의 몸이요 다시 대승상의 위의 아니니, 정신이 황홀하여 오랜 후에 비로소 제 몸이 연화 도량 성진 행자인 줄 알고 생각하니, 처음에 스승에게 수책하여 풍도로 가고 인세에 환도하여 양가의 아들 되어 장원 급제 한림학사 하고 출장입상하여 공명신퇴하고 두 공주와 여섯 낭자로 더불어 즐기던 것이 다 하룻밤 꿈이라. 마음에,

'이 필연 사부가 나의 염려를 그릇함을 알고 나로 하여금 이 꿈을 꾸어 인간 부귀와 남녀 정욕이 다 허사인 줄 알게 함이로다.'

급히 세수하고 의관을 정제하며 방장에 나아가니 다른 제자들이 이미 다 모였더라. 대사가 소리하여 묻되,

"성진아, 인간 부귀를 지내니 과연 어떠하더뇨?"

성진이 고두하며 눈물을 흘려 가로되,

"성진이 이미 깨달았나이다. 제자가 불초하여 염려를 그릇 먹어 죄를 지으니 마땅히 인세에 윤회할 것이거늘, 사부가 자비하사 하룻밤 꿈으로 제자의 마음을 깨닫게 하시니 사부의 은혜를 천만 겁이라도 갚기 어렵도소이다."

대사가 가로되,

"네, 승흥하여 갔다가 흥진하여 돌아왔으니 내 무슨 간예함이 있으리오? 네 또 이르되 '인세에 윤회할 것을 꿈을 꾸었다' 하니 이는 인세와 꿈을 다르다 함이니 네 오히려 꿈을 채 깨지 못하였도다. '장주가 꿈에 나비 되었다가 나비 장주가 되니', 어느 것이 거짓 것이요 어느 것이 참된 것인 줄 분변치 못하나니, 어제 성진과 소유가 어느 것은 정말 꿈이요 어느 것은 꿈이 아니뇨?"

성진이 가로되,

"제자가 아득하여 꿈과 참된 것을 알지 못하니 사부는 설법하사 제자를 위하여 자비하사 깨닫게 하소서."

설법함을 장차 마치매 네 귀 진언을 송하여 가로되,

일체유위법(一切有爲法)
여몽환포영(如夢幻泡影)
여로역여전(如露亦如電)
응작여시관(應作如是觀)

이후에 성진이 연화 도량 대중을 거느려 크게 교화를 베푸니, 신선과 용신과 사람과 귀신이 한

가지로 존숭함을 육관 대사와 같이하고, 여덟 이고가 인하여 성진을 스승으로 섬겨 깊이 보살 대도를 얻어 아홉 사람이 한가지로 극락세계로 가니라.

핵심정리

갈래 : 고전 소설, 국문 소설, 몽자류 소설

성격 : 불교적, 전기적

시점 : 3인칭 전지적 작가 시점

주제 : 인생무상의 깨달음과 불법 귀의

특징 :
- '현실-꿈-현실'의 환몽적 구조
- 불교의 윤회 사상과 공(空) 사상을 바탕으로 함

수필

1. 수필

일상생활 속에서 얻은 생각과 느낌을 일정한 형식에 얽매이지 않고 자유롭게 쓴 산문 문학

2. 수필의 특성

· 개성의 문학

· 비전문적인 글

· 형식이 자유로운 글

· 소재가 다양한 글

· 자기 고백적인 문학

3. 글쓴이의 관점 및 태도

· 깨달음 : 대상을 보고 깨닫게 되는 삶의 교훈을 서술하는 것

· 비판 : 대상의 부정적인 면을 드러내어 밝히는 것

· 예찬 : 훌륭한 것, 좋은 것, 아름다운 것을 존경하고 찬양하는 태도이다.

· 성찰 : 반성하고 살피는 것으로 그 대상은 글쓴이 자신의 삶이나 자신이 속한 사회일 경우가 많다.

(1) 수오재기(守吾齋記)

정약용

수오재(守吾齋), 즉 '나를 지키는 집'은 큰형님이 자신의 서재에 붙인 이름이다. 나는 처음 그 이름을 보고 의아하게 여기며, "나와 단단히 맺어져 서로 떠날 수 없기로는 '나'보다 더한 게 없다. 비록 지키지 않는다 한들 '나'가 어디로 갈 것인가. 이상한 이름이다."라고 생각했다.
장기로 귀양 온 이후 나는 홀로 지내며 생각이 깊어졌는데, 어느 날 갑자기 이러한 의문점에 대해 환히 깨달을 수 있었다. 나는 벌떡 일어나 다음과 같이 말했다.

천하 만물 중에 지켜야 할 것은 오직 '나'뿐이다. 내 밭을 지고 도망갈 사람이 있겠는가? 그러니 밭은 지킬 필요가 없다. 내 집을 지고 달아날 사람이 있겠는가? 그러니 집은 지킬 필요가 없다. 내 동산의 꽃나무와 과실나무들을 뽑아 갈 수 있겠는가? 나무뿌리는 땅속 깊이 박혀 있다. 내 책을 훔쳐 가서 없애 버릴 수 있겠는가? 성현(聖賢)의 경전은 세상에 널리 퍼져 물과 불처럼 흔한데 누가 능히 없앨 수 있겠는가. 내 옷과 양식을 도둑질하여 나를 궁색하게 만들 수 있겠는가? 천하의 실이 모두 내 옷이 될 수 있고, 천하의 곡식이 모두 내 양식이 될 수 있다. 도둑이 비록 훔쳐 간다 한들 하나둘에 불과할 터, 천하의 모든 옷과 곡식을 다 없앨 수는 없다. 따라서 천하 만물 중에 꼭 지켜야만 하는 것은 없다.

그러나 유독 이 '나'라는 것은 그 성품이 달아나기를 잘하며 출입이 무상하다. 아주 친밀하게 붙어 있어 서로 배반하지 못할 것 같지만 잠시라도 살피지 않으면 어느 곳이든 가지 않는 곳이 없다. 이익으로 유혹하면 떠나가고, 위험과 재앙으로 겁을 주면 떠나가며, 질탕한 음악 소리만 들어도 떠나가고, 미인의 예쁜 얼굴과 요염한 자태만 보아도 떠나간다. 그런데 한번 떠나가면 돌아올 줄 몰라 붙잡아 만류할 수 없다. 그러므로 천하 만물 중에 잃어버리기 쉬운 것으로는 '나'

보다 더한 것이 없다. 그러니 꽁꽁 묶고 자물쇠로 잠가 '나'를 굳게 지켜야 하지 않겠는가?

나는 '나'를 허투루 간수했다가 '나'를 잃은 사람이다. 어렸을 때는 과거 시험을 좋게 여겨 그 공부에 빠져 있었던 것이 10년이다. 마침내 조정의 벼슬아치가 되어 사모관대에 비단 도포를 입고 백주 도로를 미친 듯 바쁘게 돌아다니며 12년을 보냈다. 그러다 갑자기 상황이 바뀌어 친척을 버리고 고향을 떠나 한강을 건너고 문경 새재를 넘어 아득한 바닷가 대나무 숲이 있는 곳에 이르러서야 멈추게 되었다. 이때 '나'도 땀을 흘리고 숨을 몰아쉬며 허둥지둥 내 발뒤꿈치를 쫓아 함께 이곳에 오게 되었다. 나는 '나'에게 말했다.

"너는 무엇 때문에 여기에 왔는가? 여우나 도깨비에게 홀려서 왔는가? 바다의 신이 불러서 왔는가? 너의 가족과 이웃이 소내에 있는데, 어째서 그 본고장으로 돌아가지 않는가?"

그러나 '나'는 멍하니 꼼짝도 않고 돌아갈 줄을 몰랐다. 그 안색을 보니 마치 얽매인 게 있어 돌아가려 해도 돌아갈 수 없는 듯했다. 그래서 '나'를 붙잡아 함께 머무르게 되었다.

이 무렵, 내 둘째 형님 또한 그 '나'를 잃고 남해의 섬으로 가셨는데, 역시 '나'를 붙잡아 함께 그곳에 머무르게 되었다.

유독 내 큰형님만이 '나'를 잃지 않고 편안하게 수오재에 단정히 앉아 계신다. 본디부터 지키는 바가 있어 '나'를 잃지 않으신 때문이 아니겠는가? 이것이야말로 큰형님이 자신의 서재 이름을 '수오'라고 붙이신 까닭일 것이다. 일찍이 큰형님이 말씀하셨다.

"아버지께서 나의 자(字)를 태현(太玄)이라고 하셨다. 나는 홀로 나의 태현을 지키려고 서재 이름을 '수오'라고 하였다."

이는 그 이름 지은 뜻을 말씀하신 것이다.

맹자께서 말씀하시기를, "무엇을 지키는 것이 큰일인가? 자신을 지키는 것이 큰일이다."라고 하셨는데, 참되도다, 그 말씀이여!

드디어 내 생각을 써서 큰형님께 보여 드리고 수오재의 기문(記文)으로 삼는다.

☑ 핵심정리

갈래 : 한문 수필 **성격** : 반성적, 회고적, 교훈적
제재 : '수오재'라는 집의 이름
주제 : 참된 자아를 지키는 것의 중요성
특징 : · 관념적인 '나의 마음'을 구체화하여 그것과 대화하는 방식으로 구성한다.
· 자신의 과거를 반성적으로 돌아보고 그 과정에서 얻은 깨달음을 전달한다.

(2) 내 유년의 울타리는 탱자나무였다.

나희덕

어린 시절 내 손에는 으레 탱자 한두 개가 쥐어져 있고는 했다. 탱자가 물렁물렁해질 때까지 쥐고 다니는 버릇이 있어서 내 손에서는 늘 탱자 냄새가 났었다. 크고 노랗게 잘 익은 것은 먹기도 했지만, 아이들은 먹지도 못할 푸르스름한 탱자들을 일없이 따다가 아무 데나 던져 놓고는 했다. 나 역시 그런 아이들 중 하나였는데, 그렇게 따도 따도 탱자가 남아돌 만큼 내가 살던 마을에는 집집마다 탱자나무 울타리가 많았다.

지금도 고향, 하면 탱자의 시큼한 맛, 탱자처럼 노랗게 된 손바닥, 오래 남아 있던 탱자 냄새 같은 것이 먼저 떠오른다. 그리고 뾰족한 탱자 가시에 침을 발라 손바닥에도 붙이고 코에도 붙이고 놀던 생각이 난다. 가시를 붙인 손으로 악수하자고 해서 친구를 놀려 주던 놀이가 우리들 사이에 한창인 때도 있었다. 자그마한 소읍에서 자라나는 아이들이 할 수 있는 놀이란 고작 그런 것이었다.

그래서 탱자 가시에 찔리곤 하는 것이 예사였는데, 한번은 가시 박힌 자리가 성이 나 손이 퉁퉁 부었던 적이 있다. 벌겋게 부어오른 상처를 보면서 나는 생각했다. 왜 탱자나무에는 가시가 있는 것일까. 그리고 찔레꽃, 장미꽃, 아카시아…… 가시를 가진 꽃이나 나무들을 차례로 꼽아 보았다. 그 가시들에는 아마 독이 들어 있을 거라고 혼자 멋대로 단정해 버리기도 했다.

얼마 후에 아버지는 내게 가르쳐 주셨다. 가시에 독이 있는 것은 아니고, 그저 아름다운 꽃과 열매를 지키기 위해 그런 나무들에는 가시가 있는 거라고. 다른 나무들은 가시 대신 냄새가 지독한 것도 있고, 나뭇잎이 아주 써서 먹을 수 없거나 열매에 독성이 있는 것도 있고, 모습이 아주 흉하게 생긴 것도 있고…… 이렇게 살아 있는 생명에게는 자기를 지킬 수 있는 힘이 하나씩 주어져 있다고.

그러던 어느 날 탱자 꽃잎을 보다가 스스로의 가시에 찔린 흔적을 발견하게 되었다. 바람에 흔들리다가 제 가시에 쓸렸으리라. 스스로를 지키기 위해 주어진 가시가 때로는 스스로를 찌르기도 한다는 사실에 나는 알 수 없는 슬픔을 느꼈다. 그걸 어렴풋하게 느낄 무렵, 소읍에서의 내 유년은 끝나 가고 있었다.

언제부턴가 내 손에는 더 이상 둥글고 향긋한 탱자 열매가 들어 있지 않게 되었다. 그 손에는 무거운 책가방과 영어 단어장이, 그 다음에는 누군가를 향해 던지는 돌멩이가, 때로는 술잔이 들려 있곤 했다. 친구나 애인의 따뜻한 손을 잡고 다니던 때도 없지는 않았지만, 그 후로 무거운 장바구니, 빨랫감, 행주나 걸레 같은 것을 들고 있을 때가 더 많았다.

생활의 짐은 한번도 더 가벼워진 적이 없으며, 그러는 동안 내 속에는 날카로운 가시들이 자라나기 시작했다. 가시는 꽃과 나무에게만 있는 것이 아니었다. 세상에, 또는 스스로에게 수없이 찔리면서 사람은 누구나 제 속에 자라나는 가시를 발견하게 된다. 한번 심어지고 나면 쉽게 뽑아낼 수 없는 탱자나무 같은 것이 마음에 자리 잡고 있다는 것을, 뽑아내려고 몸부림칠수록 가시는 더 아프게 자신을 찔러 댄다는 것을 알게 되었다. 그 후로 내내 크고 작은 가시들이 나를 키웠다.

아무리 행복해 보이는 사람에게도 그를 괴롭히는 가시는 있기 마련이다. 어떤 사람에게는 용모나 육체적인 장애가 가시가 되기도 하고, 어떤 사람에게는 가난한 환경이 가시가 되기도 한다. 나약하고 내성적인 성격이 가시가 되기도 하고, 원하는 재능이 없다는 것이 가시가 되기도 한다. 그리고 그 가시 때문에 오래도록 괴로워하고 삶을 혐오하게 되기도 한다.

로트레크라는 화가는 부유한 귀족의 아들이었지만 사고로 인해 두 다리를 차례로 다쳤다. 그로 인해 다른 사람보다 다리가 자유롭지 못했고 다리 한쪽이 좀 짧았다고 한다. 다리 때문에 비관한 그는 방탕한 생활 끝에 결국 불우한 생을 마감했다. 그러나 그런 절망 속에서 그렸던 그림들은 아직까지 남아서 전해진다.

"내 다리 한쪽이 짧지 않았더라면 나는 그림을 그리지 않았을 것이다."라고 그는 말한 적이 있다. 그에게 있어서 가시는 바로 남들보다 약간 짧은 다리 한쪽이었던 것이다.

로트레크의 그림만이 아니라, 우리가 오래 고통받아 온 것이 오히려 존재를 들어 올리는 힘이 되곤 하는 것을 겪곤 한다. 그러니 가시 자체가 무엇인가 하는 것은 그리 중요한 문제가 아닐지도 모른다. 어차피 뺄 수 없는 삶의 가시라면 그것을 어떻게 받아들이고 다스려 나가느냐가 더 중요하지 않을까 싶다. 그것마저 없었다면 우리는 인생이라는 잔을 얼마나 쉽게 마셔 버렸을 것인가. 인생의 소중함과 고통의 깊이를 채 알기도 전에 얼마나 웃자라 버렸을 것인가.

실제로 너무 아름답거나 너무 부유하거나 너무 강하거나 너무 재능이 많은 것이 오히려 삶을 망가뜨리는 경우를 자주 보게 된다. 그런 점에서 사람에게 주어진 고통, 그 날카로운 가시야말로 그를 참으로 겸허하게 만들어 줄 선물일 수도 있다. 그리고 뽑혀지기를 간절히 바라는 가시야말로 우리가 더 깊이 끌어안고 살아야 할 존재인지도 모른다.

가시 박힌 상처가 벌겋게 부어올라 마음이 쉽게 가라앉지 않는 날, 나는 고향의 탱자나무 울타리를 떠올리곤 한다. 둥근 탱자를 손에 쥐고 다니던 그때, 탱자 가시로 장난을 치곤 하던 그때, 내 삶에 이런 가시들이 돋아나리라고는 짐작조차 할 수 없었던 그때…… 그 평화롭던 유년의 울타리가 탱자나무로 되어 있었다는 사실이 내게는 어떤 전언처럼 받아들여진다.

내게 열매와 꽃과 가시를 처음으로 가르쳐 준 나무. 내가 살아가면서 잃어버려야 할 것과 지켜 가야 할 것을 동시에 보여 준 나무. 그러면서 나와 함께 좁은 나이테를 늘려 가고 있을 탱자나무. 눈앞에 그 짙푸른 탱자나무를 떠올리고 있으면 부어오른 마음도 조금은 가라앉게 되는 것이다.

언젠가 탱자나무 울타리를 다시 지나게 된다면…… 아마도 나는 그 사이에 더 굵어진 가시들을 조심조심 어루만지면서 무어라 중얼거릴 것이다. 그러고는 오래전에 잃어버린 탱자 한 알을 슬그머니 따서 주머니에 넣고는 그 푸른 울타리를 총총히 떠날 것이다. 만일 가시들 사이에서 키워 낸 그 향기로운 열매를 내게도 허락해 준다면.

☑ 핵심정리

갈래 : 수필 **성격** : 서정적, 회상적, 체험적, 교훈적

제재 : 탱자나무

주제 : 삶의 고통에 대한 인식의 변화와 깨달음

특징 : · 구체적 사물에 빗대어 글의 주제를 제시함
· 일상적 경험으로부터 인생의 교훈을 이끌어 냄
· 소재의 의미를 구체화하기 위해 예시의 방법을 활용함

(3) 한 그루 나무처럼

윤대녕

북한산 근처로 이사를 와서 주말마다 산행을 한 지 이 년 반쯤 되었다. 동행할 사람을 찾기 힘들어 대개는 혼자 산에 오른다. 처음엔 적적한 감이 없지 않았으나 그럭저럭 습관이 되니 오히려 생각할 시간도 많아지고 몸과 마음이 더욱 맑아지는 느낌을 받는다. 말을 주고받을 상대가 없으므로 무엇보다 사물의 미세한 변화가 눈에 잘 들어온다. 계곡 물가나 약수터에 앉아 보내는 혼자만의 시간도 이제는 더할 나위 없이 소중하고 충만하게 다가온다.

지금 내가 살고 있는 정릉에서 일선사 방향으로 올라가다 보면 두 개의 약수터가 있다. 일선사는 옛날에 시인 고은 선생이 잠시 머물렀던 곳으로 경내에 서면 성북구가 한눈에 내려다보인다. 올봄부터 나는 계속 이쪽 길로 다녔는데 늘 두 번째 약수터에서 잠시 숨을 고른 다음 내처 오르곤 했다.

그런데 어느 날 약수터 옆에 서 있는 참나무 한 그루가 내 눈에 들어왔다. 인연이란 참으로 묘하디묘한 것이어서 하필이면 나무에 박혀 있는 녹슨 대못이 먼저 눈에 보였다. 오래전에 누군가 바가지를 걸어 놓기 위해 박아 놓은 것 같았다. 손으로는 빼낼 재간이 없어 그대로 내려왔는데 두고두고 그 대못이 가슴에 남았다.

그다음 주말에 나는 배낭에 장도리를 챙겨 넣고 약수터로 올라갔다. 녹슨 못을 빼내고 나니 마음이 그렇게 후련할 수가 없었다. 그 나무와의 인연은 그렇게 시작됐다. 바야흐로 사월이 되면서 참나무는 연둣빛의 아름다운 잎을 가지마다 무성하게 토해 내고 있었다. 그 후로 나는 그 참나무를 보기 위해, 아니 보고 싶어 산에 오르는 기분이 들었다. 괜히 마음이 심산스러울 때, 남에게 무심코 아픈 말을 내뱉고 후회할 때, 또한 이유 없는 공허함에 사로잡힐 때면 나는 그 나무를 보러 올라가곤 했다. 나무는 언제나 그 자리에 서 있었고 내게 시원한 그늘을 내주며 때로는 미소를 짓거나 무어라 말을 건네 오는 것 같았다. 네가 그 못을 빼 주지 않았더라면 나는 계속 옆구리가 아팠을 거야. 혹은 내게 위로의 말을 전해 주기도 했다. 힘든 때일수록 한결같은 마음을 갖도록 노력해 봐. 나는 그 나무 아래 앉아 커피를 마시며 책을 읽거나 사과나 김밥을 먹기도 했다.

여름 한철을 나는 주말마다 새로 사귄 친구를 만나러 가듯 그렇게 설레는 마음을 안고 산으로 올라갔다.

우리의 옛 신화를 보면 '우주 나무'라는 게 있다. 지상과 천상을 이어 주는 나무로 아직도 시골에 가면 커다란 느티나무에 천들이 감겨 있는 것을 흔히 볼 수 있다. 우리네 민간 신앙으로 우주 나무는 사람의 염원을 하늘에 전달해 주는 역할을 한다. 이를테면 나는 평범하기 짝이 없는 참나무를 나의 우주 나무로 삼게 된 셈이었다.

가을이 시작될 무렵 지방에 살고 계신 어머니가 몸이 편찮으시다는 연락을 받았다. 곧장 내려가 볼 수 없었던 나는 마음을 달래려 저녁 무렵 산으로 올라갔다. 그리고 나무를 올려다보며 어머님의 건강을 빌었다. 모든 사물에 영혼이 깃들어 있다는 말을 이제 나는 믿는다. 내가 지방에 다녀오고 나서 얼마 후에 어머님은 가까스로 건강을 되찾았다.

지난 주말에도 나는 산에 다녀왔다. 눈이 내린 날이었다. 불과 일주일 만에 약수터의 참나무는 제 스스로 모든 잎을 떨군 채 찬바람 속에 무연히 서 있었다. 그리고 침묵의 시간으로 돌아간 듯 더 이상 말이 없었다. 나는 내가 못을 빼냈던 자리를 찾아보았다. 상처는 아직도 완전히 아물지 않은 상태였다.

그 헐벗은 나무를 보며 나는 생각했다. 그동안 나는 사소한 일에도 얼마나 자주 마음이 흔들렸던가. 또 어쩌다 상처를 받게 되면 얼마나 많은 원망의 시간을 보냈던가. 그리고 나는 길을 잃은 사람이 다시 찾아올 수 있도록 변함없이 그 자리에 서 있었던 적이 있었던가. 그렇게 말없이 기다림을 실천한 적이 있었던가.

이제부터는 한 그루 나무처럼 살고 싶다. 자기 자리에 굳건히 뿌리를 내리고 세월이 가져다주는 변화를 조용히 받아들이며 가끔은 누군가 찾아와 기대고 쉴 수 있는 사람이 되었으면 싶다. 겉모습은 어쩔 수 없이 변하더라도 속마음은 변하지 않는 사람이 되고 싶다. 한 그루 나무처럼 말이다.

핵심정리

갈래 : 수필　　**성격** : 성찰적, 체험적
제재 : 대못이 박힌 참나무
주제 : 쉽게 흔들리지 않고 남을 포용할 수 있는 삶을 살아야겠다는 깨달음
특징 : · 글쓴이의 경험과 성찰을 통해 삶의 의미를 표현함
· 일상에 대한 섬세한 관찰이 드러남

(4) 초신성의 후예

이석영

사람 몸을 구성하는 주요 원소는 수소, 탄소, 질소, 산소, 황, 인이다. 원자 개수로 치면 수소가 전체의 63퍼센트를 차지하고 질량으로 치면 산소가 전체의 26퍼센트를 차지하는 으뜸 원소이다. 철, 마그네슘, 나트륨과 같이 적은 양이지만 꼭 필요한 원소들도 여럿 있다. 그러면 이런 원소들은 어디에서 왔을까?

빅뱅 이론을 정립한 조지 가모 교수는 뜨거운 초기 우주에서 작은 입자들이 고속으로 만나 어떻게 수소와 헬륨 원자핵을 최초로 만들었는지를 밝혀내었다. 우리 몸의 핵심 요소이자 기구를 띄우기 위해 종종 집어넣는 기체이고, 미래 자동차 연료로 주목을 받고 있으며, 우주 전체 물질 질량의 70퍼센트를 차지하는 수소는 우주 초기 처음 3분간 만들어져 온 우주에 고루 뿌려진 후 오늘날 우리 몸속에 자리 잡게 되었다고 현대 우주론에서는 이해한다.

그러면 수소와 헬륨보다 무거운 원소들은 어디에서 만들어졌을까? 탄소, 질소, 산소는 태양과 같은 작은 별에서 만들어졌다. 우리 은하 내에는 태양과 같은 작은 별이 약 1,000억 개 존재하고, 보이는 우주 내에는 우리 은하와 같은 은하가 또 1,000억 개 이상 존재한다. 작은 별들은 뜨거운 중심부에서 수소를 핵융합 발전해 빛을 만드는데, 그 과정에서 헬륨이 만들어진다. 수소가 고갈되면 헬륨을 핵융합해 탄소를, 그리고 탄소를 이용해 산소 등을 만든다. 이렇게 만들어진 원소들 일부는 우주 공간에 퍼져 나가고, 일부는 수명을 다하는 별의 핵을 이루며 최후를 장식한다. 작은 별의 최후는 주로 단단한 탄소 덩어리일 것으로 생각된다.

산소보다 더 무거운 황, 인, 마그네슘, 철 등은 태양보다 대략 열 배 이상 무거운 별에서 만들어졌다. 무거운 별들은 작은 별들보다 짧고 굵은 삶을 산다. 작은 별들이 100억 년 가까이 살 수 있는 것에 비해 큰 별들은 1,000만 년 정도로 짧게 살지만, 워낙 내부가 고온으로 올라가기 때문에 산소보다 무거운 원소들도 연료로 쓸 수 있고, 그래서 훨씬 다양한 핵융합을 통해 다양한 무거운 원소들을 만든다. 철을 만든 후 무거운 별들은 초신성 폭발을 한다. 큰 별이 초신성 폭발과 함께 일생을 마감할 때, 일부 물질은 그 폭발의 잔해인 블랙홀이나 중성자별 안에 갇히지만 대부분은 우주 공간으로 환원된다. 만일 초신성이 자기가 만든 귀한 원소들을 우주에 나누어 주지 않는다면 어떤 일이 일어날까? 그 후에 태어난 젊은 별은 초기 우주가 만든 수소와 헬륨 등 극히 단순한 원소 외에는 갖지 못한 채 태어날 것이다.

태양도 예외가 아니다. 초신성이 원소들을 우주에 나누어 주지 않았다면, 태양계에선 생명체가 나타날 수 없었을 것이다. 우주 전체로 보면 무기물 우주가 된다. 우주가 시작하고 팽창하고, 별과 행성이 만들어지고, 은하가 탄생하고……. 하지만 평화로워 보이는 우주엔 이렇게 무기물 외에는 다른 어떤 숨 쉬는 것도 있을 수 없다. 생명이 없는 우주가 되는 것이다.

결국 우리 몸속의 원소 가운데 수소는 초기 우주가, 그 외 다른 원소들은 모두 작고 큰 별들이 제공했다. 특히 산소보다 무거운 원소들은 대부분 태양이 태어나기 전, 그러니까 약 46억 년 전 어느 날, 이 근처에서 살다가 초신성 폭발과 함께 생을 마감한 이름 모를 어느 거대한 별이 만들었을 가능성이 크다.

즉, 70억 지구 인구는 모두 한 별의 흔적을 공유하고 있는 것이다. 이 말을 두고 우리는 모두 한 우주 안에서 태어난 형제라고 우기는 것과 뭐가 다르냐고 누군가 따진다면 달리 변명할 도리는 없지만, 그래도 신기하지 않은가. 우리 몸의 구성 요소를 이렇게 살펴볼 수 있다는 것이.

우리 사회에도 종종 초신성과 같은 역할을 하는 사람들이 있다. 땀 흘려 이룩한 재화, 기술, 지식, 능력 등을 아낌없이 사회와 나누는 그런 사람들은 나눔으로 수많은 다른 사람들을 살리기도 한다. 자연의 섭리가 인간 사회와 닮은 예 가운데 하나이다.

초신성이 그저 폭발만 한다면 엄청난 충격을 일으켜 주변을 망가뜨리는 결과를 낳을 것이다. 하지만 초신성은 그 폭발을 통해 중요한 원소들을 우주에 환원함으로써 오히려 우주에 생명의 씨앗을 뿌리게 되는 것 아닌가. 당신은 초신성처럼 살고 싶은가?

☑ 핵심정리

갈래 : 수필(과학적 수필) **성격** : 성찰적, 사색적, 교훈적
제재 : 초신성
주제 : 우리 삶과 공동체를 위한 '나눔'과 '사회 환원'의 가치
특징 : · 유추의 방식을 활용하여 '나눔'과 '사회 환원'의 가치를 전달하고 있다.
· 구체적인 사례를 활용하여 독자의 이해를 돕고 있다.

(5) 반 통의 물

나희덕

"좀 넉넉히 넣어요. 넉넉히."

당근씨를 막 뿌리려는 남편에게 나는 몇 번이나 말했다. 다른 씨앗들은 한번 키워 보았기 때문에 감을 잡을 수 있겠는데, 부추씨와 당근씨는 올해 처음 뿌리는 것이라 대중이 서지 않았던 것이다.

게다가 아까부터 밭 주변을 종종거리는 참새 서너 마리가 어쩐지 마음에 걸린다. 작년에도 너무 얕게 씨를 뿌려 낭패를 본 적이 있기 때문이다. 씨 뿌린 지 두 주일이 넘도록 싹이 나오지 않아 웬일인가 했더니 새들이 와서 잘 잡숫고 간 뒤였다. 그제야 농부들이 씨를 뿌릴 때 적어도 세 알 이상씩 심는 뜻을 알 것 같았다. 한 알은 새를 위해, 한 알은 벌레를 위해, 그리고 한 알은 사람을 위해.

워낙 넉넉히 뿌린 탓인지, 새들이 당근씨를 별로 좋아하지 않는 탓인지, 당근 싹은 좀 늦긴 했지만 촘촘하게 돋아났다. 처음엔 그 어렵게 틔워 낸 이쁜 싹들을 솎아 내느니 차라리 잘고 못생긴 당근을 먹는 게 낫다고 그냥 두었다. 그러나 워낙 자라는 속도가 빨라 자리를 잡지 못하고 밀려 나오는 뿌리가 하나둘이 아니었다. 이러다가는 당근 전체가 제대로 자랄 수 없을 것 같았다.

그것을 보면서 식물에게는 적절한 거리라는 것이 매우 중요하다는 생각이 들었다. 사람과 사람 사이에서도 지켜야 할 최소한의 거리가 깨졌을 때 폭력과 환멸이 생겨나는 것처럼, 좁은 땅에 서로 머리를 디밀며 얽혀 있는 그 붉은 뿌리들에서도 어떤 아우성이 들려오는 것 같았다. 내가 그들을 돕는 길은 갈 때마다 조금씩 솎아 주어서 그 아우성을 중재하는 일이었다. 농사를 배운다는 것은 바로 그들의 적절한 '거리'를 익히는 과정이 아닐까.

미운 풀이 죽으면 고운 풀도 죽는다는 속담이 있다. 김을 맬 때마다 나는 그 말을 자주 떠올린다. 그럼 내가 뽑고 있는 잡초는 미운 풀이고, 키우고 있는 채소는 고운 풀이란 말인가. 곱고 미운 것의 기준은 어디에 있을까. 사람이 먹을 수 있느냐 없느냐에 따라 잡초와 채소를 구분하여 하나는 죽이고 하나는 살리는 것이 이른바 농사다. 그러나 미운 풀이 죽으면 고운 풀도 죽는다고 하지 않는가. 선택보다는 공존이 땅의 본래적 질서라고 할 때, 밭은 숲보다 생명에 덜 가깝다.

그래서 밭을 일구면서 가장 고민되는 문제가 풀이다. 사람의 손이 미치기 오래전부터 이 둔덕에는 명아주, 저 둔덕에는 개망초, 이 고랑에는 돼지풀, 저 고랑에는 질경이……. 그들이 바로 이 땅의 주인이었던 것이다. 그런데 달갑지 않은 침입자가 삽과 호미를 들고 나타나 그것도 생명을 키운답시고 원주민을 쫓아내니, 사실 원주민 풀들에게는 명목이 서지 않는 노릇이다.

그렇다고 풀을 그냥 두면 뿌려 놓은 채소들이 자라지 못하게 되니 어느 정도는 뽑아 주어야 한다. 이런 안절부절 덕분에 우리 밭에는 채소가 반이고 잡초가 반이다. 변명 같지만, 다른 밭보다 우리 밭에 풀이 무성한 것은 게으름 때문만은 아니다. 만일 그렇다 해도 게으름이 농부의 악덕은 아닌 것이다.

밭 바로 옆에는 우물이나 수도가 없다. 조금 걸어가야 그 마을 사람들에게 농수를 공급하는 수로가 있는데, 호스나 관으로 연결하기에는 거리가 제법 된다. 또 그러기에는 작은 밭에 너무 수선스러운 일인 것 같아 그냥 물을 한 통 한 통 길어다 주었다. 푸성귀들을 키우는 것은 물이 아니라 농부의 발소리라는 말이 그냥 나온 게 아닌가 보다. 우리 밭을 흡족하게 적시려면 수로까지 적어도 열 번은 왕복을 해야 하니 그것도 만만치 않은 노릇이었다.

물통을 들고 걸을 때마다 생각나는 사람이 있다. 우리 집에서 가까운 텃밭을 일구시는 어떤 할아버지인데, 물을 주러 가시는 모습을 몇 번 본 적이 있다. 그 할아버지는 몸 반쪽이 마비되어 걷는 게 그리 자유롭지 못하다. 성한 한쪽 팔로 물통을 들고 걸어가시는 모습은 거의 몸부림에 가까우면서도 이상한 평화 같은 것을 느끼게 한다. 절뚝절뚝 몸이 심하게 흔들릴 때마다 물은 찰랑거리면서 그의 낡은 바지를 적시고 길 위에 쏟아져, 결국 반 통도 채 남지 않게 된다. 그렇게 몇 번씩 오가는 걸 나는 때로는 끌 듯이 지나가는 발소리로 듣기도 하고, 때로는 마른 길 위에 휘청휘청 내고 간 젖은 길을 보고 알기도 한다.

그 젖은 길은 이내 말라 버리곤 했지만, 나는 그 길보다 더 아름답고 빛나는 길을 별로 보지 못했다. 그리고 어느 날부터인가 나 역시 그 밭의 채소들처럼 할아버지의 발소리를 기다리게 되었다. 반 통의 물을 잃어버린 그 발소리를.

물통을 나르다가 문득 이런 생각이 들곤 한다. 내가 열 번 오가야 할 것을 그 할아버지는 스무

번 오가야 할 것이지만, 내가 이 채소들을 키우는 일도 그 할아버지와 크게 다르지 않은 어떤 안간힘 때문은 아닐까. 몸에 피가 돌지 않는 것처럼 문득문득 마음 한쪽이 굳어져 가는 걸 느끼면서, 절뚝거리면서, 그러면서도 남은 반 통의 물을 살아 있는 것들에게 쏟아붓고 싶은 마음, 그런 게 아니었을까.

이 짤막한 이야기들은 그렇게 밭을 가꾸는 동안 절뚝거리던 내 영혼의 발소리 같은 것이다. 감히 농사라고는 할 수 없지만, 자연과의 행복한 합일이라고도 부를 수 없지만, 그 어둠과 불구에 힘입어 푸른 것들을 만나러 가곤 했다. 그들에게 물을 주고 돌아오는 물통은 언제나 비어 있다.

핵심정리

갈래 : 수필 **성격** : 체험적, 사색적, 교훈적

제재 : 밭을 가꾸는 일

주제 : 밭을 가꾸면서 얻은 깨달음

특징 :
- 농사를 짓는 자신의 체험에서 깨달음을 이끌어 내고 있음
- 밭을 일구면서 느낀 점을 중심으로 짤막한 이야기들을 병렬적으로 나열함

(6) 확신이 없어도 괜찮아

김찬호

"젊은이가 학교를 나와서 제 몫을 하는 성인으로 자라나기까지의 과정에서 가장 중요한 것은 비단 공부에서뿐 아니라 인생 전반에서 호기심과 흥미를 잃지 않는 것이다. 이것은 결코 만만한 일이 아니다. 지금 우리 사회는 청소년을 그와 정반대의 길로 이끌고 있다. 호기심을 죽이고 냉소와 무관심으로 몰고 간다. 자기가 하는 일이 시간 낭비라는 생각만은 절대로 갖지 말게 해야 한다. 청소년에게 가장 필요한 것은 추구할 만한 매력을 가진 목표와 거기에 도달할 수 있는 실력이다."

미국의 심리학자 미하이 칙센트미하이의 저서 『어른이 된다는 것은』에 실린 글이다. 이 글을 읽으니 오래전에 신문에서 보았던 네 컷짜리 만화 한 편이 생각난다. 아버지가 고등학생 아들에게 묻는다. "너 뭐하러 과외하니?" 아들은 대답한다. "좋은 대학에 가려고요." 아버지가 다시 묻는다. "좋은 대학 가서 뭐하려고?" 아들이 다시 답한다. "과외하려고요." 어린 시절에는 누구나 반짝이는 눈으로 주변 세계를 탐구하고 어른들에게 질문한다. 그런데 점차 환경에 익숙해지고 생각의 집이 건축되면서 그러한 지적탐구 능력과 욕구가 서서히 쇠퇴한다. 성장 과정에서 여러 가지 지식이 딱딱한 형식으로 주입되면 안으로부터 솟구쳐 오르는 호기심이 점점 줄어든다. 공부가 대입의 수단으로 전락하고 대학 공부마저 취업을 위한 시험 준비로 획일화되는 상황에서 지성은 거의 실종되어 버린다. 도구화된 공부는 열정을 수반하기 어렵다. 삶과 무관하게 보이는 지식을 강요받으면서 학업을 냉소적인 태도로 바라보게 된다. 진정한 앎은 어떻게 일어나는가. 관심사를 따라 생각하고 관찰하고 독서하면 자기 나름의 지성을 일구어 갈 수 있다. 그 실마리는 우연히 생겨나기도 한다. 예를 들어 미국 우주 과학 연구소에서 외행성을 연구하는 천문학자 하이디 해멀은 어릴 때 부모와 여행을 많이 했는데 차멀미가 심했다고 한다. 주의를 돌리려고 창밖을 보다 별자리가 보이기 시작했고, 그 공부를 하면서 차멀미를 잊을 수 있었다.

그런 습관이 직업으로 이어진 것이다. 이렇듯 어릴 때의 우연한 경험으로 자신의 적성을 깨닫고 그 길로 한결같이 나아가 큰 업적을 이룬 사람들이 종종 있다. 그러나 그런 행운을 얻는 사람은 많지 않다. 어린 시절 자신이 하고 싶은 일을 찾아서 흐트러짐 없이 매진하여 성공한 사례들은 청소년들에게 용기를 줄 수도 있지만 '누구는 초등학교 때 이미 자신이 갈 길을 정했는데, 나는 고등학생이나 되었는데도 아직도 갈피를 잡지 못하고 있다니, 이게 뭐람?' 이라는 생각에 주눅이 들 수도 있다. 그러나 대학생이나 30대의 성인들 가운데서도 정말로 자신이 잘할 수 있는 것이 무엇인지를 확신하는 사람은 많지 않다. 얼마 전 어느 긴급 구호 활동가가 고등학교 졸업을 앞둔 청소년들에게 쓴 칼럼을 읽었다. 그 중 학창 시절 내내 공부하라는 말만 듣다가 갑자기 "가슴 뛰는 일을 하라."라는 말에 당혹해할 청소년들에게 건넨 위로의 말이 인상 깊었다.

"지금 목표가 뚜렷하지 않다고 너무 걱정하지 말기를 바란다. 무엇보다도 그 방향으로 첫걸음을 떼었느냐가 중요하다. 완벽한 지도가 있어야 길을 떠날 수 있는 것은 아니다. 서울부터 부산까지 가는 방법은 수십 가지다. 비행기나 고속 철도를 타고 갈 수도 있고 국도로 가는 승용차처럼 돌아가는 방법도 있다. 질러가든 돌아가든 여러분의 인생 표지판에 신의주가 아니라 부산이라는 최종 목적지가 보이기만 하면 된다. 방금 본 이정표에 대전이라고 써 있어도 괜찮다. 목포라고 써 있어도 놀라지 마시길. 여러분은 잘 가고 있다. 적어도 남행선 상에 있으니까."

청소년기에 인생의 목표를 명명백백히 깨닫고 있는 사람이 몇이나 될까? 요즘 젊은이들에게 꿈이 무엇이냐고 물으면 의사, 변호사, 언론인, 공무원, 교사 등 직업을 말하는 경우가 많다. 그러나 지금처럼 급변하는 세상에서 평생 몸담을 직업을 찾는 일은 점점 더 어려워진다. 인생의 목표는 직업으로 수렴되지 않으므로 의사나 공무원이 되는 것 자체가 꿈인 인생은 궁색하다. 그 직업을 얻고 나면 더 이상 추구할 꿈이 없어지기 때문이다. 한국의 많은 대학생이 혼란과 방황에 빠져드는 것도 마찬가지다. 대학 입학을 목표로 삼고 열심히 공부하던 고등학생들이 그 목표를 이루고 나면 이후에 무엇을 해야 할지 갈피를 잡지 못하고 불안해한다. 차라리 목표가 뚜렷했던 수험생 시절이 행복했다고 한다. 그래서 일단 또다시 취직을 겨냥해 공부를 시작하는 것이다.

그렇다면 꿈은 무엇이어야 하는가? 그것은 궁극적으로 이루고 싶은 그 무엇이다. 예를 들어 공무원이 되고자 한다면, 직업 그 자체를 꿈으로 삼기보다 장차 공무원으로서 어떤 정책을 실현하여 지역 사회와 시민 생활을 어떻게 디자인하고 싶다는 이상을 품어야 한다. 똑같은 의사라 해도 오로지 돈벌이에만 혈안이 된 의사와 환자들의 마음을 살피면서 그들의 삶의 질에 관심을 쏟는 의사는 전혀 다른 인생을 살고 있다고 할 수 있다. 가치 있는 삶을 꿈으로 갖기 위해서는 '진정 중요한 것과 중요하지 않은 것'을 분간하는 기준을 정해야 한다. 이는 청소년기에 적성 검사 못지않게 중요하다. 그 푯대를 확인했다면 전공이나 직업에 대한 확신이 다소 불투명해도 크게 상관이 없다. 이미 우리의 꿈은 어떤 전공이나 직업에 머무르지 않으며 그 꿈을 실현하는 길은 여러 갈래로 나 있기 때문이다. 삶의 궁극적인 목표가 분명한 사람은 얼핏 눈에 잘 띄지 않는 비좁은 샛길을 찾아내고, 없는 길도 뚫을 수 있다. 그 과정에서 부딪히는 난관에 좌절하지 않고 실패를 무릅쓰고 계속 전진하는 힘도 바로 그러한 열정에서 솟아오른다.

-「생애의 발견」-

핵심정리

갈래 : 수필
성격 : 비판적, 설득적
주제 : 진정한 꿈과 가치 있는 삶의 의미
특징 : · 여러 가지 사례를 제시하여 글쓴이의 의견에 설득력을 더함
· 묻고 답하는 방식을 사용하여 독자가 내용에 집중하도록 유도함

(7) 과학자의 서재

최재천

정작 내 관심을 끈 것은 소설보다 책 뒷부분에 실린 〈모닥불과 개미〉라는 수필이었다. 반 쪽짜리 그 짧은 수필이 내 머릿속에 이토록 강렬한 인상을 남길 줄은 미처 몰랐다.

활활 타오르는 모닥불 속에 썩은 통나무 한 개비를 집어 던졌다. 그런데 미처 그 통나무 속에 개미집이 있다는 것을 나는 몰랐다. 통나무가 우지직, 소리를 내며 타오르자 별안간 개미들이 떼를 지어 쏟아져 나오며 안간힘을 다해 도망치기 시작했다. 그들은 통나무 뒤로 달리더니 넘실거리는 불길에 휩싸여 경련을 일으키며 타 죽어 갔다. 나는 황급히 통나무를 낚아채서 모닥불 밖으로 내던졌다. 다행히 많은 개미가 생명을 건질 수 있었다. 어떤 놈은 모래 위로 달려가기도 하고 어떤 놈은 솔가지 위로 기어오르기도 했다. 그러나 이상한 일이 었다. 개미들은 좀처럼 불길을 피해 달아나려고 하지 않았다. 가까스로 공포를 이겨 낸 개미들은 다시 방향을 바꾸어 통나무 둘레를 빙글빙글 돌기 시작했다.

그 어떤 힘이 그들을 내버린 고향으로 다시 돌아오게 한 것일까?

개미들은 통나무 주위에 모여들기 시작했다. 그리곤 그 많은 개미가 통나무를 붙잡고 바동거리며 그대로 죽어 가는 것이었다.

동물학자가 된 이후에야 비로소 이해하게 되었지만, 당시에는 나도 솔제니친과 마찬가지로 개미들이 왜 그렇게 행동하는지 정말 궁금했다. 생물학자가 아니라 문학가인 솔제니친은 그 상황을 과학적으로 설명하지 못하고 철학적으로 받아들인 듯하다. 당시의 나 역시 개미의 행동을 설명할 길이 없었으나 그 작품은 묘하게도 내 머릿속에 깊이 박혔다.

그러다가 훗날 미국 유학을 가서 꽂혀 버린 학문, 사회 생물학을 접했을 때 순간적으로 솔제니친의 그 수필이 생각났다. 그간 수많은 문학 작품을 읽고 고독을 즐기는 속에서 점점 더 많은 삶의 수수께끼들을 껴안고 살았는데, 사회 생물학이라는 학문이 그것들을 가지런히 정리해서 대답해 주었다. 〈모닥불과 개미〉 속의 개미도 내가 안고 있던 수수께끼 중 하나였다. 그 개미들을 이해하게 된 순간, 나는 이 학문을 평생 공부하겠다고 결정했다.

그런데 《사회 생물학》을 읽으며 발견한 또 다른 책이 바로 《이기적 유전자》다. 이미 《사회 생물학》을 읽으며 그 매력에 빠져들고 있었으므로 관련된 책들을 모두 읽어 보고 싶었다. 우선 영국 옥스퍼드 대학교의 리처드 도킨스 교수가 쓴 《이기적 유전자》를 사서 읽었다.

세상을 살면서 한 권의 책 때문에 인생관, 가치관, 세계관이 하루아침에 바뀌는 경험을 하는 이들이 과연 몇이나 될까? 대부분은 아마 단 한 번도 그런 짜릿한 경험을 못 하고 생을 마칠 것이다. 그런데 나는 《이기적 유전자》를 읽으면서 그런 엄청난 경험을 했다.

자칫하면 운명론자처럼 보일 위험이 있지만 운명론자와는 다르다. 내가 가야 할 길을 담담히, 최선을 다해 아름답게 가면 세상도 나도 의미 있는 존재가 된다고 생각한다. 그런데 내게 주어진 것보다 더 많은 무엇을 해 보겠다고 욕심을 부리며 아등바등 살 필요는 없다. 내가 할 수 있고 해야 할 일들은 어떻게 보면 내 유전자가 나한테 허락한 범주 내에서의 일들이다. 그러므로 할 수 있다는 자신감을 갖고 최선을 다하면 내가 하고자 한 일을 모두 이룰 수 있다고 믿는다.

나는 특별한 사람은 아니다. 하지만 하고 싶은 학문을 하면서 그 학문을 통해 깨달은 대로 살아가고, 그 삶에서 행복과 만족을 느끼고 있다. 단적으로 표현하자면 삶의 모든 부분에서 무척 여유로워졌고 무슨 일을 하든 초조해하지 않는다. 그냥 내가 할 수 있는 일을 다 한 다음에는 마음을 편히 먹고 살아간다. 이제야 드디어 삶을 즐길 줄 알게 된 것이다.

여기에 이르기까지 가장 큰 영향을 준 책이 바로 《이기적 유전자》와 《사회 생물학》이었다. 이 두 권의 책 덕분에 학문적으로 내가 걸어가야 할 길이 정해졌을 뿐만 아니라 나의 개인적 삶의 태도에도 명확한 기준이 생겼다.

☑ 핵심정리

갈래 : 수필
주제 : 독서가 삶에 미친 영향
특징 : · 글쓴이가 읽은 수필의 전문을 인용하여 내용에 대한 이해를 도움
· 책 이름을 구체적으로 언급하면서 독서를 통해 느낀 감동을 강조함

극

1. 희곡

무대 상연을 전제로 꾸며 낸 연극의 대본

(1) 희곡의 특성

· 무대 상연을 전제로 함

· 막과 장을 기본 단위로 함

· 시간과 공간, 등장인물의 수에 제약을 받음

· 등장인물의 대사와 행동을 통해 사건이 전개됨

· 대립과 갈등을 중심으로 이야기가 전개되는 산문 문학임

· 모든 사건이 배우의 행동을 통해 관객의 눈앞에서 지금 일어나고 있는 현재형으로 표현됨

(2) 희곡의 구성 요소

<table>
<tr><td rowspan="7">형식적 요소</td><td colspan="2">해설</td><td>막이 오르기 전에 필요한 무대 장치, 인물, 배경 등을 설명하는 부분</td></tr>
<tr><td rowspan="3">대사</td><td>대화</td><td>등장인물 사이에 주고받는 말</td></tr>
<tr><td>독백</td><td>등장인물이 무대에서 상대역 없이 혼자 하는 말</td></tr>
<tr><td>방백</td><td>상대역에게는 들리지 않고 관객에게만 들리는 것으로 약속하고 하는 말</td></tr>
<tr><td rowspan="2">지시문</td><td>무대 지시문</td><td>무대 장치, 분위기, 효과음, 조명 등을 지시함</td></tr>
<tr><td>동작 지시문</td><td>등장인물의 행동, 표정, 심리, 말투 등을 지시함</td></tr>
</table>

2. 시나리오

영화나 드라마의 제작을 전제로 쓴 대본

(1) 시나리오의 특성

· 영화나 드라마 상영을 전제로 함

· 장면(Scene)을 기본 단위로 함

· 시간과 공간, 등장인물의 수에 제약이 거의 없음

· 촬영을 고려한 특수 용어가 사용됨

(2) 시나리오 용어

S#(Scene Number)	장면 번호	F.I.(Fade In)	새로운 장면이 시작될 때 화면이 점차 밝아지는 기법
E.(Effect)	효과음(음향 효과)	F.O.(Fade Out)	장면이 끝날 때 화면이 점차 어두워지는 기법
C.U.(Close Up)	대상의 일부분을 크게 확대하여 나타내는 기법	Nar.(Narration)	화면 밖에서 들리는 설명 형식의 대사
O.L.(Over Lap)	하나의 화면이 끝나기 전에 다음 화면이 겹치면서 장면을 전환하는 기법	Ins.(Insert)	화면과 화면 사이에 다른 화면을 끼워 넣는 것

3. 전통극

오랜 세월 전승되어 온 우리 고유의 극으로, 음악 · 무용 · 연기 · 언어 등이 조화된 종합 예술

(1) 전통극의 특성

내용	서민들의 생활과 의식을 통해 당대 사회의 불합리한 현실을 폭로하고 풍자함
대사	서민들의 일상적인 구어체, 관용적인 한문투, 비어, 재담 등이 활용됨
무대	· 무대 장치가 따로 없어 극 중 공간을 자유롭게 선택하고 변화시킴 · 관객이나 악사들이 공연 도중에 등장인물과 호응함
종류	가면극, 인형극

(1) 결혼

이강백

등장인물 : 남자, 여자, 하인

〈작가 노트〉

이 작품은 응접실 또는 아담한 소극장 같은 곳, 그런 실내에서 공연하기 알맞도록 썼다. 음악으로 비교한다면 실내악 같은 것이다.

무대를 따로 만들 필요도 있지 않고 별다른 조명이나 음향 효과의 도움을 받지 않아도 된다. 그러나 절대적으로 필요한 것은 그 장소에 모인 사람들이다. 이 연극의 등장인물, 하인은 그들로부터 잠시 모자라든가 구두, 넥타이 등을 빌려야 한다. 이 빌린 물건들을 단순히 소도구로 응용하기 위해서만이 아니다. 이 작품을 검토하면 알겠으나, 이 잠시 빌렸다가 되돌려 준다는 것엔 보다 더 깊은 의미가 있고 이 연극에서 중대한 역할을 차지하게 된다.

하인, 그는 빌린 물건들로 한 남자를 치장한다. 구색이 맞지 않고 엉뚱한 다른 물건들로 남자는 좀 우스꽝스럽기는 하지만 그럭저럭 부자처럼 보이게 된다.

〈중략〉

남자 그렇습니다, 덤. 여러 가지 것들, 헤아릴 수 없이 많은 것들이 떠나갔습니다. 뭐, 놀랄 건 못 되지요. 그저 시간이 지난 것뿐이니까요. 어떤 나무는요, 가을이 되자 수천 개의 이파리들을 몽땅 되돌려 주고도 아무 소리 없습니다. 덤, 나는 고양이 한 마리를 길러 봤었습니다. 고양이는 차츰 늙어지고, 그래서 시간이 다 지나가자 그 생명을 돌려주고도 태연했습니다. 덤, 덤, 덤…… 난 뭔가 진실한 걸 안 것 같습니다. 덤, 덤. 그래요. 난 이제 자랑거리 하나가 생겼습니다. 그런 진실을 알았다는 것, 나에게는 그게 유일한 자랑이 될 겁니다.

여자 너무 겸손하신 자랑이에요.

남자 뭘요. 그런데 덤, 당신에겐 뭐 자랑거리가 없으십니까?

여자 있고 말고요, 보시겠어요?

남자 봅시다, 어디.

여자, 남자와 함께 의자로 돌아간다. 탁상 위에 놓여 있던 핸드백을 열고 그 속에서 얼굴만을 커다랗게 찍은 사진 석 장을 꺼낸다.

하인, 시계를 보더니 탁상 위에 놓였던 남자의 모자를 냉큼 집어 간다.

남자, 사진 중에서 여자 본인의 것을 들어 여자의 얼굴에 대고 한참 동안 바라본다.

남자 그러니까, 이게 지금의 당신이군요?

여자 네.

남자 몇 살인가요, 실례지만?

여자 스물둘이에요.

남자 스물둘. 꽃다운 처녀시군요.

남자, 다음엔 여자 어머니의 사진을 얼굴에 대어 준다.

남자 시간이 좀 지났습니다. 그럼 어떻게 될까요?

여자 조금 늙지 어떻게 돼요?

남자 이젠 이 얼굴이 당신입니다. 몇 살이십니까?

여자 (조금 쉰 목소리로) 마흔다섯이에요.

남자 마흔다섯. 중년 부인이시군요.

남자, 할머니의 사진을 여자의 얼굴에 대어 준다.

남자 시간이 더욱 지났습니다. 이젠 이 얼굴이 당신입니다. 몇 살이시죠?

여자 (푹 쉰 목소리로) 일흔 살이 넘었어요.

남자 일흔 살이 넘으셨다, 늙으셨군요.

남자, 얼굴에 대었던 사진들을 탁상 위에 내려놓는다.

〈중략〉

하인, 남자에게 봉투를 하나 내민다.
남자는 봉투에서 쪽지를 꺼내 읽더니 아무 말 없이 여자에게 건네준다.

여자 "나가라!" 나가라가 뭐예요?

남자 네. 주인으로부터 온 경고문입니다. 시간이 다 지났으니 나가라는 거지요.

여자 나가라…… 그럼 당신 것이 아니었어요?

남자 내 것이라곤 없습니다.

여자 (충격을 받는다.)

남자 모두 빌린 것들뿐이었지요. 저기 두둥실 떠 있는 달님도, 저 은빛의 구름도, 이 하늬바람도, 그리고 어쩌면 여기 있는 나마저도, 또 당신마저도 …… (미소를 짓고) 잠시 빌린 겁니다.

여자 잠시 빌렸다고요?

남자 네. 그렇습니다.

하인, 엄청나게 큰 구두 한 짝을 가져오더니 주저앉아 자기 발에 신는다. 그 구둣발로 차 낼 듯한 험악한 분위기가 조성된다.

남자 결혼해 주십시오. 당신을 빌린 동안에 오직 사랑만을 하겠습니다.

여자 ……아, 어쩌면 좋아?

하인, 구두를 거의 다 신는다.

여자 맹세는요, 맹세는 어떻게 하죠? 어머니께 오른손을 든…….

남자 글쎄 그건……. (탁상 위의 사진들을 쓸어 모아 여자에게 주면서) 이것을 보여 드립시다. 시간이 가고 남자에게 남는 건 사랑이라면, 여자에게 남는 건 무엇이겠습니까? 그건 사진 석 장입니다. 젊을 때 한 장, 그다음에 한 장, 늙고 나서 한 장. 당신 어머니도 이해하실 겁니다.

여자 이해 못 하실 걸요, 어머닌. (천천히 슬프고 낙담해서 사진들을 핸드백 속에 담는다.) 오늘 즐거웠어요. 정말이에요……. 그럼, 안녕히 계세요.

여자, 작별 인사를 하고 문전까지 걸어 나간다.

남자 잠깐만요, 덤…….

여자 (멈칫 선다. 그러나 얼굴은 남자를 외면한다.)

남자 가시는 겁니까, 나를 두고서?

여자 (침묵)

남자 덤으로 내 말을 조금 더 들어 봐요.

여자 (악의적인 느낌이 없이) 당신은 사기꾼이에요.

남자 그래요, 난 사기꾼입니다. 이 세상 것을 잠시 빌렸었죠. 그리고 시간이 되니까 하나둘씩 되돌려 줘야 했습니다. 이제 난 본색이 드러나 이렇게 빈털터리입니다. 그러나 덤, 여기 있는 사람들에게 물어봐요. 누구 하나 자신 있게 이건 내 것이다, 말할 수 있는가를. 아무도 없을 겁니다. 없다니까요. 모두들 덤으로 빌렸지요. 언제까지나 영원한 것이 아닌, 잠시 빌려 가진 거예요. (누구든 관객석의 사람을 붙들고 그가 가지고 있는 물건을 가리키며) 이게 당신 겁니까? 정해진 시간이 얼마지요? 잘 아꼈다가 그 시간이 되면 꼭 돌려주십시오. 덤, 이젠 알겠어요?

여자, 얼굴을 외면한 채 걸어 나간다.
하인, 서서히 그 무거운 구둣발을 이끌고 남자에게 다가온다.
남자는 뒷걸음질을 친다. 그는 마지막으로 절규하듯이 여자에게 말한다.

남자 덤, 난 가진 것 하나 없습니다. 모두 빌렸던 겁니다. 그런데 덤, 당신은 어떻습니까? 당신이 가진 건 뭡니까? 무엇이 정말 당신 겁니까? (넥타이를 빌렸었던 남성 관객에게) 내 말을 들어 보시오. 그럼 당신은 나를 이해할 거요. 내가 당신에게서 넥타이를 빌렸을 때, 그때 내가 당신 물건을 어떻게 다뤘었소? 마구 험하게 했었소? 어딜 망가뜨렸소? 아니오, 그렇진 않았습니다. 오히려 빌렸던 것이니까 소중하게 아꼈다간 되돌려 드렸지요. 덤, 당신은 내 말을 듣고 있어요? 여기 증인이 있습니다. 이 증인 앞에서 약속하지만, 내가 이 세상에서 덤 당신을 빌리는 동안에, 아끼고, 사랑하고, 그랬다가 언젠가 끝나는 그 시간이 되면 공손하게 되돌려 줄 테요. 덤! 내 인생에서 당신은 나의 소중한 덤입니다. 덤! 덤! 덤!

남자, 하인의 구둣발에 걷어차인다.
여자, 더 이상 참을 수 없다는 듯 다급하게 되돌아와서 남자를 부축해 일으키고 포옹한다.

— 막 —

핵심정리

갈래 : 희곡, 실험극 **성격** : 희극적, 비판적
제재 : 남녀의 결혼
주제 : 소유의 본질과 진정한 사랑의 의미
특징 : · 별다른 무대 장치가 없으며 무대와 관객석의 구분이 명확하지 않음
· 관객이 극 중에 참여하여 등장인물과의 소통이 이루어짐

(2) 두근두근 내 인생

원작 김애란

등장인물 :

아름(16세, 남, 선천성 조로증 환자)

대수(33세, 남, 아름이의 아버지)

미라(33세, 여, 아름이의 어머니)

[앞부분 줄거리]

실제 나이는 열여섯 살이지만 선천성 조로증으로 신체 나이는 여든 살이 넘은 소년 '아름', 이제 서른세 살이 된 젊은 부모 '대수'와 '미라'. 이들은 함께하는 하루하루를 소중히 여기며 씩씩하고 밝게 살아가고 있다.

대수는 택시 운전을 하고 미라는 세탁 공장에 나가서 열심히 일하지만, 각종 노인성 질환으로 고통받는 아름이의 치료비를 내기엔 턱없이 부족하다. 이들은 아름이의 치료비를 마련하려고, 아름이의 사연을 소개하는 텔레비전 방송에 출연한다.

S# 16. 병원 앞 거리/오후

모자와 커다란 선글라스로 가렸어도 드러나는 아름이의 병색.

사람들, 미라와 아름이를 호기심 어린 눈빛으로 혹은 동정 어린 눈길로 힐끗댄다.

미라의 눈치를 보며 손을 잡아끄는 아름이.

하지만 생각에 잠긴 미라는 빨리 걸을 생각이 전혀 없어 보인다.

아름	빨리 좀 가. 사람들이 쳐다보잖아.
미라	(대수롭지 않은 듯이) 내가 너무 예쁜가 보지, 뭐!
아름	(미라의 손을 잡아끄는데 따라오지 않자 짜증을 내며) 엄만 안 창피해?

태연한 미라의 태도에 짜증이 나서 손을 놔 버리는 아름이.
미라, 앞장서 가는 아름이의 배낭을 잡아챈다.

미라	뭐가 창피한데, 뭐가?
아름	(주위를 의식하며) 왜 그래, 진짜.

미라	너 아픈 애야. 아픈 애가 왜 자꾸 딴 데 신경 써? 사람들이 보건 말건, 병원비가 있건 없건, 애처럼 굴어. 아프면 울고 떼를 쓰란 말이야. 그냥 애처럼!
아름	……. 애처럼 안 보이니까 그렇지.
미라	(선글라스를 벗기면서) 연예인도 아니면서 이런 걸 쓰고 다니니까 사람들이 쳐다보지!

가슴이 답답한 미라, 고개를 돌려 한숨을 내쉰다.
괜한 말 꺼내서 오도 가도 못하는 아름이는 땅만 발로 찬다.

미라	한아름! 엄마 봐. 내가 누구야. 나…….
미라/아름 (아름이가 미라를 따라하며) 나, 열일곱 살에 애 낳은 여자야.

두 사람, 마주 보고 피식 웃는다.

미라	아름아, 우리 이 길 몇 년 다녔어?
아름	(잠시 셈을 해 본 후) 13년.
미라	그래. 막내 외삼촌은 네 나이에 포경 수술 하나 하면서도 죽네 사네 울고불고 난리를 떨었어. 근데 넌 그것보다 더한 검사도 받고, 위기도 수없이 넘겼잖아.
아름	응…….
미라	그건 아무나 할 수 없는 거다? 넌 정말 대단한 일을 해내고 있는 거야. 그러니까 당당하게 보란 듯이 걸어도 돼. 알았지?

아름 응!

미라 가자!

아름이의 손을 잡는 미라, 사람들 시선쯤은 아랑곳하지 않고 걷는다. 당당하게.

[중략 부분 줄거리]
어느 날 아름이는 자신이 출연한 텔레비전 프로그램을 본 '서하'라는 소녀에게서 전자 우편을 받는다. 아름이는 자신과 같은 나이이고 병을 앓고 있다는 서하에게 관심이 가지만 쉽게 답장을 쓰지 못하고 망설인다. 병세가 더욱 나빠져 입원을 하게 된 아름이는 용기를 내어 서하에게 전자 우편을 쓰고, 서하와 전자 우편을 주고받으면서 설렘을 느낀다.

S# 43. 병원 정원/오후

병원 정원에서 촬영이 진행 중이다.

미라가 촬영을 지켜보고 있고, 그 뒤로 어느샌가 슬그머니 나타난 장 씨. 그런데 장 씨의 옷차림이 예사롭지 않다. 한눈에도 평소보다 멋을 낸 느낌.

장 씨, 여전히 얼어 있다. 카메라도 제대로 바라보지 못하는 장 씨. '컷! 엔지!', '컷! 엔지!', 이어지는 장 씨의 엔지.

장 씨 어, 우리 한여름, 에고…….

장 씨 에이씨, 아름이 이놈 자식은요?

Cut to. 지친 촬영 팀. 승찬이도 이젠 거의 포기한 얼굴이다.

승찬 할아버지, 한 번만 더. 자, 큐!

김 작가 아름이는 어떤 아이인가요?

장 씨 음…… 음……. (드디어 카메라를 정면으로 본다.) 아름이는…… 친구요, 내 친구.

대답하는 장 씨의 얼굴에 진심이 묻어난다.

S# 44. 병원 복도/오후

복도의 의자에 나란히 앉은 장 씨와 아름이. 장 씨가 아름이에게 따뜻한 물을 건넨다.

장 씨 방송 그거 쉬운 거 아니드만?

아름 (웃으며) 그렇죠. (물 받으며) 감사합니다.

장 씨 좀 괜찮아?

아름 네. (알약을 삼키는 장 씨를 보며) 짱가, 어디 아파요?

장 씨 아, 이 나이에 안 아픈 게 이상한 거지.

아름 (피식 웃으며) 그건 제가 좀 알죠. 그래도 짱가는 꽤 동안이에요.

장 씨 그치? 흐흐. (우당탕, 시끄럽게 지나가는 젊은이들을 보며) 저것들은 몰라. 젊은 게 얼마나 좋은 건지.

아름 너무 건강해서 자기들이 건강한지도 모를 거예요.

장 씨 (음흉한 미소를 지으며) 그리고 쟤들이 모르는 게 또 있어.

아름 뭔데요?

장 씨 흐흐흐, 앞으로 늙을 일만 남은 거.

아름 아!

장 씨를 보며 말갛게 웃는 아름이. 마주 보며 씩 웃어 주는 장 씨.

S# 49. 아름이의 병실/밤

아름이가 서하의 사진을 보고 싶다는 내용의 전자 우편을 보낸 뒤로 서하에게서는 답장이 없다.
잠들지 못하고 기력 없는 모습으로 이리저리 뒤척이는 아름이.
아름이, 결국 일어나 앉아 베개 밑에서 태블릿 컴퓨터를 꺼낸다.
여전히 전자 우편함에 새 편지가 0통임을 확인하는 아름이의 모습이 반복된다.

Cut to. 습관처럼 전자 우편함을 확인하던 아름이. 드디어 전자 우편의 수신을 알리는 소리가 울린다. 아름이가 벌떡 일어난다. 서하의 편지다.
떨리는 손으로 전자 우편을 여는 아름이.

서하 (소리) 답장이 늦어 미안해. 사실 많이 고민했어……. 사진…….
하지만 나만 네 얼굴을 아는 건 불공평하겠다 싶어.
난 네 부모님 얼굴까지 알고 있으니까.
맘에 안 들지도 모르지만 한 장을 보내.

첨부된 사진을 여는 아름이, 화면 가득 키워서 본다.
싱그러움이 느껴지는 소녀의 손.
그 사진에서, 차마 아픈 모습을 보여 주고 싶지 않은 사춘기 소녀의 마음이 느껴진다.
사진에 손을 가만히 갖다 대 보는 아름이.
사진 속 서하의 손과 아름이의 손이 포개지고, 맞잡은 것처럼 보이는 소년과 소녀의 손.

S# 50. 오솔길/오후 [아름이의 상상]

사진 위로 겹쳐진 두 손이 실제로 맞잡은 손이 된다.
손을 잡고 걷고 있는 소년과 소녀. 아름이와 서하의 뒷모습이다.
카메라가 점점 뒤로 가면서, 벚나무가 무성한 오솔길을 걷고 있는 소년과 소녀의 뒷모습이 아련하게 보인다.
서하가 아름이에게 전자 우편을 통해 들려주었던 음악이 잔잔하게 깔린다.

오솔길을 걷는 두 사람.
아름이는 자신의 꿈속에 등장했던 건강한 열여섯 살 소년의 모습을 하고 있다.
그리고, 아름이가 바라본 서하의 모습.
햇빛에 역광으로 비친 음영에서, 점점 윤곽이 또렷해지며 모습을 드러내는 서하.
청순한 얼굴의 한 소녀가 아름이를 향해 환하게 웃고 있다.
이때, 어디선가 살랑살랑 불어오는 바람. 서하의 긴 머리카락이 바람에 크게 흩날린다.

청량한 서하의 웃음소리가 울려 퍼지고, 그런 서하를 보며 미소 짓는 아름이.

서하 (소리) 아름아, 넌 언제 살고 싶어지니?
아름이 넌 어떨 때 가장 살고 싶어지냐구…….

S# 51. 아름이의 병실/밤

의자에 앉은 아름이. 태블릿 컴퓨터를 보고 있는데 전자 우편의 끄트머리에 '아름아, 넌 언제 살고 싶어지니?' 라는 문장이 보인다.

미동도 않고, 문장의 의미를 생각하던 아름이.

'답장' 을 누르고 전자 우편을 쓰기 시작한다.

아름 (소리) 살고 싶어지는 때?

S# 52. 몽타주 [서하와의 교신]

이미지. 푸른 하늘에 뭉게뭉게 떠 있는 하얀 구름.

아름 (소리) 푸른 하늘에 하얀 뭉게구름을 볼 때…….

이미지. 트램펄린을 뛰고 있는 아이들의 모습. 아이들의 즐거운 까르르, 웃음소리.

아름 (소리) 아이들의 해맑은 웃음소리를 들을 때……. 나는 살고 싶어져.

이미지. 햇살 아래, 빨랫줄에 걸려 있는 베갯잇. 나란히 누워 그 향기를 맡는 미라와 아름이.

아름 (소리) 맑은 날 오후, 엄마와 함께 햇빛을 머금은 포근한 빨래 냄새를 맡을 때에도.

이미지. 동네 구멍가게 앞. 텔레비전 속 연속극을 보며 눈물을 훔치는 건장한 아저씨.

아름 (소리) 무뚝뚝한 우리 동네 구멍가게 아저씨가 연속극을 보며 우는 걸 보고 살고 싶다고 생각한 적도 있고…….

이미지. 아름이가 나열하는 것들의 이미지가 아름답게 보인다.

아름 (소리) 저녁 무렵, 골목길에서 밥 먹으라고 손주를 부르는 할머니의 소리가 울려 퍼질 때에도……. 여름날 엄마가 아빠 등목을 해 주며 찬물을 끼얹는 걸 볼 때에도……. 나는 살고 싶어져. 아빠와 함께 초승달이 뜬 초저녁 초롱초롱한 금성을 보면서도……. 반짝반짝 빛을 내며 야간 비행을 하는 비행기를 볼 때에도……. 살고 싶어지고는 해.
서하야, 너는 어때?

– 원작 김애란 / 각본 최민석 외, 『두근두근 내 인생』 –

☑ 핵심정리

갈래 : 시나리오
주제 : 힘든 상황 속에서도 웃음을 잃지 않고 서로를 보듬는 부모와 자식의 아름다운 사랑
특징 : · 조로증을 앓고 있는 16세 소년의 삶과 사랑을 담담하고 유쾌한 시각으로 그려 냄
· 인물이 상상하는 장면을 통해 인물의 심리를 형상화함

(3) 세상에서 가장 아름다운 이별

노희경

[중략 부분 줄거리]

검사 결과 인희는 자궁암 말기로 판명되고, 수술도 실패한다. 예고된 죽음을 두려워하는 한편 자신이 죽은 후의 식구들을 걱정하는 인희. 제일 걱정되는 사람은 치매에 걸린 시어머니이다. 자식들에게는 끝까지 병을 숨기려고 했으나 결국 막내까지 알게 된다.

S# 142. 인희의 집, 할머니 방 / 밤

(중략)

정수, 가족들 번갈아 보면서 멍해지다가, 펄쩍 뛰고 묻는다. 정철은 창 쪽으로 시선 외면하고 있다.

정수 엄마…… 엄마, 왜 그래? 엄마 아퍼? 엄마가 왜 죽어? (돌아보고) 아빠? (대답 없자, 연수 보고) 누나! (연수, 외면한다.) 야! 말해! 뭐야, 내가 모르는 게 뭐야!

연수 …….

정수 넌 언제부터 안 거야! 응? 언제부터 안 거냐구! 나만…… 모른 거야?

인희 정수야.

정수 (발악하며) 그런 거야?

연수 (허리 다잡으며) 이러지 마.

정수 (연수를 밀치지만 안 되는) 놔! (정철에게) 아빠!

정철 (외면하는)

정수 아빠 의사잖아. 근데 왜 엄마가 아퍼!

연수 이러지 마, 정수야.

정수 놔! 놓으라고!

연수 (안고 울며) 더 이상 엄마 힘들게 하지 말자, 우리!

정수 (주저앉아 울며) 왜, 왜 울 엄마가 죽어야 된대? 왜! (인희에게 매달리며) 난 못 보내! 엄마, 가지 마! 가지 마! 가지 마! 응?

연수와 정철, 정수를 인희에게서 떼어 내면, 인희, 아까부터 끅끅 목울음을 울다가 기어이 터진다.

인희 (정수 안고 우는) 아이고, 우리 정수…….

인희, 못 참겠는지, 방을 뛰쳐나가 벽에 주저앉으며 속 얘기를 터뜨린다.

인희 나도…… 나도, 살고 싶어. 죽으면 천국, 지옥 있다는데, 지옥 갈까 봐 무섭구. 앞으로 얼마나 더 아파야 하는지 너무 무서워. 죽을 때도 많이 아플까? 정수 대학 들어가는 것만 봤으면 좋겠어. 아니, 연수 결혼하는 것만 보고. 아니, 정수 애 낳는 것만 보고. 내 새끼도 이렇게 이쁜데 손주들은 얼마나 이쁠까. 나 벌 받나 봐. 너무 힘들 땐 어머니 언제 돌아가실라나. 생각했었는데. 우리 정수 처음 사고 났을 때, 보청기 끼고라도 들을 수만 있으면, 내 통장 전부 다 내놓겠다고, 평생 봉사하고 살겠다고, 기도했는데, 그것도 못 지켰고. 그래서 나 벌 받나 봐…….

저마다 선 자리에서, 저마다 작게, 크게 우는 가족. 암전.

S# 146. 인희의 집, 화장실 / 아침

인희, 할머니에게 새 속옷, 내복을 갈아입혀 주고 있다.

인희 (맘 아픈 걸 참고) 좋아?

할머니 …….

인희 (쪼그려 앉으며) 개운하지?

할머니 (인희 눈을 보고 있다. 정신이 들어왔는지 인희 맘을 알 것 같다.)

인희 (눈물 참고, 대견해하며) 이렇게 입으니까 꼭 새색시 같네. 그 유명한 남대문 여장부……. 시아버님, 다 늙어, 겨우 북에 둔 정인 잊고, 어머니한테 정 붙이나 했더니, 중풍으로 누워 고생만 시키다 훌쩍 떠나시고, 평생 외로움에, 우리 서로 잘 통했는데……. (손을 잡고, 차마 못 보고) 어머니, 나 먼저 가 있을게, 빨리 와. (다시 눈을 보며) 싸우다 정든다고 나 어머니랑 정 많이 들었네. 친정엄마, 먼저 가시고 애들 애비 공부한다고 객지 생활할 때, 애들두 없구, 외롭구 그럴 때도…… 어머닌 내 옆에 있었는데……. 나 밉다고 해도, 가끔 당신 좋아하시는 거 아꼈다가 주곤 하셨는데……. 어머니, 이제 기억 하나두 안 나지?

(중략)

[중략 부분 줄거리]

인희의 병세가 점점 나빠지는 동안 전원주택이 완성되고, 정철과 연수는 인희를 위해 집을 예쁘게 단장한다. 그리고 두 사람만이 보내는 새집에서의 첫날.

S# 167. 전원주택, 침실 / 밤

인희, 침대에 수줍게 누워 있고, 정철 속옷 차림으로 이불 속으로 들어온다.

인희 여보, 나 소원 있어.

정철 뭐?

인희 나 무덤 만들어 줘.

정철 언젠 답답해서 싫다구 화장해 달라며?

인희 우리 엄마 화장하니까 별루더라. 남한강에 뿌렸는데, 하두 오래되니까 여기다 뿌렸는지, 저기다 뿌렸는지 도통 기억에 없구, 여기 가서 울다 저기 가서 울다, 꼭 미친 사람처럼, 당신하구 애들은 그러지 말라구.

정철 …….

인희 이 집 위에 있는 소나무 아래 뼛가루만 한 줌 뿌려 놔 줘.

정철 …….

인희 당신, 나 없이도 괜찮지?

정철 (보면)

인희 잔소리도 안 하고 좋지, 뭐.

정철 (고개 저으며) 싫어.

인희 나…… 보고 싶을 거는 같애?

정철 (끄덕인다.)

인희 언제? 어느 때?

정철 ……다.

인희 다 언제?

정철 아침에 출근하려고 넥타이 맬 때.

인희 (안타까운 맘, 보며) ……또?

정철 (고개 돌려, 눈물을 참으며) 맛없는 된장국 먹을 때.

인희 또?

정철 맛있는 된장국 먹을 때.

인희 또?

정철 술 먹을 때, 술 깰 때, 잠자리 볼 때, 잘 때, 잠 깰 때, 잔소리 듣고 싶을 때, 어머니 망령 부릴 때, 연수 시집갈 때, 정수 대학 갈 때, 그놈 졸업할 때, 설날 지짐이 할 때, 추석날 송편 빚을 때, 아플 때, 외로울 때.

인희 당신, 빨리 와. 나 심심하지 않게. (눈물이 주룩 흐르고)

정철 (인희를 안고, 눈물 흘리고)

S# 168. 인희의 집 + 전원주택 / 새벽

연수, 정수, 선애는 잠들어 있고, 할머니는 여전히 숨바꼭질 중.

할머니 (흥얼거리며) 미워하는 미워하는 미워하는 마음 없이…….

인희가 어디 있나 여기저기 찾다가, 문득 인희 방을 열면, 그곳은 전원주택의 온실이다.
놀란 할머니 앞으로 집에서 가져온 꽃 무더기를 바라보며 혼자 앉아 있는 인희의 뒷모습이 보인다.

울고 있는 것 같기도 하고, 웃고 있는 것 같기도 하다.
할머니, 서서히 다가서더니, 문득, 상처 난 데에 입김을 불어 주는 듯, 호오오오 해 준다.
순간, 백만 송이 꽃가루가 흩날리는 눈송이처럼 온실 너머 새벽안개 속으로 피어오른다.

정철 (OFF) 여보…….

S# 169. 전원주택, 침실 / 아침

침실 가득 밝은 햇살이 들어오고.
인희, 정철의 팔에 안겨 편안히 잠들어 있다.

인희 …….
정철 (아내의 죽음을 느낀다. 보지 않고) 여보…….
인희 …….
정철 인희야…….

그러나 인희는 대답 없고……. 참지 못하고 부서져라 껴안는 정철.
정철, 이를 앙다물고 우는데, 눈물 뚝 떨어져 인희의 뺨 위로 흐른다.
너무나도 깊이 잠든 인희의 눈에도 차디찬 물기가 서려 있다. 페이드아웃.

☑ 핵심정리

갈래 : 시나리오
주제 : 엄마의 죽음을 통해 바라본 가족의 의미
특징 : · 죽음을 대하는 인물들의 심리를 잘 그려 냄
· 파편화된 가족 구성원이 가족 사랑의 본질을 깨닫는 과정

(4) 봉산탈춤

김진옥, 민천식 구술 / 이두현 채록

제 6 과장 양반춤

말뚝이 (벙거지를 쓰고 채찍을 들었다. 굿거리장단[1]에 맞추어 양반 삼 형제를 인도하여 등장.)

양반 삼 형제 (말뚝이 뒤를 따라 굿거리장단에 맞추어 점잔을 피우나, 어색하게 춤을 추며 등장. 양반 삼 형제 맏이는 샌님〔生員〕, 둘째는 서방님〔書房〕, 끝은 도련님〔道令〕이다. 샌님과 서방님은 흰 창옷에 관을 썼다. 도련님은 남색 쾌자에 복건을 썼다. 샌님과 서방님은 언청이이며(샌님은 언청이 두 줄, 서방님은 한 줄이다.) 부채와 장죽을 가지고 있고, 도련님은 입이 삐뚤어졌고 부채만 가졌다. 도련님은 일절 대사는 없으며, 형들과 동작을 같이 하면서 형들의 면상을 부채로 때리며 방정맞게 군다.)

말뚝이 (가운데쯤에 나와서) 쉬이. (음악과 춤 멈춘다.) 양반 나오신다아! 양반이라고 하니까 노론(老論), 소론(少論), 호조(戶曹), 병조(兵曹), 옥당(玉堂)[2]을 다 지내고 삼정승(三政丞), 육판서(六判書)를 다 지낸 퇴로 재상(退老宰相)으로 계신 양반인 줄 아지 마시오. 개잘량[3]이라는 '양' 자에 개다리소반[4]이라는 '반' 자 쓰는 양반이 나오신단 말이오.

양반들 야아, 이놈, 뭐야아!

말뚝이 아, 이 양반들, 어찌 듣는지 모르갔소. 노론, 소론, 호조, 병조, 옥당을 다 지내고 삼정승, 육판서 다 지내고 퇴로 재상으로 계신 이 생원네 삼 형제분이 나오신다고 그리하였소.

양반들 (합창) 이 생원이라네. (굿거리장단으로 모두 춤을 춘다. 도령은 때때로 형들의 면상을

1) 굿거리장단 : 풍물놀이에 쓰이는 느린 4박자의 장단. 보통 행진곡과 춤의 반주에 쓴다.
2) 옥당 : 조선 시대에, 궁중의 경서, 문서 따위를 관리하고 임금의 자문에 응하는 일을 맡아보던 관아.
3) 개잘량 : 털이 붙어 있는 채로 무두질하여 다룬 개의 가죽. 흔히 방석처럼 깔고 앉는 데에 쓴다.
4) 개다리소반 : 상다리 모양이 개의 다리처럼 휜 소반.

치며 논다. 끝까지 그런 행동을 한다.)

말뚝이 쉬이. (반주 그친다.) 여보, 구경하시는 양반들, 말씀 좀 들어 보시오. 짤따란 곰방대로 잡숫지 말고 저 연죽전(煙竹廛)[5]으로 가서 돈이 없으면 내게 기별이래도 해서 양칠간죽(洋漆竿竹)[6], 자문죽(自紋竹)[7]을 한 발가웃[8]씩 되는 것을 사다가 육모깍지[9] 희자죽(喜子竹)[10], 오동수복(烏銅壽福)[11] 연변죽[12]을 이리저리 맞추어 가지고 저 재령(載寧) 나무리[13] 거이[14] 낚시 걸듯 죽 걸어 놓고 잡수시오.

양반들 뭐야아!

말뚝이 아, 이 양반들, 어찌 듣소. 양반 나오시는데 담배와 훤화(喧譁)[15]를 금하라 그리하였소.

양반들 (합창) 훤화를 금하였다네. (굿거리장단으로 모두 춤을 춘다.)

말뚝이 쉬이. (춤과 반주 그친다.) 여보, 악공들 말씀 들으시오. 오음 육률(五音六律)[16] 다 버리고 저 버드나무 홀뚜기[17] 뽑아다 불고 바가지장단 좀 쳐 주오.

양반들 야아, 이놈, 뭐야!

말뚝이 아, 이 양반들, 어찌 듣소. 용두 해금(龍頭奚琴)[18], 북, 장고, 피리, 젓대 한 가락도 뽑지 말고 건건드러지게 치라고 그리하였소.

양반들 (합창) 건건드러지게 치라네. (굿거리장단으로 춤을 춘다.)

〈중략〉

생원 이놈, 말뚝아.

말뚝이 예에.

5) 연죽전 : 담뱃대를 파는 가게.
6) 양칠간죽 : 빨강, 파랑, 노랑의 빛깔로 알록지게 칠한 담배설대.
7) 자문죽 : 아롱진 무늬가 있는 중국산 대나무. 흔히 담뱃대로 쓴다.
8) -가웃 : 수량을 나타내는 표현에 사용된 단위의 절반 정도 분량의 뜻을 더하는 접미사인 '-가웃'의 옛말.
9) 육모깍지 : '육무깍지'의 와전. 육각형 모양의 담뱃대.
10) 희자죽 : 담뱃대를 만들 때 쓰는 대나무의 일종.
11) 오동수복 : 백통으로 만든 그릇에 검붉은 구리로 '수(壽)'나 '복(福)' 자를 박은 것.
12) 연변죽 : 담뱃대의 한 종류.
13) 나무리 : 재령에 있는 평야 이름.
14) 거이 : '게'의 방언.
15) 훤화 : 시끄럽게 지껄이며 떠듦.
16) 오음 육률 : 예전에, 중국 음악의 다섯 가지 소리와 여섯 가지 율(律).
17) 홀뚜기 : 호드기의 방언. 버드나무 가지의 껍질이나 짤막한 밀짚 토막 등으로 만든 피리.
18) 용두 해금 : 용머리가 새겨진 해금.

생원 나랏돈 노랑돈[19] 칠 푼 잘라먹은 놈, 상통[20]이 무르익은 대초 빛 같고, 울룩줄룩 배미 잔등 같은 놈을 잡아들여라.

말뚝이 그놈이 심(힘)이 무량대각(無量大角)[21]이요, 날램이 비호(飛虎) 같은데, 샌님의 전령(傳令)이나 있으면 잡아 올는지 거저는 잡아 올 수 없습니다.

생원 오오, 그리하여라. 옜다. 여기 전령 가지고 가거라. (종이에 무엇을 써서 준다.)

말뚝이 (종이를 받아 들고 취발이한테로 가서) 당신 잡히었소.

취발이 어데, 전령 보자.

말뚝이 (종이를 취발이에게 보인다.)

취발이 (종이를 보더니 말뚝이에게 끌려 양반의 앞에 온다.)

말뚝이 (취발이 엉덩이를 양반 코앞에 내밀게 하며) 그놈 잡아 들였소.

생원 아, 이놈 말뚝아. 이게 무슨 냄새냐?

말뚝이 예, 이놈이 피신(避身)을 하여 다니기 때문에, 양치를 못 하여서 그렇게 냄새가 나는 모양이외다.

생원 그러면 이놈의 모가지를 뽑아서 밑구녕에다 갖다 박아라.

말뚝이 샌님, 말씀 들으시오. 시대가 금전이면 그만인데, 하필 이놈을 잡아다 죽이면 뭣 하오? 돈이나 몇백 냥 내라고 하야 우리끼리 노나 쓰도록 하면, 샌님도 좋고 나도 돈냥이나 벌어 쓰지 않겠소. 그러니 샌님은 못 본 체하고 가만히 계시면 내 다 잘 처리하고 갈 것이니, 그리 알고 계시오. (굿거리장단에 맞추어 일제히 어울려서 한바탕 춤추다가 전원 퇴장한다.)

– 제 6 과장 끝 –

19) 노랑돈 : 예전에 쓰던 노란 빛깔의 엽전
20) 상통 : 얼굴을 속되게 이르는 말
21) 무량대각 : 헤아릴 수 없을 만큼 셈

핵심정리

갈래 : 전통극, 가면극, 탈춤 대본 **성격** : 서민적, 풍자적, 해학적, 비판적 **배경** : 조선 후기 (18세기 경)
주제 : 무능한 양반에 대한 풍자와 비판
특징 :
· 언어 유희, 과장, 희화화를 통해 양반을 조롱하고 풍자함
· 무대를 따로 설치하지 않고 마당에서 공연이 이루어짐
· 객석과 구분이 엄격하지 않아 관객이 극 중에 참여하고 연기자와 관객이 직접 소통할 수 있음
· 각 과장이 서로 인과 관계 없이 독립적으로 구성됨 (옴니버스식 구성)

읽기

설득을 위한 글

1. 논설문

독자를 설득할 목적으로 자신의 주장이나 의견을 이치에 맞게 논리적으로 쓴 글

2. 논설문의 성격

· 주관성 : 글쓴이의 생각과 주장이 뚜렷하게 드러나 있어야 함

· 독창성 : 글쓴이의 주장이 독창적이어야 함

· 타당성 : 주장에 대한 근거는 타당하고 합리적이어야 함

· 명료성 : 전달하려는 의미나 표현, 용어 등이 분명하고 정확해야 함

3. 논설문의 구성

논설문의 일반적인 구성 : 3단 구성 '서론 – 본론 – 결론'

· 서론 : 글을 쓰게 된 동기, 문제 제기, 주장할 내용 등을 제시함

· 본론 : 서론에서 제기한 논제에 대한 주장과 근거를 제시함

· 결론 : 글 전체의 내용을 마무리, 본론에서 주장한 내용을 요약하고 강조함

4. 논설문 읽는 방법

· 글쓴이의 주장, 관점, 의도를 파악하며 읽는다.

· 객관적인 사실과 주관적인 의견을 구분하며 읽는다.

· 글쓴이가 제시한 근거의 타당성을 검토하며 읽는다.

정보 전달을 위한 글

1. 설명문

어떤 사물의 이치나 현상, 지식 등에 대하여 글쓴이가 알고 있는 바를 쉽게 풀이하여 읽는 이를 이해시키고자 하는 글

2. 설명문의 성격

· 객관성 : 글쓴이의 개인적인 생각이나 느낌을 배제하고 객관적인 입장에서 전달함

· 사실성 : 정확한 지식과 정보를 사실에 근거하여 설명함

· 평이성 : 명확하고 알기 쉬운 어휘와 간결한 문장으로 구성함

· 명료성 : 뜻이 정확하고 분명하게 전달되도록 설명함

3. 설명문의 구성

① 처음 : 설명 대상 소개, 독자의 호기심 유발, 글 쓴 목적 제시

② 중간 : 대상에 대한 구체적인 사실과 정보 제시

③ 끝 : 본문의 내용 정리와 요약, 마무리

4. 설명문 읽는 방법

· 정확한 정보의 파악과 해석에 유의함

· 문단의 연결 관계에 유의하면서 문단의 중심 내용을 파악함

· 전체 내용을 요약하고 주제를 파악함

5. 설명문의 내용 전개 방식

· 정의 : '무엇은 무엇이다.' 의 형식으로 어떤 말이나 사물의 의미를 밝히는 방법

· 예시 : 어떤 대상에 대한 구체적인 예를 들어서 대상을 설명하는 방법

· 비교 : 둘 이상의 대상이 지닌 공통점, 비슷한 점을 중심으로 설명하는 방법

· 대조 : 둘 이상의 대상이 지닌 차이점, 다른 점을 중심으로 설명하는 방법

· 인과 : 어떤 일의 원인과 이로 인해 결과적으로 초래된 현상을 중심으로 내용을 전개하는 방법

· 묘사 : 어떤 대상, 사건이나 행동을 눈에 보이듯이 진술하는 방법

(1) 로봇 시대, 인간의 일

구본권

인공지능은 컴퓨터 프로그램을 활용해 인간과 비슷한 인지적 능력을 구현한 기술을 말한다. 인공지능은 기본적으로 보고 듣고 읽고 말하는 능력을 갖춤으로써 인간과 대화할 수 있을 뿐만 아니라 지적 판단이 필요한 상황에서 합리적 결정을 내릴 수 있다.

인공지능이 인간의 말을 알아듣고 명령을 실행하는 똑똑한 기계가 되는 것은 반길 일인가, 아니면 주인과 노예의 관계를 역전시키는 재앙이라고 경계해야 할 일인가? 인간의 지적 능력을 뛰어넘는 인공지능 개발에 관한 보도가 잇따르는 가운데, 세계적 석학들이 인공지능 개발이 결국엔 인류의 종말로 이어질 것이라는 경고를 내놓기 시작했다. 세계적 물리학자 스티븐 호킹(Stephen Hawking)은 "인공지능은 결국 의식을 갖게 되어 인간의 자리를 대체할 것"이라며, "생물학적 진화 속도보다 과학 기술의 진보가 더 빠르기 때문"이라고 말했다.

'생각하는 기계'가 축복이 될지 재앙이 될지는 미지의 영역이며 미래 사회가 어디로 향할 것인지는 격렬한 공방을 가져올 주제이다. 하지만 분명한 것은 인류가 이제껏 고민해 본 적이 없는 문제와 마주했다는 점이다. 거대한 영향력을 지닌 신기술의 도입으로 예상치 못한 심각한 부작용이 생기면, 기술과 인간의 관계는 밑바닥에서부터 재검토되어야 한다.

인공지능 발달이 우리에게 던지는 새로운 과제는 두 갈래다. 로봇을 향한 길과 인간을 향한 길이다.

첫째는, 인류를 위협할지도 모를 강력한 인공지능을 우리가 어떻게 통제할 것인가의 문제이다. 로봇에 대응하는 차원에서 로봇이 지켜야 할 도덕적 기준을 만들어 준수하게 하는 방법이나, 살인 로봇을 막는 국제 규약을 제정하는 것이 접근방법이 될 수 있다. 또한, 다양한 상황에 관한 사회적 합의를 담은 알고리즘을 만들어 사회적 규약을 벗어나지 않는 범위에서 로봇이 작동하게 하는 방법도 모색할 수 있다. 설계자의 의도를 배반하지 못하도록 로봇이 스스로 무력화(武力化) 할 수 없는 원격 자폭 스위치를 넣는 것도 가능하다. 인공지능 로봇이 인간의 통제를 벗어나지 못하게 과학자들은 다양한 기술적 방법을 만들어 내고, 입법자들은 강력한 법률과 사회적 합의를 적용할 것이다.

둘째는, 생각하는 기계가 모방할 수 없는 인간의 특징을 찾아 인간의 가치를 높이는 것이다. 즉, 로봇이 아니라 인간을 깊이 생각하고 인간 고유의 특징을 활용하는 것이다. 인공지능이 마침내 인간의 의식 현상을 구현해 낸다고 하더라도 인간과 인공지능은 여전히 구분될 것이다. 인간에게는 감정과 의지가 있기 때문이다.

감정은 비이성적이고 비효율적이지만 인간됨을 규정하는 본능으로, 감정에 따라 판단하고 의지적으로 행동하는 인간에게 감정은 강점이면서 동시에 결함이 된다. 논리적으로 설명할 수 없는 인간의 행동은 대부분 감정과 의지에서 비롯한 것이다. 인류는 진화의 세월을 거쳐 공감과 두려움, 만족 등 다양한 감정을 발달시켜 왔다. 인간의 감정과 의지는 수백만 년의 진화 과정에서 인류가 살아남으려고 선택한 전략의 결과이다.

인공지능을 통제하는 것이 과학자들과 입법자들의 과제라면, '인간이란 무엇인가?', '인공지능이 대체할 수 없는 나만의 특징과 존재 이유는 무엇일까?' 라는 철학적인 질문은 각 개인에게 던져진 과제이다.

인공지능 시대는 필연적으로 인간의 본질과 삶의 의미에 대해 근원적 질문을 던진다. 인공지능과 자동화는 우리에게 기계가 인간을 능가할 수 없는, 기계가 도저히 흉내 낼 수 없는 인간의 능력이 무엇이냐고 묻는다. 이것은 단지 기계와의 경주에서 살아남기 위해 경쟁력 있는 직업을 유지할 수 있는 인간만의 고유한 기능이 무엇인지를 묻는 게 아니다. 인공지능이 점점 더 똑똑해지고, 인간이 해 오던 많은 일을 기계가 대신하게 되는 상황에서 인간이 인간다워지는 것의 의미를 묻는 것이다.

인공지능 시대에 인간을 인간답게 만드는 것은 무엇보다 결핍과 그에 따른 고통이다. 인류의 역사와 문명은 이러한 결핍과 고통에서 느낀 감정을 동력으로 발달해 온 고유의 생존 시스템이다. 처음 마주하는 위험과 결핍은 두렵고 고통스러웠지만, 인류는 놀라운 유연성과 창의성으로 대응해 왔다. 결핍과 고통을 벗어나는 과정에서 인류가 체득한 생존의 방법이 유연성과 창의성이다. 이것은 기계에 가르칠 수 없는 속성이다. 그래서 인간의 약점은 인간과 기계를 구별하는 최후의 요소라고 할 수 있다. 우리는 기계를 설계할 때 부정확한 인식과 판단, 감정에서 비롯한 변덕스럽고 비합리적인 행동, 망각과 고통 같은 인간의 약점을 기계에 부여하지 않는다. 인간은 우리가 기계에 부여하지 않을, 이러한 부족함과 결핍을 지닌 존재이다. 하지만 거기에 인공지능 시대 우리가 가야 할 사람의 길이 있다.

결국, 앞에서 이야기한 두 가지 과제의 궁극적인 방향은 기계와의 경쟁이 아닌 공존과 공생이다. 인간 고유의 속성인 유연성과 창의성은 인공지능 시대라는 새로운 변화에서도 인간이 생존할 방법을 찾아낼 것이다.

☑ 핵심정리

갈래 : 설명문적 논설문
주제 : 인공지능 시대에 인간과 기계가 공존 · 공생하는 길
특징 : · 전문가의 말을 인용하여 문제를 제기함
· 문제 해결의 방안을 로봇에 대한 것과 인간에 대한 것으로 나누어 접근함
· 인류 문명과 역사에 대한 유추를 통해 미래 사회의 문제를 해결하기 위한 접근법을 모색함

(2) 스마트폰 중독, 어떻게 해결할까?

고영삼

스마트폰 중독 위험에 노출된 청소년들

스마트폰을 많이 사용한다고 해서 반드시 과도한 의존 현상에 빠져 있다고 할 수는 없다. 그러나 분명한 목적이나 계획 없이 스마트폰을 자주 사용하는 습관은 스마트폰에 과도하게 의존하는 현상, 이른바 스마트폰 중독으로 이어질 위험이 있다. 특히 자기 조절 능력이 부족한 청소년들은 스마트폰에 중독될 위험이 더 크다. 실제로 한국 정보화 진흥원의 2015년 조사 자료를 보면, 청소년의 스마트폰 중독 정도는 성인보다 더 높은 것으로 나타났다.

또한 스마트폰에 중독된 청소년들이 해가 갈수록 늘어나는 추세이다. 2015년 청소년 스마트폰 이용자 중 스마트폰 중독 위험군은 31.6퍼센트로 전년 대비 2.4퍼센트포인트 상승하였으며, 2011년 이후 매년 꾸준히 증가하고 있다.

스마트폰 중독, 왜 위험한가?

먼저, 스마트폰에 중독되면 공부나 일에 집중할 수 없어 일상생활에 어려움을 겪는다. 내가 보낸 문자 메시지를 친구가 읽었는지, 무엇이라고 답했는지가 궁금해서 공부나 일에 집중하지 못했던 경험이 있을 것이다. 우리가 어떤 일에 몰두하면 두뇌의 '작업 기억'은 가득 차 버린다. 그래서 여러 가지 일을 동시에 하면 기억 공간이 부족해져서 공부나 일에 대한 주의가 분산되고 능률도 떨어진다. 스마트폰에 중독된 학생들의 학업 성적이 떨어지는 이유도 이 때문이다.

둘째, 스마트폰 중독은 금단 현상이나 강박 증세, 충동 조절 능력 저하, 우울 등과 같은 신경정신과적 증상을 동반할 수 있다. 일반적으로 중독 물질에 반복적으로 노출되면, 두뇌에서 쾌락을 느끼게 하는 신경 전달 물질인 도파민이 과도하게 분비되어 이후에 같은 자극을 받더라도 처음과 같은 쾌락을 느끼지 못하는 내성이 생긴다. 또한 자극이 없을 때에는 극도의 불안을 느끼는 금단 현상이 나타난다. 마찬가지로 스마트폰에 중독되면 스마트폰을 이전보다 더 많이 사용하지 않는 이상 만족감이나 즐거움을 느낄 수 없게 되며, 스마트폰을 가지고 있지 않을 때에는 극도의 불안감이나 초조감을 느끼게 된다. 또한 스마트폰에 중독되면 기분과 사고 기능 등을 조절하게 하는 신경 전달 물질인 세로토닌의 분비가 줄어드는데, 이것이 줄어들면 감정 조절이 어려워 충동적으로 변하거나 우울증이 생기기도 한다.

셋째, 스마트폰 중독은 신체 건강에 악영향을 끼친다. 작은 화면을 오래 보면 눈이 피로해지고 목이나 손목, 척추 등에 이상이 온다는 것은 너무나 많이 알려진 상식이라 더 설명할 필요도 없다. 이 외에도 스마트폰 중독은 두통, 두뇌 기능 저하, 수면 장애 및 만성 피로 등의 원인이 될 수 있다. 또한, 세계 보건 기구에서는 2011년부터 스마트폰에서 나오는 전자파를 '발암 가능 물질' 로 분류하였다. 전자파가 열작용을 일으켜 체온이 상승해 세포나 조직 기능에 영향을 줄 수 있기 때문이다. 따라서 스마트폰 중독이 신체 건강에 끼치는 피해는 심각하다고 할 수 있다.

마지막으로, 스마트폰 중독은 사회적으로 건강한 생활을 할 수 없게 만든다. 스마트폰에 중독된 사람은 가상 세계를 지향하려는 경향이 있는데, 가상 세계에 몰입하다 보면 현실 세계에서 원만한 대인 관계를 형성하거나 유지하는 데에 어려움을 겪을 수 있다. 또한, 스마트폰 중독이 심각한 경우에는 현실 세계와 가상 세계를 혼동하여 일탈 행동을 보이거나 범죄를 저지르는 등 사회적 물의를 일으킬 수 있다. 실제로 가상 세계에서의 비방이나 험담으로 시작된 다툼이 현실 세계에서의 폭력으로 이어진 사례가 있으며, 심지어 누리소통망(SNS)에서 익명의 다수에게 호응을 얻기 위해 일탈 행동을 저지르고는 이를 자기의 계정에 올려 충격을 준 사례도 있다.

스마트폰 중독에서 벗어나기 위해서는 어떻게 해야 할까?

지금까지 스마트폰이 가지고 있는 위험을 중독이라는 점에 초점을 맞추어 살펴보았다. 그러나 사실 스마트폰이 나쁘기만 한 것은 아니다. 스마트폰은 실시간으로 다양한 정보를 주고받을 수 있게 해 주는 편리하고 유용한 도구이다. 따라서 어떻게 하면 스마트폰의 부정적 기능을 최소화하면서, 긍정적 기능을 확대하고 강화할 것인가가 중요하다. 우리 청소년들이 어떻게 해야 스마트폰 중독의 위험에서 벗어날 수 있을까?

첫째, 일상생활 중에 무의식적으로 스마트폰을 자주 사용한다면, 현재의 상태가 심각한지 아닌지를 확인하기 위해서라도 전문적인 진단을 받아 보는 것이 좋다. 중독자들은 대체로 자신이 중독되었다는 사실을 인정하지 않으며, 혹시 인정하더라도 치료받기를 꺼리는 경향이 있다. 그러나 이러한 상태가 오래가면 치료가 매우 어려워질 수 있다는 것을 명심해야 한다.

일단 '스마트 쉼 센터' 누리집(www.iapc.or.kr)을 방문하여 스마트폰 중독 자가 진단을 해 본 후, 전화 상담을 받을 것을 권한다. 만약 집 근처에 '건강 가정 상담 센터'나 '청소년 상담 센터'와 같은 상담 기관이 있다면 이를 방문하는 것도 좋다.

둘째, 스마트폰 사용 행동을 스스로 기록해 보기를 권한다. 예를 들어 스마트폰을 하루에 몇 시간 사용하는지, 어떤 응용 프로그램을 많이 사용하는지 등을 스스로 기록해 보는 것이다. 그리고 이때 불필요한 응용 프로그램이 있다면 삭제하는 것도 좋다. 책상 서랍이 물건으로 복잡하게 가득 차 있으면 서랍 활용이 어려워지는 것처럼, 응용 프로그램이 많으면 스마트폰을 효율적으로 활용하는 데에 방해가 된다. 가능하면 필수적인 응용 프로그램도 몇 개로 한정하여 사용하는 것이 바람직하다.

셋째, 스스로 스마트폰 금지 시간과 공간을 정하고 그것을 준수하려는 생활 태도를 갖추어야 한다. 특히 수업 시간, 자습 시간, 식사 시간, 가족과의 대화 시간, 잠자리에 들기 전후에는 스마트폰을 사용하지 않는 것이 좋다. 또한, 차량이 많은 곳, 건널목, 계단 등과 같이 위험 요소가 있는 공간에서는 스마트폰을 사용하지 않도록 스스로 약속하는 것이 좋다.

넷째, 가능하다면 스마트폰을 이용하지 않고 일하는 것이 좋다. 물론 학교 과제를 하거나 공부를 할 때, 정보를 수집하고 편집할 때에는 디지털 기술만큼 유용한 것도 없다. 그러나 손 닿을 거리에 있는 친구들과의 대화를 굳이 스마트폰으로 할 필요는 없다.

요즈음 청소년들은 누리소통망(SNS)을 통해 친구를 사귀거나 일을 하는 경우가 많은데, 그 유용성을 활용하지 말라는 것이 아니다. 일상의 모든 일을 스마트폰에 의존하여 처리하려고 하지 말라는 뜻이다. 스마트폰 없이 직접 만나서 할 수 있는 취미나 여가 활동을 만들어 둔다면, 스마트폰 중독에서 효과적으로 벗어날 수 있으며 동시에 심신 건강까지 챙길 수 있다.

청소년들에게 스마트폰은 일종의 요술 방망이이다. 스마트폰을 적절하게 사용하지 못하면 신체적·정신적 건강을 잃고 원만한 인간관계를 유지할 수도 없게 되지만, 스마트폰을 현명하게 잘 사용한다면 원하는 정보를 쉽고 빠르게 얻는 등 우리 삶의 질이 향상될 수 있을 것이다.

– 한국 청소년 단체 협의회, 『오늘의 청소년』 –

☑ 핵심정리

갈래 : 논설문
주제 : 스마트폰 중독 현상과 위험성
특징 : · 인용이나 구체적 수치를 제시하여 주장에 대한 근거를 뒷받침함
· 스마트폰 중독의 위험성을 나열하고 그 근거를 구체적으로 제시함

(3) 옷 한 벌로 세상 보기

이민정

어제 입었던 옷이 오늘 입은 옷에 밀려나고, 오늘 입은 옷은 다시 내일 입을 옷에 밀려난다. 우리가 유행이라고 부르는 이와 같은 연속된 과정은 지금도 끊임없이 이어지고 있다. 요즘은 유행의 속도가 점점 더 빨라져 거의 매일 새로운 옷이 쏟아져 나오고, 온갖 광고는 소비자에게 새로운 유행을 따르라고 유혹한다. 하지만 새 옷을 입는 즐거움도 잠시, 유행은 어느새 바뀌고 몇 번 입지도 않은 옷은 더 이상 입지 못할 옷이 되어 버려진다. 미국에서 발간한 한 잡지의 보도에 따르면, 2010년대에 들어 미국인이 구입한 옷은 1980년대와 비교했을 때 다섯 배나 더 많다고 한다. 우리나라도 이와 다르지 않게 옷 구매 횟수와 구매량이 빠르게 증가하였다. 소비자가 이렇게 많은 옷을 쉽게 소비할 수 있게 된 이유는 무엇일까?

옷 소비가 증가하는 현상의 원인은 여러 가지가 있지만, 가장 주요한 원인은 의류 업체 간의 치열한 가격 경쟁으로 점점 내려가는 옷 가격이다. A 기업이 청바지 한 벌을 5만 원에 시장에 내놓았는데, B 기업이 같은 품질의 청바지를 4만 5천 원에 판다면 소비자는 A 기업보다는 B 기업의 청바지를 살 것이다. 의류 업체 입장에서는 '어떻게 가격을 낮출 것인가?' 에 사업의 성패가 달려 있다고 할 수 있다. 그런데 여기에서 주목해야 할 점은 의류 산업이 대표적인 노동 집약 산업이라는 것이다. 의류 산업은 제품을 만드는 데 노동력이 많이 필요하므로 전체 생산 비용에서 노동 비용이 차지하는 비중이 높다. 따라서 제품 가격을 낮추려면 노동 비용을 줄이는 것이 가장 효과적이다. 많은 의류 업체가 캄보디아, 방글라데시 등 임금이 낮은 나라에서 제품을 생산하는 이유가 여기에 있다. 우리가 입은 옷의 원산지 표시를 살펴보면 많은 옷이 이들 나라에서 생산되었다는 것을 쉽게 확인할 수 있다.

가격이 싼데도 최신 유행에 뒤처지지 않는 옷을 우리가 살 수 있는 또 다른 이유는 의류 업체 간의 속도 경쟁 때문이다. 얼마 전까지만 해도 새로운 유행을 반영한 옷을 만들어 가게에 전시하기까지는 6개월가량 걸리는 것이 일반적이었다. 그런데 최신 유행을 반영한 제품을 시장에 빨리 내놓을수록 경쟁에서 유리하다는 것을 알게 된 몇몇 의류 업체는 그 기간을 줄일 방안을 모색하였다. 그리하여 제품을 만드는 과정에서 중요도가 낮은 부분을 축소하거나 없애 제작 기간을 줄이고, 가능한 온갖 운송 방법을 사용하여 운송 시간도 단축하였다. 그 결과, 현재는 단 2주 만에 제품을 생산해서 매장에 선보이는 의류 업체까지 등장하였다.

신상품을 최대한 빨리 만들어서 싼 가격으로 파는 것은 이제 하나의 사업 전략으로 자리 잡았고, 이 전략을 선택한 많은 의류 업체가 승승장구하고 있다. 이런 놀랄 만한 성장의 원동력은 무엇보다도 소비자의 열렬한 호응이다. 최신 유행을 반영한 옷을 싼 가격에 살 수 있게 된 소비자는 이러한 옷을 마다할 이유가 없고, 더 많은 제품을 판매하여 이익을 얻게 된 의류 업체도 함박웃음을 짓는다. 그런데 좀 더 깊이 살펴보면 이러한 변화가 과연 반가워만 할 일인가라는 의문이 든다.

우선 디자인이 도용되는 사태가 발생하고 있다. 일부 의류 업체는 옷을 빠르게 생산하는 것에만 초점을 맞추고, 옷을 디자인하는 데에는 충분한 시간을 투자하지 않는다. 하지만 새로운 옷은 계속 제작해야 하니 결국 이런 업체는 남의 디자인을 도용하여 불법 복제품을 만든다. 실제로 세계적인 규모의 한 의류 업체는 디자인 도용 혐의로 50번 넘게 고발당했고, 이 때문에 언론으로부터 수차례 비판을 받았지만 이를 개선하려는 의지를 보이지 않고 있다. 디자인 도용으로 얻을 수 있는 이익이 처벌로 입게 될 손해보다 더 크기 때문이다.

디자인 도용에 대응하기 위해 원작 디자이너는 지적 재산권 소송을 하기도 한다. 하지만 디자인과 관련된 지적 재산권 소송의 경우, 창조와 모방의 경계가 모호한 경우가 많아서 소송 과정이 길고 복잡하다. 게다가 소송에 드는 비용 또한 만만치가 않아서 어쩔 수 없이 소송 자체를 포기하는 디자이너도 많다. 상황이 이렇다 보니 원작 디자이너의 지적 재산권을 침해하는 불법 복제품은 쉽사리 사라지지 않고 있다. 이렇게 디자인 도용이 계속되는 현실 속에서는 디자이너가 창의성을 발휘하기 어려울 수밖에 없다.

다음으로 환경이 오염되고 있다. 그린피스(Green Peace)의 2016년도 보도 자료에 따르면 한 해에 생산되는 의류의 양은 약 800억 점이다. 전 세계 인구가 75억 명 남짓이니 한 사람당 10점 이상 가질 수 있는 엄청난 양이다. 그러나 그중 4분의 3, 즉 600억 점의 의류는 결국 소각되거나 매립된다. 옷의 원재료인 직물은 한 해에 약 40만 제곱킬로미터가 생산되는데, 이는 우리나라 국토를 약 네 번 덮을 수 있는 넓이이다. 그중 생산 과정에서 버려지는 직물의 양은 약 6만 제곱킬로미터로, 제주도를 약 서른두 번 덮을 수 있는 넓이이다. 버려지는 옷과 직물 중 65퍼센트는 합성 섬유로 만들어진 것이기에 매립해도 좀처럼 썩지 않고, 태우면 유해 물질을 내뿜어 환경 오염을 가속화한다.

자원의 생산 과정에서도 환경이 오염된다. 대표적인 천연 섬유 재료인 면화는 전 세계 경작지의 약 2.5퍼센트에 해당하는 토지에서 생산되고 있는데, 여기에 사용되는 살충제의 양이 전 세계 살충제 사용량의 약 16퍼센트에 달한다. 작물로서는 단위 면적당 살충제 사용량이 최고인 셈이다. 맹독성 살충제는 토양에 스며들어 지하수를 타고 강으로 흘러들어가 동식물을 병들게 한다. 더 많이 생산하고 더 많이 버리는 과정에서 자연이 고통받는 것이다.

자연 못지않게 사람도 고통받고 있다. 많은 의류 업체가 제품 제작에 드는 비용을 줄이려 시간당 임금이 낮은 개발 도상국의 공장에서 제품을 만든다. 현재 세계에서 두 번째로 많은 옷을 만들고 수출하는 나라는 방글라데시로, 약 400만 명의 노동자가 의류 공장에서 일하고 있다. 일부 의류 업체는 옷을 더 빨리, 더 많이 판매하기 위해 이들 공장에 납품 기한을 최소한으로 준다. 납품 기한을 지키기 위해 노동자는 늦은 시간까지 노동을 강요당하고 쉬는 시간도 빼앗기는 등 부당한 대우를 받고 있다. 이런 환경에서 노동자가 일하고 받는 임금은 2014년 기준으로 한 달에 약 7만 원 남짓에 불과하다.

소비자가 부담 없이 살 수 있는 싼 옷을 만들기 위해 개발 도상국의 노동자는 악조건 속에서 일하고 있다. 더욱 안타까운 것은 이런 현실을 개선하기가 쉽지 않을 것이라는 점이다. 싼 가격으로 경쟁하는 옷, 더 빠르게 유행을 따라가는 옷을 만들어야만 살아남을 수 있는 시장에서, 기업이 노동자의 임금을 인상하거나 근로 환경을 개선하는 데 적극적으로 투자하지는 않을 것이기 때문이다.

의류 업체는 이윤을 내는 데 열중하고, 소비자는 유행을 좇아 옷을 구매하다 보니 기업 윤리나 소비 윤리는 지켜지지 않고 있다. 이러한 상황을 변화시키기 위해 우리는 어떻게 해야 할까? 다른 무엇보다도 옷을 불필요하게 소비하지 않아야 한다. 필요 이상으로 옷을 여러 벌 산 적은 없는지, 일회용품처럼 옷을 쉽게 사고 쉽게 버린 적은 없는지 우리의 소비 생활을 돌아볼 필요가 있다. 옷을 일회용품이 아니라 필수품이라고 인식해야 과도하게 옷을 소비하지 않을 수 있다.

또한 내가 입는 옷을 누가, 어떤 과정을 거쳐 만들었는지에 관심을 기울여야 한다. 옷을 만드는 과정에서 지적 재산권 침해, 환경 오염, 기업의 노동력 착취와 같은 일이 발생했는지 안다면 우리가 어떤 옷을 입을지 선택할 때에 도움이 될 것이다. 옷의 정보를 알기 어렵다면 소비자는 해당 기업에 관련 정보를 공개하라고 요구할 수 있다. 소비자는 자신이 사용하는 제품의 상세한 정보를 알 권리가 있기 때문이다.

옷의 정보를 확인한 후에는 이를 고려하여 옷을 소비해야 한다. 바로 여기에 어려운 점이 있다. 공정한 과정을 거쳐 옷을 생산한 경우에는 그렇게 하지 않은 경우에 비해 더 많은 비용이 들고, 당연히 그 비용은 옷 가격에 반영된다. 옷이 더 비싸지는 것이다. 하지만 옷에 싼 가격을 매기기 위해 불공정한 방법을 사용하였다면 그 가격 역시 불공정하다는 것을 알아야 한다.

일일이 옷의 정보를 확인하고, 생산 과정이 공정했는지를 따져 보는 것은 번거로운 일일지도 모른다. 하지만 어떤 과정으로 만들어진 옷을 입을 것인지 결정하는 우리의 작은 선택은 전 세계 의류 산업과 이에 종사하는 사람들, 나아가 지구 환경에도 영향을 미칠 수 있다. 따라서 이제는 이를 깨닫고, 공존과 상생의 가치를 바탕으로 한 옷 입기를 실천해야 할 때이다.

핵심정리

갈래 : 논설문

성격 : 논리적, 분석적, 현실 비판적

주제 : 공존과 상생의 가치를 바탕으로 한 옷 입기의 필요성

특징 :
- 사회 현상의 원인을 다양한 측면에서 분석하고 설명함
- 구체적인 사례와 객관적인 자료를 제시해 주장의 신뢰성을 높임
- 일상 속의 현상에서 사회적인 문제점을 도출하여 독자의 관심과 참여를 유도함

(4) 시각 상과 촉각 상

- 보이는 것을 그릴 것이냐, 아는 것을 그릴 것이냐 -

이주헌

대상의 측면 이미지를 표현한 것을 프로필이라고 부른다. 한 사람의 성품이나 약력에 대한 단평을 프로필이라고 부르는 데에서 알 수 있듯 미술에서 프로필은 사람의 정면이 아니라 측면을 묘사함으로써 인물의 핵심적인 특징을 뽑아낸 그림을 가리킨다. 서양에서는 중세 말에서 르네상스 무렵 이런 프로필 초상화가 많이 그려졌다. 재미있는 사실은 우리나라를 비롯한 동양에서는 프로필 초상화가 거의 발달하지 않았다는 것이다. 동양, 특히 중국에서는 오히려 정면 상이 대상의 인품과 특징을 압축적으로 전해 주는 대표적인 초상 갈래였다. 서양에서도 정면 상이 그려지지 않은 것은 아니지만, 빈도로 보면 중국보다 한참 떨어진다. 왜 이런 차이가 발생한 것일까?

동물들의 이미지를 떠올려 보자. 동물들을 그릴 때 앞면과 옆면, 윗면 가운데 어느 면이 제일 먼저 떠오르는가? 먼저 말을 그려 보자. 말은 일반적으로 옆에서 본 이미지가 가장 먼저 떠오른다. 물고기는 어떤가? 그것도 옆에서 본 이미지이다. 도마뱀을 그려 본다면? 위에서 본 이미지가 제일 먼저 떠오를 것이다. 이렇듯 동물을 떠올리다 보면 제일 먼저 떠오르는 면이 하나씩 있다. 우리의 머릿속에 각인된 전형으로서의 면이다.

사람은 어떤가? 사람은 다른 동물과 달리 두 개의 경쟁적인 이미지 면을 동시에 갖고 있다. 고대 이집트의 벽화가 이를 잘 보여 준다. 대영 박물관이 소장한 「늪지로 사냥을 나간 네바문」은 얼굴과 다리는 측면에서 본 모습을, 가슴과 눈은 정면에서 본 모습을 그린 것이다. 해부학적으로 불가능한 구성 혹은 자세지만, 이 그림뿐 아니라 고대 이집트 벽화 대부분이 이런 식으로 그려졌다. 이 혼합 형식으로부터 우리는 인간이 부위에 따라 앞면이 먼저 떠오르기도 하고, 옆면이 먼저 떠오르기도 하는 존재라는 사실을 확인할 수 있다. 우리가 네 발로 지상을 돌아다닐 때는 아마도 옆면이 우리의 대표적인 이미지 면이었겠지만, 진화해 두 발로 걸어 다니면서 가슴과 배가 드러나 옆면과 앞면이 동시에 대표적인 이미지 면이 된 것이다. 그러므로 우리에게는 전형의 면이 두 개 있다.

정면 상이나 측면 상은 이 가운데 어느 하나를 선택해 그린 것이다. 서양에서 프로필이 많이 그려진 것은 백인과 흑인의 경우 해부학적 구조상 옆에서 볼 때 얼굴 특징이 또렷이 살아난다는 점, 그리고 형태의 포치(布置)에 유리해 정면 상보다 얼굴의 정확한 재현이 쉽다는 점, 고대 로마에서 주화에 황제의 얼굴을 새길 때 항상 측면 상을 새긴 전통이 있었다는 점 등이 작용한 탓이라고 볼 수 있다.

이렇듯 인간이 두 개의 경쟁적인 이미지 면을 동시에 가진 까닭에 정면 상과 프로필 외에 동서양 모두 이 둘을 한꺼번에 나타내는 부분 측면 상을 발달시켰다. 그런데 흥미로운 것은 앞에서 보았듯 고대 이집트 벽화의 경우 그런 자연스러운 방식이 아니라 정면과 측면을 신체 부위에 따라 편의적으로 봉합하는 방식으로 인간의 두 이미지 면을 동시에 나타냈다는 점이다.

그 이유는 무엇일까? 일단 대부분의 벽화가 무덤 벽화라는 사실을 기억할 필요가 있다. 무덤 속의 주인공은 내세에서도 이승에서와 마찬가지로 사냥하고 잔치를 벌이며 살 것이다. 그런데 주인공이 자연스러운 부분 측면 상으로 그려지면 그 원근 표현에 따라 사지 중 일부가 작게 그려지거나 아예 안 보일 수 있다. 멀리 있거나 다른 것에 겹쳐져 있어 그렇게 보일 수도 있지만, 그 부분이 실제로 작거나 없어서 그렇게 보일 수도 있다. 이집트인들이 보기에 그런 염려를 준다는 것 자체가 문제였다. 자칫하면 사자(死者)는 작은 팔을 가지고, 혹은 사지 가운데 하나 없이 내세를 살아야 할 것이다. 얼마나 불편하겠는가?

고대 이집트인들에게 인체의 일부를 작게 그려 넣는 것은 이처럼 원근에 따른 불가피한 시각적 표현이 아니라 실제의 크기를 줄여 버리는 것으로 느껴졌다. 그것은 불균형이요, 파괴였다. 그들의 그림은 기본적으로 시각 상이 아니라 촉각 상에 토대를 둔 것이었기 때문이다.

촉각 상이란 촉각적 경험이 가져다주는 이미지이다. 이를테면 동일한 종류의 사물이 앞뒤로 떨어져 있어서 한 지점에서 볼 때 크기가 달라 보여도 만져 보면 같듯, 사물의 객관적 형태나 모양에 대한 인식을 상으로 나타낸 것이다. 시각 상이란 시각적 경험이 가져다주는 이미지이다. 같은 사물도 보는 위치에 따라 더 크거나 작아 보이듯, 주체가 본 그대로 상을 나타낸 것이다. 그런 까닭에 시각적으로 어떻게 보이느냐보다 실제 그 형태나 모양이 어떤가에 더 관심을 둔 이집트 벽화는 시각 상보다 촉각 상을 더 중시한 그림이라고 할 수 있다.

원근법적 표현에 익숙한 오늘의 시각에서 보자면 이처럼 시각 상보다 촉각 상에 더 치중하여 그린 이집트인들의 표현이 어색하게 느껴질 수 있다. 하지만 일반적으로 사람들은 이미지를 표현할 때 촉각 상에 기초한 형태 이해를 강하게 드러낸다. 원근법적으로 표현하는 훈련을 따로 받지 않았다면 말이다.

일례로 우리나라 민화의 책거리 그림을 보면 책장이나 탁자의 앞부분과 뒷부분의 길이가 같은 경우가 많다. 건물을 그린 그림도 마찬가지이다. 보이는 대로 그린다면 뒷부분의 길이가 짧게 그려져야 한다. 하지만 그렇게 그리지 않은 경우가 더 많았다. 이런 사례는 사람이 사는 곳이면 어디든 쉽게 볼 수 있는 현상이다. 그러나 고대 그리스와 르네상스 시대의 유럽에서 철저히 시각적 경험에만 의존하여 대상을 묘사하는 특수한 현상이 나타났다. 그리고 이런 시각적 사실성이 서양 미술의 고유한 표현 특성이 되었다.

이로부터 우리는 보이는 것을 재현하는 것 이전에 아는 것을 전달하는 데에 미술의 일차적인 기능이 있음을 알 수 있다. 말이나 글처럼 말이다. 이는 왜 완벽한 시각적 사실성을 표현하는 것이 오직 유럽에서, 그것도 특정한 시기에만 발달했으며, 나아가 현대에 들어서는 추상화 등이 나타나 그 전통마저 무너져 내렸는가에 대한 답이 된다.

미술의 보다 보편적인 기능은 시각적 사실의 재현이 아니라 세계에 대한 앎과 이해, 느낌을 전달하는 데 있다. 이를 시각적 사실성에 의지해 표현하는 것은 그 전달을 위한 수많은 방법 중 하나에 불과한 것이다.

고대 이집트 벽화로 다시 눈길을 돌려 보자. 사람을 그린 것임에도 정면과 측면의 봉합이 아니라 정면이나 측면 어느 한쪽에서 본, 보다 사실적인 묘사를 한 그림들이 있다. 농부나 무희를 그린 그림들이다. 이처럼 신분이 낮은 존재를 그릴 때는 시각 상에 가깝게 그리고, 파라오나 귀족처럼 신분이 높은 존재를 그릴 때는 촉각 상에 가깝게 그리는 형식으로부터 우리는 이 벽화에 '세계의 질서'에 대한 이집트인들의 고유 인식이 담겨 있음을 확인할 수 있다.

곧 보이는 대로 그려진다는 것은 찰나의 대상이 된다는 것이요, 그것은 필멸의 운명을 드러내는 것이다. 하지만 아는 대로 그려진다는 것은 영원한 질서의 대변자가 되는 것이요, 영생을 약속받는 것이다. 촉각 상은 시각 상에 비해 이런 '진리의 전달'에 보다 유리한 이미지다.

흔히 미술을 공간 예술이라고 하지만, 이렇듯 미술은 단순히 공간을 시각적 감각에 의지해 파악하고 표현하는 예술이 아니라, 공간과 세계에 대한 총체적 이해를 토대로 그 속에서 벌어지는 갖가지 사건들에 대한 우리의 인식과 사유를 다양한 조형 형식에 의존해 표현하는 예술이라 할 수 있다.

– 이주헌, 『지식의 미술관』 –

☑ 핵심정리

갈래 : 설명문
성격 : 해설적, 예시적
주제 : 인간의 인식과 사유를 표현하는 예술로서의 미술
특징 : 시각 상과 촉각 상을 대조하여 설명함

(5) 고릴라를 못 본 이유

이은희

사람은 오감(五感), 즉 시각, 청각, 후각, 미각, 촉각을 통해 세상을 인식한다. 이 다섯 가지의 감각 중 가장 많은 역할을 하는 것은 시각으로, 사람이 습득하는 정보의 80퍼센트는 오로지 시각에 의존한 정보들이다. 대부분의 정보를 시각으로 받아들이면서 우리는 자연스럽게 시각의 능력을 높이 신뢰하게 된다. 그런데 과연 눈으로 보는 정보들은 다 믿을 수 있는 것일까? 우리 눈에 보이는 것은 정말 '눈에 보이는 대로' 만 존재하는 것일까?

1999년 신경 과학 분야의 국제 학술지인 『퍼셉션』에 「우리 가운데에 있는 고릴라」라는 제목으로 실린 논문이 있다. 당시 하버드 대학교 심리학과의 대니얼 사이먼스와 크리스토퍼 차브리스는 사람들을 대상으로 흥미로운 실험을 하였다. 그들은 흰옷과 검은 옷을 입은 학생 여러 명을 두 조로 나누어 같은 조끼리만 이리저리 농구공을 주고받게 하고 그 장면을 동영상으로 찍었다. 그리고 이를 사람들에게 보여 주고 이렇게 주문하였다. "검은 옷을 입은 조는 무시하고 흰옷을 입은 조의 패스 횟수만 세어 주세요."라고. 동영상은 1분 남짓이었으므로 대부분의 사람들은 어렵지 않게 흰옷을 입은 조의 패스 횟수를 맞히는 데 성공하였다. 그리고 그들 중 절반은 왜 이런 간단한 실험을 하는지 목적을 파악하지 못해 고개를 갸웃거렸다.

사실 실험의 목적은 따로 있었다. 실험 참가자들에게 보여 준 동영상 중간에는 고릴라 의상을 입은 한 학생이 걸어 나와 가슴을 치고 퇴장하는 장면이 무려 9초에 걸쳐 등장한다. 재미있는 사실은 동영상을 본 사람들 중 절반은 자신이 고릴라를 보았다는 사실을 전혀 인지하지 못했다는 것이다. 나머지 절반은 고릴라를 알아보고 황당하다는 반응을 보였다. 심지어 고릴라를 인지하지 못한 이들에게 고릴라의 등장 사실을 알려 주고 동영상을 다시 보여 주자, 분명 먼젓번 동영상에서는 고릴라가 등장하지 않았다고 말하는 사람도 있었다. 그러면서 실험자가 자신을 놀리려고 다른 동영상을 보여 준 것이 아니냐는 의심을 하기도 하였다. 도대체 왜 이들은 고릴라를 보지 못한 것일까?

대니얼 사이먼스와 크리스토퍼 차브리스는 이를 '무주의 맹시' 라고 칭했다. 이는 시각이 손상

되어 물체를 보지 못하는 것과는 달리, 물체를 보면서도 인지하지 못하는 경우를 말한다. 두 눈을 멀쩡히 뜨고 있는데 보지 못한다고? 정말 황당한 소리이다. 하지만 우리는 늘 이런 경험을 한다. 실연한 뒤에는 유난히 행복한 연인들의 모습이 눈에 자주 띄고, 오랜만에 만난 아버지의 늙은 모습에 마음이 짠했던 날에는 유독 나이 든 어른들의 모습이 눈에 들어온다. 그런 장면들은 어찌나 그렇게 내 마음이 요동칠 때에 잘 맞춰 나타나는지. 하지만 당연하게도 세상이 내 맘에 맞게 움직여 줄 리는 없다.

고릴라는 어디에나, 언제나 존재한다. 다만 내가 이를 인지하지 못했을 뿐이다. 그들은 갑자기 새롭게 나타난 것이 아니라 평소에도 늘 존재하였다. 하지만 평소에는 주의 깊게 보지 않아서 인식하지 못했던 것을 비로소 오늘에서야 뇌가 인지한 것이다.

그렇다면 우리는 어떤 경로로 세상을 보는 것일까? 우리의 신체는 눈만이 빛을 인식하고 받아들일 수 있게 진화해 왔다. 그래서 눈이 손상되거나 다른 이유로 기능을 잃게 되면, 우리는 그 즉시 빛 한 점 없는 어둠 속에 갇히게 된다. 하지만 눈 자체가 세상을 인식하는 것은 아니다. 눈동자를 지나 눈알 안쪽으로 파고든 빛은 망막의 시각 세포에 의해 전기적 신호로 변환된다. 그리고 이 신호가 시신경을 통해 눈의 반대편, 즉 뒤통수 쪽에 위치한 뇌의 시각 피질로 들어가야만 우리가 비로소 세상을 '본다'(고 느낀다).

시각 피질은 단일한 부위가 아니라 현재 밝혀진 것만 약 30개의 영역으로 구성된 복합적인 영역이다. 시각 정보를 가장 먼저 받아들이고 물체의 기본적인 이미지인 선과 경계, 모서리를 구분하는 V1, V2 영역을 비롯하여 형태를 구성하는 V3, 색을 담당하는 V4, 운동을 감지하는 V5, 그리고 이 밖의 다른 영역이 조합되어 종합적으로 사물을 인지한다.

이들은 각각 따로따로 의미 있는 존재가 아니다. 여러 개의 악기가 모여 각자가 정확한 순간에 정확한 음을 연주해야 제대로 된 음악을 전할 수 있는 오케스트라처럼, 모든 영역이 각자의 역할에 맞게 일시에 조율되어야 세상을 바라볼 수 있다. 같은 피아니스트가 같은 곡을 동일하게 연주해도 피아노 건반이 몇 개 사라지거나 음이 제대로 조율되지 않으면 결과물이 달라지는 것처럼, 우리의 눈이 같은 것을 보더라도 시각 피질의 각 영역이 제대로 조율되지 않으면 세상을 같게 볼 수 없다.

예를 들어 시각 피질의 V4 영역이 제 기능을 하지 못하면 색맹이 아니었던 사람도 세상이 흑백으로 보이며, V5 영역이 손상되면 질주하는 자동차를 보아도 그것이 느리게 움직이는 것처럼 보인다.

뇌의 많은 영역이 오로지 시각이라는 감각 하나에 배정되어 있음에도, 세상은 워낙 변화무쌍하기 때문에 눈으로 받아들이는 모든 정보를 뇌가 빠짐없이 처리하기는 어렵다. 그래서 뇌가 선택한 전략은 선택과 집중, 적당한 무시와 엄청난 융통성이다. 우리는 쥐의 꼬리만 봐도 벽 뒤에 숨은 쥐 전체의 모습을 그릴 수 있으며, 빨간색과 파란색의 스펙트럼만 봐도 그 색이 주는 이미지와 의미까지 읽어 낼 수 있다. 하지만 이것은 때와 장소, 현재의 관심 대상과 그 수준에 따라 달라진다. 앞에서 보았듯이 우리는 하나에 집중하면 다른 것은 눈에 뻔히 보여도 인식하지 못하고 지나칠 수 있다. 즉, 우리는 정말로 보고 싶은 것만 보고 보기 싫은 것에는 눈을 질끈 감는 것이다.

감각 기관으로 들어오는 정보를 고스란히 받아들이지 않고 제 입맛에 맞는 부분만 편식하는 것은 뇌의 보편적인 특성으로, 다른 감각도 마찬가지이다. 그러니까 엄마의 잔소리를 흘려듣는 십 대 아이의 귀에 달린 엄청난 여과 능력은 일부러 그러는 것이 아니라, 무의식적으로 일어나는 자연스러운 결과일 수 있다. 따라서 눈앞에서 딴전을 피우는 아이의 귀에, 아니 뇌에 소리를 흘려 넣고 싶다면, 일단은 달콤한 말로 시작해서 집중시키는 것이 그나마 효과적이다. 눈앞에 뻔히 보이는 고릴라를 보지 못했던 사람들은 눈이 잘못되거나 얼빠진 것이 아니라, 집중하지 않은 시각적 정보는 은근슬쩍 뭉개 버리는 지극히 자연스러운 뇌를 가지고 있기 때문이다.

우리의 뇌는 이런 식으로 세상을 본다. 있어도 보지 못하거나 잘못 보는 경우도 많다. 그러므로 우리가 모든 것을 다 볼 수 없다는 사실을 제대로만 인정한다면, 서로 시각이 다른 현실에서 내 눈으로 본 것만이 옳다며 핏대를 세우거나 서로를 헐뜯는 일은 줄어들 것이다.

☑ 핵심정리

갈래 : 설명문
성격 : 사실적, 과학적
주제 : 주의 집중한 시각적 정보만 받아들이는 뇌의 특성
특징 : · 핵심 개념과 관련된 실험을 소개하여 독자의 이해를 도움
· 적절한 예와 비유를 활용하여 어려운 과학적 개념을 쉽게 풀이함

(6) 바닷속 미세 플라스틱의 위협

김정수

수십 년 흘러든 플라스틱 미세 입자, 수산물 내장에서 잇따라 검출
한국 해역 오염 세계 최고 수준, 먹이 그물 거쳐 인체 도달 가능성도

미세 플라스틱은 맨눈으로는 잘 보이지 않는 5밀리미터 이하의 작은 플라스틱 조각으로, 현재 전 세계 대부분의 바다에서 발견되고 있다. 바다에는 해저 지각에서 녹아 나온 물질과 육지에서 바람에 날리거나 강물을 타고 흘러든 온갖 물질이 섞여 있는데, 인류는 지난 수십 년 사이에 미세 플라스틱이라는 새로운 물질을 바다에 대량으로 섞어 넣었다.

미세 플라스틱이 사람들의 눈길을 끌기 시작한 것은 오래되지 않았다. 불과 십몇 년 전까지만 해도 사람들은 버려진 그물에 걸리거나 떠다니는 비닐봉지를 먹이로 잘못 알고 삼켰다가 죽은 해양 생물의 불행에만 주로 관심이 있었다. 그러다 2004년 세계적인 권위를 지닌 과학 잡지 『사이언스(Science)』에 영국 플리머스 대학의 리처드 톰슨 교수가 바닷속 미세 플라스틱이 1960년대 이후 계속 증가해 왔다는 내용의 논문을 발표했다. 그 후로 미세 플라스틱이 해양 생태계에 끼치는 영향을 규명하려는 후속 연구들이 이어졌다.

최근에는 각질 제거나 세정, 연마 등의 기능을 위해 1밀리미터 정도의 작은 미세 플라스틱을 넣은 화장품이나 치약 같은 생활용품이 미세 플라스틱 문제의 원인으로 주목받고 있다. 이런 제품 가운데는 지름 500마이크로미터 이하의 플라스틱 알갱이들이 수십만 개까지 들어 있는 것도 있다. 이처럼 생산 당시 의도적으로 작게 만든 플라스틱을 '1차 미세 플라스틱'이라고 하는데, 이 알갱이들은 하수 처리장에서 걸러지지 않은 채 바다로 흘러든다.

미세 플라스틱은 바다에 떠다니는 다양한 플라스틱계 쓰레기가 파도나 자외선 때문에 부서져 만들어지기도 한다. 못 쓰게 된 어구, 페트병, 일회용 숟가락, 비닐봉지, 담배꽁초 필터, 합성 섬유 등 각종 플라스틱이 함유된 생활용품이 부서져 만들어진 미세 플라스틱을 '2차 미세 플라스틱' 이라고 한다. 아직까지는 1차 미세 플라스틱에 비해 2차 미세 플라스틱의 비중이 더 높다는 게 전문가들의 설명이다.

해양 생물들이 플라스틱 조각을 먹이로 알고 먹으면, 포만감을 주어 영양 섭취를 저해하거나 장기의 좁은 부분에 걸려 문제를 일으킬 수 있다. 또한 플라스틱은 제조 과정에서 첨가된 잔류성 유기 오염 물질을 포함하고 있으며 바다로 흘러들어 간 후에는 물속에 녹아 있는 다른 유해 물질까지 끌어당긴다. 미세 플라스틱을 먹이로 착각하고 먹은 플랑크톤을 작은 물고기가 섭취하고, 작은 물고기를 다시 큰 물고기가 섭취하는 먹이 사슬 과정에서 농축된 미세 플라스틱의 독성 물질은 해양 생물의 생식력을 떨어뜨릴 수 있다.

미세 플라스틱은 인간에게도 위협이 될 수 있다. 한국 해양 과학 기술원의 실험 결과, 양식장 부표로 사용하는 발포 스티렌은 나노(10억분의 1) 크기까지 쪼개지는 것으로 확인되었다. 나노 입자는 생체의 주요 장기는 물론 뇌 속까지 침투할 수 있는 것으로 알려져 있다. 내장을 제거하지 않고 통째로 먹는 작은 물고기나 조개류를 즐기는 이들은 수산물의 체내에서 미처 배출되지 못한 미세 플라스틱을 함께 섭취할 위험이 상대적으로 높아지는 셈이다.

미세 플라스틱이 인간에게 어느 정도 위협이 되는지 현재로서는 과학자들도 분명한 답을 내놓지 못하고 있다. 하지만 미국이나 영국 등의 나라에서는 사람이나 환경에 심각한 피해를 줄 우려가 있으면 인과 관계가 확실히 입증되기 전이라도 필요한 조처를 해야 한다는 '사전 예방의 원칙' 에 따라 이미 여러 환경 단체가 미세 플라스틱을 추방하기 위한 활동을 활발히 하고 있다. 이들은 치약이나 세정용 각질 제거제 등을 생산하는 제조업체들에 미세 플라스틱 알갱이를 호두 껍데기나 코코넛 껍질과 같은 유기 물질로 대체하도록 촉구하고 있다. 또한 소비자들에게는 미세 플라스틱이 함유된 생활용품을 쓰지 않도록 하는 캠페인을 진행 중이다.

국내의 환경 운동 단체들도 발포 스티렌 부표가 부서져서 생기는 2차 미세 플라스틱을 줄이기 위해 부표의 소재를 다른 재료로 바꾸거나 사용을 줄이는 양식법을 개발할 것을 정부에 제안했다. 이는 해양 수산부의 해양 쓰레기 관리 기본 계획에 반영되었고, 해당 기관은 어민들과 함께 발포 스티렌 부표 폐기물 발생을 줄일 수 있는 구체적인 방안을 찾아 적용하는 사업을 펼칠 계획이다.

한국의 남해 연안 바닷물 속의 미세 플라스틱 오염도는 세계 최고 수준이다. 한국 해양 과학 기술원의 유류 · 유해 물질 연구단이 조사한 것을 보면, ○○시 해역 바닷물 1세제곱미터에는 평균 21만 개의 미세 플라스틱 입자가 들어 있다. 이것은 싱가포르 해역 바닷물 속 미세 플라스틱 평균 개수인 2,000개보다 100배 넘게 많은 것이다.

한국 해양 과학 기술원의 심△△ 연구단장은 "미세 플라스틱 연구가 본격적으로 시작된 지 십 년도 안 돼 아직 심각성과 관련하여 말하기는 어렵지만, 우려할 순간이 되면 이미 되돌릴 수 없으므로 우리나라에서도 예방 차원에서 좀 더 관심을 기울일 필요가 있다."라고 강조했다.

–「한겨레」, 2014년 4월 16일 기사 –

☑ 핵심정리

갈래 : 기사문
성격 : 비판적, 성찰적
주제 : 미세 플라스틱의 문제점 및 해결책
특징 : · 미세 플라스틱 생성 과정 및 현황, 문제점을 사실적으로 서술함
· 미세 플라스틱 문제에 대한 관심 및 예방적 차원의 대책을 촉구함

바른 말, 바른 글

01 | 국어 음운과 음운 체계

▧ 음운(音韻) : 말의 뜻을 구별하여 주는 소리의 가장 작은 단위

1) 자음 : 목청을 통과한 공기의 흐름이 막히거나 통로가 좁아져 공기의 흐름이 장애를 받으면서 만들어지는 소리 (19개)

		입술소리	잇몸소리	센입천장 소리	여린입천장 소리	목청소리
조음 방법 \ 조음 위치		두 입술	윗잇몸, 혀끝	센입천장, 혓바닥	여린입천장, 혀 뒤	목청 사이
파열음	예사소리	ㅂ	ㄷ		ㄱ	
	된소리	ㅃ	ㄸ		ㄲ	
	거센소리	ㅍ	ㅌ		ㅋ	
마찰음	예사소리		ㅅ			ㅎ
	된소리		ㅆ			
파찰음	예사소리			ㅈ		
	된소리			ㅉ		
	거센소리			ㅊ		
비음		ㅁ	ㄴ		ㅇ	
유음			ㄹ			

2) 모음 : 공기가 입안에서 장애를 받지 않고 나오는 소리 (21개)

단모음	발음할 때 입술 모양이나 혀의 위치가 바뀌지 않는 모음 ㅏ ㅐ ㅓ ㅔ ㅗ ㅚ ㅜ ㅟ ㅡ ㅣ (10개)
이중 모음	발음할 때 입술 모양이나 혀의 위치가 바뀌는 모음 ㅑ ㅒ ㅕ ㅖ ㅘ ㅙ ㅛ ㅝ ㅞ ㅠ ㅢ (11개)

02 | 음운의 변동

음운의 변동이란

형태소가 단독으로 또는 다른 형태소와 결합되어 나타날 때, 형태소를 이루는 음운의 일부가 다른 음운으로 바뀌는 현상

음운 변동의 유형

- 교체 : 음절의 끝소리 규칙, 된소리되기, 비음화, 유음화, 구개음화
- 탈락 : 자음군 단순화, 'ㅎ'탈락, 'ㄹ'탈락, 'ㅡ'탈락
- 첨가 : 'ㄴ'첨가
- 축약 : 자음 축약, 모음 축약

(1) 교체 : 음운변동의 결과 한 음운이 다른 음운으로 바뀌는 것

1) 음절의 끝소리 규칙

: 음절의 끝에 'ㄱ, ㄴ, ㄷ, ㄹ, ㅁ, ㅂ, ㅇ' 이외의 자음이 오면 이 일곱 자음 중의 하나로 발음됨

예 부엌[부억], 바깥[바깓]

2) 자음 동화

① 비음화 : 비음이 아닌 음운이 비음을 만나 비음 [ㅇ, ㄴ, ㅁ]으로 발음됨

예 국물[궁물], 닫는[단는], 밥물[밤물]

② 유음화 : 비음 'ㄴ'이 유음'ㄹ'의 앞 또는 뒤에서 유음 [ㄹ]로 발음됨

예 산림[살림], 물놀이[물로리]

3) 구개음화

: 앞말의 끝소리가 'ㄷ, ㅌ'인 형태소가 주로 모음 'ㅣ'로 시작하는 형식 형태소와 만나 구개음 [ㅈ, ㅊ]으로 발음됨

예 미닫이[미다지], 같이[가치]

4) 된소리되기

: 안울림 예사소리인 'ㄱ, ㄷ, ㅂ, ㅅ, ㅈ'이 된소리 [ㄲ, ㄸ, ㅃ, ㅆ, ㅉ]으로 발음됨

예 독서[독써], 품고[품꼬], 발전[발쩐]

(2) 탈락 : 음운 변동의 결과 두 음운 중 하나가 없어지는 현상

1) 자음군 단순화

: 음절 끝에 두 개의 자음이 올 때, 이 중에서 한 자음이 탈락하는 현상

예 흙[흑], 삶[삼], 닭[닥]

2) 'ㄹ' 탈락

: 동사나 형용사의 어간 말 자음 'ㄹ'이 몇몇 어미 앞에서 탈락하는 현상

예 둥그니, 노는

3) 'ㅎ' 탈락

: 동사나 형용사의 어간 말 자음 'ㅎ'이 모음으로 시작하는 어미 앞에서 탈락하는 현상

예 좋 + -은 → [조은], 좋 + -으니 → [조으니]

(3) 첨가 : 형태소가 합성될 때 그 사이에 음운이 덧붙는 현상

1) 'ㄴ' 첨가

: 앞 단어나 접두사의 끝이 자음이고, 뒤 단어나 접미사의 첫 음절이 '이,야,여,요,유'인 경우 'ㄴ'을 첨가하여 [니, 냐, 녀, 뇨, 뉴]로 발음하는 현상

예 솜이불[솜니불], 나뭇잎[나문닙]

(4) 축약 : 두 음운이 합쳐져서 하나의 음운으로 줄어 소리나는 현상

1) 자음 축약

: 'ㄱ, ㄷ, ㅂ, ㅈ'이 'ㅎ'과 만나면 'ㅋ, ㅌ, ㅍ, ㅊ' 으로 바뀌어 발음되는 현상

예 놓고[노코], 좋던[조턴], 법학[버팍], 맞히고[마치고], 많다[만타]

2) 모음 축약

: 모음 'ㅣ'나 'ㅗ, ㅜ'가 다른 모음과 만나 이중모음으로 줄어드는 현상

예 뜨이 + 다 → 띄다, 되 + 어 → 돼, 보 + 아 → 봐

※ 그 밖의 음운 변동

① 모음 탈락 : 용언의 활용 과정에서 두 개의 모음이 만났을 때 한 개의 모음이 탈락하여 발음되는 현상

예 쓰-+-어 → [써], 푸-+-어서 → [퍼서]

② 두음 법칙 : 일부 소리가 단어의 첫머리에 발음되는 것을 꺼려 다른 소리로 발음되는 현상

예 여자(女子), 노인(老人), 양심(良心)

03 ㅣ 단어의 형성법

1. 단어

홀로 설 수 있는 말 (조사는 홀로 설 수 없지만 쉽게 분리되므로 단어로 인정함)

2. 어근과 접사

· 어근 : 단어에서 중심부를 이루면서 실질적인 뜻을 나타내는 부분

· 접사 : 어근에 붙어 뜻을 제한하거나 다른 뜻을 덧붙이는 부분 (접두사, 접미사)

3. 단어의 형성법

1) 단일어 : 하나의 형태소(뜻을 가진 가장 작은 말의 단위)로 이루어진 단어

예 산, 아지랑이, 매우, 손, 하늘

2) 복합어 : 둘 이상의 어근이 결합되거나, 어근과 접사가 결합하여 이루어진 단어

① 합성어 : 어근+어근

예 밤나무, 책가방, 솜이불

② 파생어 : 접사+어근, 어근+접사

예 햇과일, 엿보다, 사냥꾼, 지우개

04 | 품사

(1) **품사** : 단어를 공통된 문법적 성질에 따라 나누어 놓은 갈래

(2) **품사 분류표**

기능	이름	형태
체언 문장의 몸체	명사	불변어
	대명사	
	수사	
용언 문장의 풀이말	동사	가변어
	형용사	
수식언 뒤에 오는 단어를 꾸밈	관형사	불변어
	부사	
관계언 문장에 쓰인 단어들의 관계를 나타냄	조사	불변어 (서술격조사 '이다' 제외)
독립언 독립적으로 쓰임	감탄사	불변어

1) 품사의 종류와 특성

① 체언(體言) : 명사, 대명사, 수사

- 문장에서 주로 주어, 목적어, 보어 등으로 쓰인다.
- 형태가 변하지 않는다.
- 조사와 결합하여 쓰이거나 홀로 쓰인다.

㉠ 명사 : 어떤 대상이나 사물의 이름을 나타내는 단어

예 학교, 영희, 행복

㉡ 대명사 : 사람, 사물, 장소의 이름을 대신하여 가리키는 단어

예 저기, 너, 나

㉢ 수사 : 물건의 양이나 순서를 가리키는 단어

예 하나, 둘, 첫째, 둘째

② 용언(用言) : 동사, 형용사

· 문장에서 주로 서술어로 쓰인다.
· 형태가 변하는데 이를 활용(活用)이라고 한다.
· 기본형이 '-다'로 끝나며, 여러 문장 성분으로 활용된다.

㉠ 동사 : 사람이나 사물의 움직임을 나타내는 단어
예 먹다, 자다, 달리다, 뛰다, 노래하다
㉡ 형용사 : 사람이나 사물의 상태나 성질을 나타내는 단어
예 작다, 착하다, 아름답다

③ 수식언(修飾言) : 관형사, 부사

· 문장에서 다른 단어를 꾸며 준다.
· 형태가 변하지 않는다.
· 조사와 결합할 수 없다.

㉠ 관형사 : 문장 속에서 '어떠한(어떤)'의 방식으로 명사, 대명사, 수사를 꾸며 주는 단어 예 새, 헌, 무슨
㉡ 부사 : 문장 속에서 '어떻게'의 방식으로 주로 동사, 형용사를 꾸며 주는 단어
예 꼭, 잘, 매우, 일찍

④ 관계언(關係言) : 조사

· 문장에 쓰인 단어들의 관계를 나타내는 말이다.
· 홀로 독립해서 쓰이지 못하고 앞 말에 붙어서 의존적으로 쓰인다.
· 형태가 고정되어 활용하지 않으며, 단 서술격 조사 '-이다'는 활용한다.

㉠ 조사 : 체언 뒤에 붙어서 다른 말과의 문법적 관계를 나타내 주거나 특별한 뜻을 더해주는 역할을 하는 말
예 은, 는, 이, 가, 을, 를, 만, 도, 까지, 만큼, 이다

⑤ 독립언(獨立言) : 감탄사

· 문장에서 다른 성분에 얽매이지 않고 독립적으로 쓰이는 말이다.
· 형태가 변하지 않는다.
· 조사와 결합할 수 없다.

㉠ 감탄사 : 감정을 넣어 말하는 사람의 놀람, 느낌, 부름이나 대답을 나타내는 단어
예 앗, 네, 어머나!

05 | 단어의 의미 관계

1. 동의 관계

서로 소리는 다르나 의미는 같은 단어들의 관계

예 책방 : 서점, 죽다 : 숨지다 : 사망하다

2. 동음이의 관계

우연히 서로 소리는 같으나 의미는 다른 단어들의 관계

예 배가 고프다, 배를 먹었다, 배를 타고 논다.

3. 유의 관계

소리는 다르나 의미는 서로 비슷한 단어들의 관계

예 밥 : 맘마 : 진지, 꼬리 : 꽁지

4. 반의 관계

서로 반대되는 의미를 가진 한 쌍의 단어들의 관계

예 남자 : 여자 - 성의 대조, 가다 : 오다 - 방향의 대조

5. 하의 관계

서로 의미가 포함되거나 포함하는 두 단어들의 관계

① 상의어 : 다른 단어들을 포함하는 단어

② 하의어 : 다른 단어에 포함되는 단어

예 과일 : 사과, 꽃 : 장미

06 | 문장 성분

1. 문장 성분

문장을 형성하는 데 일정한 구실을 하는 요소

2. 문장 성분의 분류

문장 성분	
주성분 (필수 성분)	주어
	목적어
	보어
	서술어
부속 성분 (수식 성분)	관형어
	부사어
독립 성분	독립어

1) **주성분** : 문장을 이루는 데 꼭 필요한 성분. 주어, 서술어, 목적어, 보어

성분	의미	형태	예
주어	문장의 주체가 되는 성분	'누가', '무엇이'	· 철수가 그림을 그린다. · 연필이 없어졌다.
목적어	서술어의 동작이나 행위의 대상이 되는 성분	'누구를', '무엇을'	· 순희는 공부를 한다. · 미화가 책을 읽었다.
보어	서술어 '되다', '아니다'가 주어 이외에 꼭 필요로 하는 말	'되다', '아니다' 앞에 오는 '누가', '무엇이'	· 영수는 교사가 되었다. · 그는 도둑이 아니다.
서술어	주어의 동작, 작용, 상태 등을 나타내는 성분	'어찌하다', '어떠하다', '무엇이다'	· 개미가 기어간다. · 아버지께서 집에 오셨다.

2) **부속 성분** : 주성분을 꾸며 주는 성분. 관형어, 부사어

성분	의미	형태	예
관형어	· 주로 체언 앞에서 이를 꾸며 주는 역할을 하는 말 · '어떤', '무슨' 등에 해당하는 말 · 문장의 필수 성분이 아니므로 없어도 문장 형성에 지장이 없음	'어떠한', '무엇의'	· 새 옷을 입었다. · 나는 도시의 삭막함이 싫다.
부사어	· 주로 용언을 꾸며 그 의미를 자세하게 설명해 주는 말 · '어떻게', '어디서', '언제' 등에 해당하는 말 · 문장의 필수 성분이 아니므로 없어도 문장 형성에 지장이 없음 · 다른 부사어나 관형어를 꾸며 주기도 하고, 문장 전체를 꾸미기도 함	'어떻게', '어찌'	· 바람이 살랑살랑 분다. · 날씨가 무척 덥다.

3) **독립 성분** : 문장의 다른 성분과 직접적인 관련이 없이 문장 전체에 작용하는 성분

성분	의미	형태	예
독립어	· 문장의 다른 성분과 직접 관련을 맺지 않고 홀로 쓰이는 성분 · 필수 성분이 아니므로 생략해도 완전한 문장이 됨 · 부름, 응답, 감탄, 제시어, 접속 부사 등이 독립어에 속함	감탄, 부름, 응답	· 철수야, 집에 가니? · 어머나, 깜짝이야.

07 | 문장의 종류

1. **홑문장 (주어 + 서술어)** : 주어와 서술어가 한 번 나타나는 문장

 예 그는 노래를 잘 불렀다.
 저는 과일 중에서 포도를 정말 좋아합니다.

2. **겹문장** : 주어와 서술어가 두 번 이상 나타나는 문장

 1) **이어진 문장** : 두 개 이상의 홑문장이 연결 어미로 결합되어 이루어진 문장
 ① 대등하게 이어진 문장 : '-고, -(으)며, -(으)나, -지만' 등에 의하여 의미 관계가 대등한 홑문장이 이어진 문장
 예 영희는 노래를 부르고, 명수는 영화를 본다.
 ② 종속적으로 이어진 문장 : 앞과 뒤 문장의 의미가 독립적이지 못하고 종속적인 관계에 있는 문장
 예 봄이 되면, 꽃이 핀다.

 2) **안은 문장** : '주어 + 서술어'로 이루어진 홑문장을 하나의 문장 성분으로 포함하고 있는 문장.
 ① 안은 문장 : 다른 홑문장을 하나의 문장 성분으로 포함하고 있는 문장
 ② 안긴 문장 : 다른 문장 속에 들어가 하나의 성분처럼 쓰이는 홑문장으로, 절의 형태로 변형되어 쓰임. 크게 **명사절, 관형절, 부사절, 서술절, 인용절**로 나뉨
 예 · 나는 간밤에 비가 왔음을 알았다.
 · 아름답게 핀 진달래가 화사하다.
 · 어둠이 소리 없이 내린다.
 · 토끼는 앞발이 짧다.
 · 그녀는 조용히 무슨 일이냐고 말했다.
 · 그녀는 조용히 "무슨 일이지?"라고 말했다.

08 | 높임 표현

1) 주체 높임법

주체 높임법은 일반적으로 서술어의 어간에 선어말 어미 '-(으)시-'가 붙어 실현되며, 주격 조사 '이/가' 대신 '께서'를 쓰기도 한다. 또한 '계시다', '주무시다' 등의 어휘를 사용하여 주체 높임을 나타내기도 한다.

예 할머니께서 집에 오시다.

2) 객체 높임법

객체 높임법은 조사 '에게' 대신 '께'를 사용하거나 '모시다', '드리다', '여쭈다' 등의 어휘를 사용하기도 한다.

예 그는 어머님을 모시고 고향에 갔다.

3) 상대 높임법

상대 높임법은 주로 '종결 어미'에 의해 실현되는데, 정중하게 격식을 차려 표현하는 격식체와 정감 있고 격식을 덜 차려 표현하는 비격식체로 나눌 수 있다.

격식체	하십시오체	가십니다
	하오체	가(시)오
	하게체	가네
	해라체	간다
비격식체	해요체	가요
	해체	가

4) 잘못된 높임 표현

① 높여야 할 대상을 제대로 높이지 않거나 높이지 말아야 할 대상을 높이는 것

예 철수야, 선생님이 너 교무실로 오시래.

② 사물에 대한 존칭 등 과도한 높임 표현을 사용하는 경우

예 주문하신 커피 나오셨습니다.

09 | 시간 표현

1. 시제

화자가 말하는 시점을 기준으로 어떤 일이 일어나는 시간을 구분하여 나타내는 표현

① 과거 시제

주로 선어말 어미 '-았-/-었-'을 사용하여 나타내는데 과거에 발생한 사건이 현재와 단절되었음을 표현할 때는 '-았었-/-었었-'을 사용하기도 한다. 또한, 과거 시제는 관형사형 어미를 사용하여 나타내기도 하는데, 동사에는 '-(으)ㄴ'을 붙이고, 형용사나 서술격 조사에는 '-더-'에 '-(으)ㄴ'이 결합한 '-던'을 붙인다.

② 현재 시제

동사에는 주로 선어말 어미 '-는-/-ㄴ-'과 관형사형 어미 '-는'을 붙여서 나타낸다. 형용사나 서술격 조사는 선어말 어미 없이 현재 의미를 나타내거나 관형사형 어미 '-(으)ㄴ'을 사용하여 나타낸다.

③ 미래 시제

대표적으로 선어말 어미 '-겠-'을 붙여서 나타내며, 관형사형 어미 '-(으)ㄹ', 또는 '-(으)ㄹ 것(이)-' 등을 사용하여 나타내기도 한다.

2. 동작상

발화시를 기준으로 동작이 일어나는 모습을 표현한 것으로, 시간의 흐름 속에서 그 동작이 진행되고 있는지, 완결된 것인지를 나타내는 문법 표현

① 진행상 : 말하는 시점을 기준으로 동작이 진행되고 있음

② 완료상 : 말하는 시점을 기준으로 동작이 완료됨

10 | 피동 표현

주어가 자신의 힘으로 행하는 동작을 능동이라고 한다면, 주어가 남의 행동에 의해 동작을 당하는 것을 피동이라고 한다.

피동문의 피동사는 능동사 어간에 '-이-, -히-, -리-, -기-'를 결합시키거나, '-되다', '-어지다', '-게 되다'를 결합해 만들 수 있다.

예 능동문 : 고양이가 쥐를 잡다.
피동문 : 쥐가 고양이에게 잡히다.

· 잘못된 피동 표현 고치기 : 이중 피동

예 · 쥐가 고양이에게 잡혀지다. (잡+히+어지다) → 쥐가 고양이에게 잡히다.
· 나는 굳게 잠겨진 문 앞에 서 있었다. → 나는 굳게 잠긴 문 앞에 서 있었다.

11 | 사동 표현

주어가 직접 동작을 하는 것을 주동이라고 하고, 남에게 동작을 하도록 시키는 것을 사동이라고 한다.
사동문에서 사동사는 주동사의 어간에 사동 접미사 '-이-, -히-, -리-, -기-, -우-, -구-, -추-' 등을 붙이거나, 접미사 '-시키다'를 결합시켜 만들 수 있고, 어미와 보조 용언을 결합해 '-게 하다'를 붙여서 만들 수 있다.

예 · 주동문 : 동생이 밥을 먹다.
· 사동문 : 엄마가 동생에게 밥을 먹이다.

· 잘못된 사동 표현 고치기 : 소개시키다, 금지시키다, 설득시키다 등

예 내가 친구 한 명 소개시켜 줄게. → 내가 친구 한 명 소개해 줄게.

12 | 부정 표현

1) **'안' 부정문** : 주어가 어떤 일을 할 수 있지만 일부러 하지 않는 것(의지 부정)

예 나는 밥을 안 먹는다. (먹지 않는다.)

2) **'못' 부정문** : 주어가 어떤 일을 할 수 있는 능력이 없는 것(능력 부정)

예 나는 밥을 못 먹는다. (먹지 못한다.)

3) **'말다' 부정문** : 보조동사 '말다'를 이용하여 금지의 의미를 나타내는 것

예 너는 밥을 먹지 마라.

13 | 종결 표현

종결 어미에 따라 문장 전체의 의미가 좌우됨

1) **의문문** : 말하는 이가 듣는 이에게 문장의 내용을 질문하여 그 대답을 요구하는 문장
2) **명령문** : 말하는 이가 듣는 이에게 어떤 행동을 하게 하거나, 하지 않도록 요구하는 문장
3) **청유문** : 말하는 이가 듣는 이에게 어떤 행동을 함께하기를 요청하는 문장
4) **감탄문** : 말하는 이가 듣는 이를 별로 의식하지 않거나 혼잣말처럼 자기의 느낌을 표현하는 문장

· 종결 어미의 형태와 실제 발화의 의도가 다른 경우도 있다.

예 · 교실 창문이 열린 상태에서 창가에 앉은 친구에게 – "춥지 않니?"
· 버스에서 문 앞을 막은 사람에게 – "좀 내립시다!"

14 | 인용 표현

다른 사람의 말이나 글을 자신의 말이나 글 속에 끌어 쓰는 것을 인용 표현이라고 하는데, 전달하는 방식에 따라 직접 인용과 간접 인용으로 나뉜다.

· 직접 인용 표현 : 다른 사람의 말이나 글을 원래의 형식과 내용을 그대로 유지한 채 끌어다 쓰는 것
인용절에 따옴표를 하고, 조사 '라고'를 사용한다.
예 찬영이는 나에게 "네가 꿈을 이룰 것 같아."라고 말했다.

· 간접 인용 표현 : 다른 사람의 말이나 글을 인용할 때 내용만 끌어다 쓰는 것
인용절의 종결 어미를 바꾸고 조사 '고'를 사용한다.
예 찬영이는 나에게 내가 꿈을 이룰 것 같다고 말했다.

15 | 부정확한 문장 표현 바르게 고치기

1. 필요한 문장 성분 갖추기

유형	잘못된 문장의 예	바르게 고친 문장
주어를 부당하게 생략한 경우	주민들 모두 그 계획을 찬성했으나 유독 반대했다.	주민들 모두 그 계획을 찬성했으나 이장님이 유독 반대했다.
목적어를 부당하게 생략한 경우	동생은 우체통에 넣었다.	동생은 우체통에 편지를 넣었다.
부사어를 부당하게 생략한 경우	사람은 운명을 개척하기도 하고, 순응하기도 한다.	사람은 운명을 개척하기도 하고, 운명에 순응하기도 한다.

2. 문장 성분 간의 호응 이루기

유형	잘못된 문장의 예	바르게 고친 문장
주어와 서술어의 호응	내가 운 이유는 이별을 했다.	내가 운 이유는 이별을 했기 때문이다.
목적어와 서술어의 호응	영희는 시간이 나면 음악이나 책을 읽는다.	영희는 시간이 나면 음악을 듣거나 책을 읽는다.
부사어와 서술어의 호응	나는 결코 시험에 합격할 것이다.	나는 반드시 시험에 합격할 것이다.

※ 여간 ~ 않다(아니다.)
결코 ~ 않다(아니다.)
차마 ~ 않다.
그다지 ~ 지 않다.
비록 ~ 일지라도
설마(오죽) ~ 까?

3. 명료하게 표현하기

1) 높임법의 잘못된 쓰임 고치기

예 주례 선생님의 말씀이 계시겠습니다.
→ 주례 선생님의 말씀이 있겠습니다.(있으시겠습니다.)

2) 정확한 단어 선택하기

예 그는 우리와 생각이 틀려. → 그는 우리와 생각이 달라.

3) 문장의 중의성 없애기

예 현정이는 나보다 영화를 더 좋아한다.
→ ① 현정이는 내가 영화를 좋아하는 것보다 영화를 더 좋아한다.
→ ② 현정이는 나를 좋아하는 것보다 영화를 더 좋아한다.

예 학생들이 다 오지 않았다.
→ ① 학생들 모두가 오지 않았다.
→ ② 학생들 일부가 아직 오지 않았다.

예 민호는 지금 옷을 입고 있다.
→ ① 민호는 지금 옷을 입는 중이다.
→ ② 민호는 지금 옷을 입은 상태이다.

16 | 지시 표현

무엇인가를 가리키는 기능을 하는 표현으로, 스스로는 특정한 의미를 지니지 않으며 쓰임에 따라 의미가 달라짐

1. 지시 표현의 종류

이것	화자에게 가까이 있는 대상을 가리키는 말
그것	청자에게 가까이 있는 대상을 가리키는 말
저것	화자와 청자에게 모두 멀리 있는 대상을 가리키는 말

예 영희 : 철수야, 그것 좀 건네줄래? / 철수 : 이것 말이야? 내가 가져다줄게.
– 같은 대상이더라도 상황에 따라 지시 표현을 달리함

17 | 한글 맞춤법의 원리

1. 한글 맞춤법 총칙

[제1항]
한글 맞춤법은 표준어를 소리대로 적되, 어법에 맞도록 함을 원칙으로 한다.
예 앞 : 앞에, 앞길, 앞날

[제2항]
문장의 각 단어는 띄어 씀을 원칙으로 한다.

2. 형태에 관한 것

우리말에는 단어의 본래 형태를 밝혀 적는 경우와 그렇지 않은 경우가 있음

1) 용언의 어간과 어미

한글 맞춤법 조항 [제15항]
용언의 어간과 어미는 구별하여 적는다.
예 먹- + -어 → 먹어[머거]
먹- + -는 → 먹는[멍는]

2) 접사가 붙어 만들어진 말

한글 맞춤법 조항 [제19항]
어간에 '-이' 나 '- 음/-ㅁ' 이 붙어서 명사로 된 것과 '-이' 나 '-히' 가 붙어서 부사로 된 것은 그 어간의 원형을 밝히어 적는다.
예 명사 '다듬이, 믿음', 부사 '많이, 익히'

한글 맞춤법 조항 [제20항]
명사 뒤에 '-이' 가 붙어서 된 말은 그 명사의 원형을 밝히어 적는다.
예 곳곳이, 낱낱이, 삼발이

3) 사이시옷

한글 맞춤법 조항 [제30항]

사이시옷은 다음과 같은 경우에 받치어 적는다.

'사이시옷'은 한글 맞춤법에서 사잇소리 현상이 나타났을 때 쓰는 'ㅅ'의 이름이다. 순우리말과 순우리말, 또는 순우리말과 한자어로 된 합성어 가운데 앞말이 모음으로 끝날 때 뒷말의 첫소리가 된소리로 나거나, 뒷말의 첫소리 'ㄴ', 'ㅁ' 앞에서 'ㄴ' 소리가 덧나거나, 뒷말의 첫소리 모음 앞에서 'ㄴㄴ' 소리가 덧나는 것 따위에 받치어 적는다.

- 두 명사로 이루어진 합성어
- 하나 이상의 '고유어 명사'가 결합함
- 앞 단어는 모음으로 끝남
  ① 뒷말의 첫소리가 된소리로 나는 것 예 꼭짓점 [꼭찌쩜/꼭찓쩜]
  ② 뒷말의 첫소리 'ㄴ, ㅁ' 앞에서 'ㄴ' 소리가 덧나는 것 예 빗물[빈물]
  ③ 뒷말의 첫소리 모음 앞에서 'ㄴㄴ' 소리가 덧나는 것 예 뒷일[뒨닐]

※ **예외** 두 음절로 된 한자어

- 곳간(庫間), 셋방(貰房), 숫자(數字), 찻간(車間), 툇간(退間), 횟수(回數)

4) 준말

한글 맞춤법 조항 [제35항]

모음 'ㅗ, ㅜ'로 끝난 어간에 '-아/-어, -았-/-었-'이 어울려 'ㅘ/ㅝ, ㅘㅆ/ㅝㅆ'으로 될 적에는 준대로 적는다.

예 보아 → 봐 / 두어 → 둬 / 주었다 → 줬다

3. 소리에 관한 것

우리말에는 발음을 표기에 적용하는 경우와 그렇지 않은 경우가 있음

1) 된소리 표기

한글 맞춤법 조항 [제5항]

한 단어 안에서 뚜렷한 까닭 없이 나는 된소리는 다음 음절의 첫소리를 된소리로 적는다.

① 두 모음 사이에서 나는 된소리

예 어깨, 거꾸로

② 'ㄴ,ㄹ,ㅁ,ㅇ' 받침 뒤에서 나는 된소리

예 잔뜩, 몽땅, 훨씬

다만 'ㄱ, ㅂ' 받침 뒤에서 나는 된소리는 같은 음절이나 비슷한 음절이 겹쳐 나는 경우가 아니면 된소리로 적지 아니한다. 예 딱지, 몹시, 국수

한글 맞춤법 조항 [제13항]

한 단어 안에서 같거나 비슷한 음절이 겹쳐 나는 부분은 같은 글자로 적는다.

예 똑딱똑딱, 눅눅하다

2) 두음법칙

한글 맞춤법 조항 [제10항]

한자음 '녀, 뇨, 뉴, 니'가 단어 첫머리에 올 적에는, 두음법칙에 따라 '여, 요, 유, 이'로 적는다.

예 여자, 연세

한글 맞춤법 조항 [제11항]

한자음 '랴, 려, 례, 료, 류, 리'가 단어의 첫머리에 올 적에는, 두음법칙에 따라 '야, 여, 예, 요, 유, 이'로 적는다.

예 양심, 역사

4. 띄어쓰기에 관한 것

띄어쓰기를 하면 우리말의 의미를 파악하기 쉬움

한글 맞춤법 조항 [제41항]

조사는 그 앞말에 붙여 쓴다.

예 꽃이, 꽃으로만, 꽃마저, 꽃밖에, 꽃이다

한글 맞춤법 조항 [제42항]

의존 명사는 띄어 쓴다.

예 아는 것이 힘이다, 나도 할 수 있다

한글 맞춤법 조항 [제43항]

단위를 나타내는 명사는 띄어 쓴다.

예 차 한 대, 소 한 마리, 옷 한 벌, 열 살

18 | 상황에 따른 언어 예절 이해하기

(1) 다양한 듣기 · 말하기 방법

· 의사소통의 방법은 개인의 성향뿐 아니라 세대, 성별, 지역 같은 사회 · 문화적 특성에 따라 다양하게 나타난다. 그러므로 듣기 · 말하기를 할 때에는 다양성을 이해하고 상대를 존중하는 자세를 가져야 한다.

(2) 언어 예절의 필요성

· 대화의 내용이 정당하더라도 상황과 대상에 맞지 않으면 적절하게 받아들여지기 어렵다. 따라서 대화의 원리와 언어 예절을 익혀, 상황과 대상에 맞는 형식을 선택하여 대화하는 태도가 필요하다.

(3) 대화의 원리

① 협력의 원리

대화에 참여하는 사람은 대화의 목적과 방향에 맞게 상호 협력해야 한다.

· 대화의 목적에 필요한 만큼의 정보를 제공해야 함.
· 거짓되거나 타당한 근거가 없는 내용은 말하지 말고 진실한 정보만을 말해야 함.
· 대화의 내용과 관련 있는 말을 해야 함.
· 모호하거나 중의적인 표현은 피하고 간결하고 조리 있게 말해야 함.

② 공손성의 원리

공손하지 않은 표현은 최소화하고 공손한 표현은 최대화해야 한다.

· 상대에게 부담이 되는 표현은 되도록 줄이고 혜택을 베푸는 표현은 많이 해야 함.
· 자신에게 혜택을 주는 표현은 줄이고 부담이 되는 표현은 많이 해야 함.
· 상대를 비난하거나 트집 잡는 표현은 줄이고 칭찬하고 맞장구치는 표현은 많이 해야 함.
· 자신을 칭찬하는 표현은 줄이고 자신을 낮추어 말해야 함.
· 자신과 상대의 의견 사이에 다른 점은 줄이고 같은 점은 드러내야 함.

③ 순서교대의 원리

화자와 청자의 역할은 고정된 것이 아니라 의사소통 상황에 맞게 끊임없이 서로의 역할이 순환되어야 한다.

· 혼자 말을 너무 길게 하거나, 다른 사람의 순서에 함부로 끼어들거나 가로채지 않아야 함.
· 대화에 참여하지 않고 침묵하는 것도 대화 분위기를 어색하게 만들 수 있으므로 바람직하지 않음.

참고

● 축하하는 말하기

축하는 그 사람과의 관계에 따라 적절한 표현을 사용해야 한다. 생일을 축하할 때 친구에게는 '축하한다.' 와 같이 쓰고, 손위 어른에게는 '생신을 축하합니다.' , '더욱 건강하시기 바랍니다.' 등처럼 쓸 수 있다. 이때 '건강하십시오.' 처럼 잘못된 명령형 문장은 사용하지 않도록 주의한다.

● 사과하는 말하기

사과할 때는 진심을 담아 말해야 한다. '미안하다.' , '죄송합니다.' 처럼 사과의 의도가 명백한 표현을 사용하고, 변명하거나 핑계를 대기보다는 자신에게 사건의 책임이 있음을 밝히거나 문제가 된 사건의 경위를 설명하며 자신이 잘못한 행위를 정확히 알고 있음을 드러내면 진심을 좀 더 잘 전달할 수 있다. 더불어 앞으로 같은 잘못을 하지 않겠다는 표현을 하는 것도 좋다.

● 위로하는 말하기

위로는 신중하고 차분하게 해야 한다. 특히 문병 상황에서는 환자의 상태에 따라 인사말이 달라질 수 있으나 대부분 회복을 바라는 희망적인 말을 하는 것이 좋다. 처음 환자를 대할 때는 '좀 어떠십니까?' 하고 정중하게 인사를 하고, 나올 때는 '조리 잘 하십시오.', '속히 나으시기 바랍니다.' 등과 같이 인사한다.

- 국립국어원, 《표준 언어 예절》

19 | 한글의 창제 원리

(1) 자음의 제자 원리

· 상형 : 발음 기관의 모습을 본떠 기본 글자를 만듦으로써 문자 자체가 소리의 특성을 나타내는 역할을 함

첫소리는 모두 열일곱 자다. 어금닛소리(아음, 牙音) ㄱ은 혀뿌리가 목구멍을 막는 모양을 본뜨고, 혓소리(설음, 舌音) ㄴ은 혀가 윗잇몸에 붙는 모양을 본뜨고, 입술소리(순음, 脣音) ㅁ은 입 모양을 본뜨고, 잇소리(치음, 齒音) ㅅ은 이(齒)의 모양을 본뜨고, 목구멍소리(후음, 喉音) ㅇ은 목구멍의 모양을 본뜬 것이다.

- "훈민정음 제자해(訓民正音制字解)" 중에서

· 가획 : 기본 글자에 소리의 세기에 따라 획을 더해 만듦

· 이체 : 기본 글자의 모양을 달리하여 글자를 만듦

제자 원리 / 소리의 종류	상형	가획	이체
어금닛소리	ㄱ (혀뿌리가 목구멍을 막는 모양)	ㅋ	ㆁ
혓소리	ㄴ (혀끝이 윗잇몸에 붙는 모양)	ㄷ, ㅌ	ㄹ
입술소리	ㅁ (입의 모양)	ㅂ, ㅍ	
잇소리	ㅅ (이의 모양)	ㅈ, ㅊ	ㅿ
목소리	ㅇ (목구멍의 모양)	ㆆ, ㅎ	

▲ 초성자 17자의 제자 원리

(2) 모음의 제자 원리

· 상형 : 삼재(하늘, 땅, 사람)의 모양을 본떠 글자를 만듦

상형의 원리	하늘 [天]을 본뜸	땅 [地]을 본뜸	사람 [人]을 본뜸
기본자	ㆍ	ㅡ	ㅣ

· 합성 : 모음의 기본 글자끼리 합성하여 초출자를 만들고, 초출자에 'ㆍ'를 더하여 재출자를 만듦

초출자		
ㆍ + ㅡ	→	ㅗ
ㅡ + ㆍ	→	ㅜ
ㆍ + ㅣ	→	ㅓ
ㅣ + ㆍ	→	ㅏ

→

재출자		
ㅗ + ㆍ	→	ㅛ
ㅜ + ㆍ	→	ㅠ
ㅓ + ㆍ	→	ㅕ
ㅏ + ㆍ	→	ㅑ

중세 국어의 이해

10세기 초에 고려가 건국되면서 국어의 중심지는 경주에서 개성으로 옮겨 간다. 중세 국어는 이때부터 임진왜란이 일어난 16세기 말까지의 국어를 말한다. 다음 글을 읽으며 중세 국어의 음운, 문법, 어휘, 표기상의 특징을 알아보자.

1. 음운

중세 국어와 현대 국어의 차이점 중에서 가장 먼저 눈에 띄는 것은 음운이다. 중세 국어에는 'ㅿ(반치음)', 'ㅸ(순경음 비읍)', 'ㆍ(아래아)'와 같은 음운이 존재하였다. 이 음운들은 그 발음을 추측만 할 뿐 실제로 당시에 어떻게 발음되었는지 알 수 없다.

또한 중세 국어에서는 글자 왼쪽에 점이 한 개 찍혀 있거나, 두 개 찍혀 있거나, 없는 경우를 볼 수 있다. 이때 찍는 점을 방점이라 부른다. 방점은 성조를 표시하는 역할을 하였다.

자음과 모음의 특징을 살펴보면, 자음의 경우 음절의 첫소리에 'ㅳ, ㅄ, ㅵ' 등과 같이 자음이 연속으로 둘 이상 오는 어두 자음군이 존재했는데, 이들은 현대 국어로 오면서 대개 된소리로 변하였다. 모음의 경우 모음조화 현상이 현대 국어에 비해 비교적 잘 지켜졌다.

2. 문법

문법에서 두드러지는 특징은 주격 조사의 쓰임이다. 현대 국어에서는 주격 조사로 '이/가'가 쓰이지만, 중세 국어에서는 '이'와 'ㅣ'가 쓰이고, '가'는 별로 쓰이지 않았다. 명사형 어미로는 주로 '-옴/-움'이 사용되었다.

또한 중세 국어에서는 높임 선어말 어미가 현대 국어보다 다양하게 발달하였다. 주체 높임 선어말 어미로 '-시-/-샤-', 객체 높임 선어말 어미로 '-ᅀᆸ-/-ᄌᆸ-/-ᄉᆸ-', 상대 높임 선어말 어미로 '-이-/-잇-'이 쓰였다.

3. 어휘

중세 국어 문헌에서는 현대 국어에서 볼 수 없는 많은 고유어를 찾아볼 수 있다. 이들 어휘는 현대 국어까지 그대로 살아남은 경우도 있지만, 소멸하거나 그 의미나 형태가 바뀌기도 하였다. 또한 이 시기에는 한자어가 많이 유입되면서 고유어와 한자어의 경쟁이 계속되었고, 이전 시기에 비해 한자어의 쓰임이 증가하였다. 그리고 이웃 나라와 접촉하는 과정에서 중국어, 몽골어, 여진어 등의 외래어가 들어오기도 하였다.

4. 표기

훈민정음 창제 당시의 받침 표기는 'ㄱ, ㄴ, ㄷ, ㄹ, ㅁ, ㅂ, ㅅ, ㆁ'의 여덟 자만 허용하는 8종성법이 원칙이었다. 글자를 표기할 때에는 소리 나는 대로 적는 이어적기가 일반적이었고, 형태소의 모습을 밝혀 적는 끊어적기도 쓰였다.

한자음은 초기에는 중국 발음에 가깝게 하기 위해 초성, 중성, 종성을 모두 적는 『동국정운(東國正韻)』식으로 표기하였다가, 점차 실제 발음하는 한자음에 맞게 표기하였다. 또한 한자 문화권의 영향으로 세로쓰기를 하였고, 띄어쓰기는 하지 않았다. 정리하자면,

음운	· 현대 국어에 쓰이지 않는 자모가 사용됨. ㆆ, ㅸ, ㅿ, ㆁ, ㆍ · 어두 자음군이 존재함. · 된소리가 발달하기 시작함. · 모음조화가 현대 국어보다 잘 지켜짐. 후대로 갈수록 모음조화는 잘 지켜지지 않게 됨.
표기	· 방점을 찍어 성조를 나타냄. · 훈민정음 창제 당시의 받침 표기는 'ㄱ, ㄴ, ㄷ, ㄹ, ㅁ, ㅂ, ㅅ, ㆁ'의 여덟 자만 허용하는 8종성법이었음. · 띄어쓰기를 하지 않음. · 끊어적기보다 이어적기가 우세함. (훈민정음 창제 초기에는 소리 나는 대로 적는 이어적기가 일반적이었으나 16세기 이후 끊어적기와 혼용되기도 함) · 초기의 한자음 표기는 모음으로 끝나도 종성에 'ㆁ'을 적어 초·중·종성을 모두 갖추어 쓰는 동국정운식 한자음 표기를 사용하였다가, 점차 실제 발음하는 한자음에 맞게 표기하였음.
어휘	· 현대 국어와 의미나 형태가 다른 것이 있었음. · 한자어와 고유어의 경쟁이 계속되고 한자어의 쓰임이 확대됨.
문법	· 주격 조사로 '이'만 사용됨. · 명사형 어미로 '-움/-옴'을 모음조화에 따라 규칙적으로 사용함. 후기에는 '-기'가 대신 쓰임. · 중세 국어 특유의 주체 높임법, 객체 높임법, 상대 높임법 등이 있었음.

※ 참고

① 어두자음군

초성 즉 음절의 첫머리에 자음이 연속으로 둘 이상 발음되는 무리로, 크게 'ㅂ'계와 'ㅅ'계로 나누어진다. 현대 국어에서는 된소리 'ㄸ, ㅃ, ㅆ, ㅉ'으로 변했다.

② 모음조화

양성 모음 'ㆍ, ㅏ, ㅗ, ㅑ, ㅛ'는 양성 모음끼리, 음성 모음 'ㅓ, ㅜ, ㅡ, ㅕ, ㅠ'는 음성 모음끼리 어울리려는 현상을 말한다.

③ 이어적기(연철)

소리 나는 대로 적는 것으로 받침이 있는 체언이나 용언이 어간에 모음으로 시작되는 조사나 어미가 붙을 때, 받침을 뒷말 초성으로 표기하였다.

예 **말ᄊᆞ미, ᄉᆞᄆᆞ미니라**

④ 끊어적기(분철)

형태소의 모습을 밝혀 적는 것. 받침이 있는 체언이나 용언의 어간에 모음으로 시작되는 조사나 어미가 붙더라도, 종성 자음을 앞 음절에 그대로 두고 뒷말의 초성에는 'ㅇ'을 적는 것을 말한다. 예 몸이며, 일홈을

⑤ 동국정운식 한자음 표기

반드시 '초성+중성+종성'의 3성 체계를 갖추어서 표시하였으며, 받침이 없는 글자는 종성에 음가가 없는 'ㅇ'이나 'ㅱ'받침을 사용하였다. 예 世·솅宗·종

(1) 용비어천가 (龍飛御天歌)

海東(해동)[1)]六龍(육룡)[2)]·이ᄂᆞᄅᆞ·샤:일:마다天福(천복)·이시·니古聖(고성)[3)]·이同符(동부)·ᄒᆞ시·니[4)]

〈제1장〉

불·휘[5)]기·픈남·ᄀᆞᆫ[6)]ᄇᆞᄅᆞ·매[7)]아·니:뮐·씨[8)]곶:됴·코[9)]여·름[10)]·하ᄂᆞ·니
:ᄉᆡ·미기·픈·므·른·ᄀᆞᄆᆞ·래[11)]아·니그·츨·씨:내·히[12)]이·러[13)]바·ᄅᆞ·래[14)]·가ᄂᆞ·니

〈제2장〉
– 용비어천가, 세종 27년(1445)

▶어휘 풀이

1) 해동(海東) : 발해(渤海)의 동쪽이라는 뜻으로, 예전에 '우리나라' 를 이르던 말
2) 육룡(六龍) : 당시 임금인 세종의 여섯 조상을 가리켜 한 말
3) 고성(古聖) : 옛날의 성인(聖人). 중국 역대의 제왕을 일컬음
4) 동부(同符)하다 : 부신(符信)이 꼭 들어맞듯 사물이나 현상이 서로 꼭 들어맞다
5) 불·휘 : 뿌리
6) 남·ᄀᆞᆫ : 나무는
7) ᄇᆞᄅᆞ·매 : 바람에
8) :뮐·씨 : 움직이므로
9) 곶:됴·코 : 꽃이 좋고
10) 여·름 : 열매
11) ·ᄀᆞᄆᆞ·래 : 가물에, 가뭄에
12) :내·히 : 내가, 냇물이
13) 이·러 : 이루어져
14) 바·ᄅᆞ·래 : 바다에

현대 국어 자료

해동의 여섯 용이 나시어, 일마다 하늘의 복이시니 옛날의 성인과 서로 꼭 들어맞으시니.

〈제1장〉

뿌리가 깊은 나무는 바람에 아니 움직이므로, 꽃 좋고 열매 많으니.
샘이 깊은 물은 가뭄에 아니 그치므로, 내가 이루어져 바다에 가느니.

〈제2장〉

핵심정리

갈래 : 악장
성격 : 설득적, 예찬적, 송축적
주제 : 조선 건국의 정당성과 후대 왕에 대한 권계
의의 : 훈민정음으로 지어진 최초의 작품임
표현 : 상징과 대구, 설의법 등의 표현법이 사용되었음
음운와 표기 : · 'ㅿ, ·' 를 사용함
· 방점을 사용하여 성조를 나타냄
· 이어적기가 보편적이었음
문법 : · 주체 높임 선어말 어미 '-시-/-샤-'가 사용됨
· 상대 높임 선어말 어미 '-이-/-잇-'이 사용됨
· 주격 조사는 '이'가 사용됨
어휘 : · 뜻이 변한 어휘가 사용됨
-'하다'가 '많다'는 뜻으로 사용됨
-'여름'이 '열매'라는 뜻으로 사용됨

(2) 세종 어제 훈민정음 (世宗御製訓民正音)

世·솅宗·종 御엉·製·졩 訓·훈民·민正·졍音·흠
(세종대왕님이 손수 훈민정음을 만드시다.)

나·랏:말ᄊᆞ·미中듕國·귁·에달·아 文문字·ᄍᆞᆼ·와·로 서르 ᄉᆞᄆᆞᆺ·디
아·니ᄒᆞᆯ·ᄊᆡ
(우리나라 말이 중국과 달라 한자와는 서로 통하지 아니하여서)

이런젼·ᄎᆞ·로 어·린百·ᄇᆡᆨ姓·셩·이
(이런 이유로 어리석은 백성이)

니르·고·져·ᄒᆞᇙ·배 이·셔·도 ᄆᆞ·ᄎᆞᆷ:내
(말하고자 하는 바가 있어도 마침내는)

제·ᄠᅳ·들 시·러 펴·디 :몯ᄒᆞᇙ·노·미 하·니·라·
(제 뜻을 능히 펴지 못하는 사람이 많다.)

내·이·ᄅᆞᆯ 爲·윙·ᄒᆞ·야 :어엿·비 너·겨
(내가 이를 위하여 백성을 가엾게 생각하여)

·새·로·스·믈여·듧字·ᄍᆞᆼ·ᄅᆞᆯ ᄆᆡᇰ·ᄀᆞ노·니
(새로 스물여덟 글자를 만드니)

:사ᄅᆞᆷ:마·다:ᄒᆡᅇ·ᅇᅧ:수·ᄫᅵ니·겨
(모든 사람들로 하여금 쉽게 익혀서)

·날·로·ᄡᅮ·메便뼌安한·킈 ᄒᆞ·고·져 ᄒᆞᇙ ᄯᆞᄅᆞ·미니·라.
(날마다 쓰는 데 편하게 하고자 할 따름이다.)

– '훈민정음', 세조 5년(1459년)

☑ 핵심정리

1. 훈민정음 창제 정신 : 자주 정신, 애민 정신, 창조 정신, 실용 정신
2. '세종 어제 훈민정음'의 특징
   - **음운** : · 'ㅸ, ㆁ, ㆆ, ㆍ' 등의 음운을 사용함
     · 'ㅵ,ㅳ' 등의 어두 자음군을 사용함
     · 방점을 사용하여 성조를 나타냄
     · 두음법칙과 구개음화가 적용되지 않음
     · 모음조화가 잘 지켜짐
   - **문법** : · 주격 조사 '이'가 쓰임
     · 비교 부사적 조사 '에'가 쓰임
     · 명사형 어미 '– 옴 / 움 –'이 사용됨
   - **표기법** : · 이어 적기를 함(연철 표기)
     · 띄어쓰기를 하지 않음
     · 8종성법에 따라 표기함
       – 받침을 여덟 자음(ㄱ, ㄴ, ㄷ, ㄹ, ㅁ, ㅂ, ㅅ, ㆁ)으로 적도록 하는 것
     · 동국정운식한자음 표기 사용함
   - **어휘** : · 현재 쓰이지 않거나 뜻이 변한 어휘가 사용됨
     – 의미가 이동함 예 어린, 어엿비
     – 의미가 축소됨 예 노미

(3) 소학언해 (小學諺解)

1 효의 시작과 끝

孔·공字·ᄌᆞㅣ會증字·ᄌᆞ다·려 닐·러 ᄀᆞᆯᄋᆞ·샤·ᄃᆡ ·몸·이며 얼굴·이며
머·리털·이·며 ·ᄉᆞᆯ·ᄒᆞᆫ
(공자께서 증자에게 일러 말씀하시기를 몸과 형체와 머리털과 살은)

父·부母 :모·씌 받ᄌᆞ·온 거·시·라 :감·히 헐·워 샹ᄒᆡ ·오·디 아·니:홈·이
:효·도·ᄋᆡ 비·르·소미·오,
(부모께 받은 것이라 감히 헐게 하여 상하게 하지 아니함이 효도의 비롯함,
즉 시작이요,)

·몸·을 셰·워 道:도·를 行힝·하·야 일:홈·을 後:후世:셰·예 :베퍼
(몸을 세워, 즉 입신(출세)하여 도를 행하여 이름을 후세에 베풀어, 즉 널리 퍼지게
하여)

·ᄡᅥ父 ·부母:모ᄅᆞᆯ :현·뎌케 :홈·이 :효·도·ᄋᆡ ᄆᆞ·ᄎᆞᆷ·이니·라.
(이로써 부모를 현저하게, 즉 두드러지게 함이 효도의 마침, 즉 끝이니라.)

2 벗의 유형

:유·익ᄒᆞᆫ ·이 :세 가·짓 :벋·이요 :해·로온 ·이 :세 가·짓 :벋·이니
(유익한 이 세 가지 벗이고 해로운 이 세 가지 벗이니)

直·딕ᄒᆞᆫ 이·ᄅᆞᆯ :벋ᄒᆞ·며 :신·실ᄒᆞᆫ ·이·ᄅᆞᆯ :벋ᄒᆞ·며
(정직한 이를 벗하며 믿음직하고 성실한 이를 벗하며)

들:온 ·것 한 ·이·ᄅᆞᆯ :벋ᄒᆞ·면 :유·익ᄒᆞ·고
(견문이 많은 이를 벗하면 유익하고)

:거·동·만 니·근 ·이·를 :벋ᄒᆞ·며 아:당ᄒᆞ·기 잘 ·ᄒᆞ·ᄂᆞᆫ 이·를 :벋ᄒᆞ·며
(행동만 익숙한 이를 벗하며 아첨하기 잘 하는 이를 벗하며)

:말·ᄉᆞᆷ·만 니·근 ·이·ᄅᆞᆯ :벋ᄒᆞ·면 해·로·온이·라.
(말만 익숙한 이를 벗하면 해로우니라.)

– '소학언해' , 선조 20년(1587년)

핵심정리

1. '소학언해'의 내용 정리
   ① 효의 시작과 마침 – 부자유친 (父子有親)
   효도의 시작 : 부모님께 받은 몸을 온전하게 지키는 것
   효도의 끝 : 출세하고 도를 행하여 이름을 후세에 날려 부모를 드러내는 것 : 입신양명
   ② '벗'의 유형 – 붕우유신 (朋友有信)
   유익한 벗 세 가지 ↔ 해로운 벗 세 가지 (대조)
   유익한 벗 : 정직한 벗, 믿음직한 벗, 아는 것이 많은 벗
   해로운 벗 : · 행동만 익은 벗 : 속 빈 강정, 빛 좋은 개살구
   · 아첨하기 잘하는 벗 : 교언영색 (巧言令色)
   · 말만 익은 벗 : 언행 불일치
2. '소학언해'의 특징
   음운 : · 'ㅸ'을 사용하지 않음
   · 모음조화가 파괴됨
   문법 : · 명사형 어미 '-옴/움'의 혼란
   · 명사형 어미 '-기' 사용
   표기법 : · 끊어적기(분철)가 확대됨
   · 현실적인 한자음으로 표기함
   어휘 : 의미가 축소됨 예 얼굴

> ※ 근대국어 보조자료
> *- 기출 문제를 고려했을 때 공부하면 좋을 내용입니다. 참고하여 학습하십시오.*

(1) 동명일긔

의 유 당(意幽堂)

홍ᄉᆡᆨ이 거록ᄒᆞ야 븕은 긔운이 하ᄂᆞᆯ을 ᄯᅱ노더니 이랑이 소ᄅᆡᄅᆞᆯ 놉히ᄒᆞ야 나를 불러
(붉은 색이 거룩하여 붉은 기운이 하늘을 뛰놀더니 이랑이 크게 소리를 질러 나를 불러)

져긔 믈밋ᄎᆞᆯ 보라 웨거ᄂᆞᆯ 급히 눈을 드러 보니 믈밋 홍운을 헤앗고
(저기 물 밑을 보라고 외치거늘, 급히 눈을 들어 보니, 물 밑 붉은 구름을 헤치고)

큰 실오리 ᄀᆞᆺᄒᆞᆫ 줄이 븕기 더옥 긔이ᄒᆞ며 긔운이 진홍 ᄀᆞᆺ한 것이 ᄎᆞᄎᆞ 나 손바닥 너ᄇᆡ ᄀᆞᆺᄒᆞᆫ 것이
(큰 실오리 같은 줄이 붉기 더욱 기이하며, 기운이 진한 붉은 색 같은 것이 차차 나 손바닥 넓이 같은 것이)

그믐밤의 보는 숫불빗 ᄀᆞᆺ더라. ᄎᆞᄎᆞ 나오더니 그 우흐로 젹은 회오리밤 ᄀᆞᆺ한 것이
(그믐밤에 보는 숯불빛 같더라. 차차 나오더니 그 위로 작은 회오리치는 밤 같은 것이)

븕기 호박 구슬 ᄀᆞᆺ고 ᄆᆞᆰ고 통낭ᄒᆞ기ᄂᆞᆫ 호박도곤 더 곱더라.
(붉기가 호박(琥珀) 구슬 같고, 맑고 속까지 비치어 환하기는 호박보다 더 곱더라.)

그 븕은 우흐로 ᄒᆞᆯᄒᆞᆯ 움ᄌᆞᆨ여 도ᄂᆞᆫᄃᆡ 처엄 낫던 븕은 긔운이 ᄇᆡᆨ지 반 쟝 너ᄇᆡ만치 반ᄃᆞ시 비최며
(그 붉은 위로 훌훌 움직여 도는데 처음 나왔던 붉은 기운이 백지 반 장 너비만큼 반듯이 비치며)

밤 ᄀᆞᆺ던 긔운이 ᄒᆡ 되야 ᄎᆞᄎᆞ 커가며 큰 ᄌᆡᆼ반만 ᄒᆞ여 븕읏븕읏 번듯번듯 ᄯᅱ놀며
(밤 같던 기운이 해가 되어 차차 커가며 큰 쟁반만 하여 불긋불긋 번듯번듯 뛰놀며

젹ᄉᆡᆨ이 온 바다희 ᄭᅵ치며 몬져 븕은 기운이 ᄎᆞᄎᆞ 가ᄉᆡ며 ᄒᆡ 흔들며 ᄯᅱ놀기 더욱
ᄌᆞ로 ᄒᆞ며
(붉은 색이 온 바다에 끼치며 먼저 붉은 기운이 차차 없어지며 해 흔들며 뛰놀기
더욱 자주 하며)

항 ᄀᆞᆺ고 독 ᄀᆞᆺᄒᆞᆫ 것이 좌우로 ᄯᅱ놀며 황홀이 번득여 냥목이 어즐ᄒᆞ며 븕은 긔운이 명낭ᄒᆞ야
(항아리 같고 독 같은 것이 좌우로 뛰놀며 황홀히 번득여 두눈이 어질하며 붉은
기운이 맑고 깨끗하여)

첫 홍ᄉᆡᆨ을 헤앗고 텬듕의 ᄌᆡᆼ반 ᄀᆞᆺᄒᆞᆫ 것이 수레박희 ᄀᆞᆺᄒᆞ야 믈 속으로셔 치미러
밧치ᄃᆞ시 올나 븟흐며
(첫 붉은 색을 헤치고 하늘 한가운데 쟁반 같은 것이 수레바퀴 같아서 물속에서
치밀어 받치듯이 올라붙으며)

항독 ᄀᆞᆺᄒᆞᆫ 긔운이 스러디고 처엄 븕어 것출 빗최던 거ᄉᆞᆫ 모혀 소혀텨로 드리워
(항, 독 같은 기운이 없어지고 처음 붉게 겉을 비추던 것은 모여 소의 혀처럼 드리워)

믈 속의 풍덩 ᄲᅡ디ᄂᆞᆫ 듯 시브더라 일ᄉᆡᆨ이 됴요ᄒᆞ며 믈결의 븕은 긔운이 ᄎᆞᄎᆞ 가ᄉᆡ며
(물속에 풍덩 빠지는 듯싶더라 햇빛이 밝게 비치며 물결의 붉은 기운이 차차 없어지며)

일광이 청낭하니 만고 텬하의 그런 장관은 ᄃᆡ두할ᄃᆡ 업슬 ᄃᆞᆺᄒᆞ더라
(햇빛이 맑고 명랑하니 세상 천지에 그런 장엄한 경치는 견줄 데 없을 듯하더라.)

'의유당관북유람일기', 영조 48년(1772년)

핵심정리

갈래 : 고전수필, 기행수필
성격 : 사실적, 묘사적, 비유적, 주관적
구성 : 추보식 구성
제재 : 일출
주제 : 귀경대에서 본 일출의 장관
특징 : · 순우리말과 다양한 색채어를 사용하여 해돋이 모습을 점층적으로 묘사함
· 여성 특유의 섬세한 필치와 예리한 관찰력을 바탕으로 일출의 장관을 표현함

(2) 독립신문창간사

우리신문이 한문은 아니쓰고 다만 국문으로만 쓰ᄂᆞᆫ거슨 상하귀쳔이 다보게 ᄒᆞᆷ이라 ᄯᅩ 국문을 이러케 귀졀을 ᄯᅦ여 쓴즉 아모라도 이신문 보기가 쉽고 신문속에 잇ᄂᆞᆫ말을 자세이 알어 보게 ᄒᆞᆷ이라

각국에셔ᄂᆞᆫ 사ᄅᆞᆷ들이 남녀 무론ᄒᆞ고 본국 국문을 몬저 ᄇᆡ화 능통ᄒᆞᆫ 후에야 외국 글을 ᄇᆡ오ᄂᆞᆫ 법인ᄃᆡ 죠션셔ᄂᆞᆫ 죠션 국문은 아니 ᄇᆡ오드ᄅᆡ도 한문만 공부 ᄒᆞᄂᆞᆫ ᄭᆞ닭에 국문을 잘아ᄂᆞᆫ 사ᄅᆞᆷ이 드물미라
죠션 국문ᄒᆞ고 한문ᄒᆞ고 비교ᄒᆞ여 보면 죠션국문이 한문 보다 얼마가 나ᄒᆞᆫ거시 무어신고ᄒᆞ니 첫ᄌᆡᄂᆞᆫ ᄇᆡ호기가 쉬ᄒᆞᆫ이 됴ᄒᆞᆫ 글이요 둘ᄌᆡᄂᆞᆫ 이글이 죠션글이니 죠션 인민들이 알어셔 ᄇᆡᆨᄉᆞᆼ을 한문ᄃᆡ신 국문으로 써야 상하 귀쳔이 모도보고 알어보기가 쉬흘터이라
한문만 늘써 버릇ᄒᆞ고 국문은 폐ᄒᆞᆫ ᄭᆞ닭에 국문만쓴 글을 죠션 인민이 도로혀 잘 아러보지못ᄒᆞ고 한문을 잘알아보니 그게 엇지 한심치 아니ᄒᆞ리요

ᄯᅩ 국문을 알아보기가 어려운건 다름이 아니라 첫ᄌᆡᄂᆞᆫ 말마ᄃᆡ을 ᄯᅦ이지 아니ᄒᆞ고 그져 줄줄ᄂᆡ려 쓰ᄂᆞᆫ ᄭᆞ닭에 글ᄌᆞ가 우희 부터ᄂᆞᆫ지 아ᄅᆡ 부터ᄂᆞᆫ지 몰나셔 몃번 일거 본후에야 글ᄌᆞ가 어ᄃᆡ 부터ᄂᆞᆫ지 비로소 알고 일그니 국문으로 쓴편지 ᄒᆞᆫ장을 보자ᄒᆞ면 한문으로 쓴것보다 더듸 보고 ᄯᅩ 그나마 국문을 자조 아니 쓰ᄂᆞᆫ 고로 셔툴어셔 잘못봄이라
그런고로 졍부에셔 ᄂᆡ리ᄂᆞᆫ 명녕과 국가 문젹을 한문으로만 쓴즉 한문못ᄒᆞᄂᆞᆫ 인민은 나모 말만 듯고 무숨 명녕인줄 알고 이편이 친이 그글을 못 보니 그사ᄅᆞᆷ은 무단이 병신이 됨이라

한문 못 ᄒᆞᆫ다고 그사ᄅᆞᆷ이 무식ᄒᆞᆫ사ᄅᆞᆷ이 아니라 국문만 잘ᄒᆞ고 다른 물졍과 학문이 잇스면 그사ᄅᆞᆷ은 한문만ᄒᆞ고 다른 물졍과 학문이 업ᄂᆞᆫ 사ᄅᆞᆷ 보다 유식ᄒᆞ고 놉ᄒᆞᆫ 사ᄅᆞᆷ이 되ᄂᆞᆫ 법이라 죠션 부인네도 국문을 잘ᄒᆞ고 각ᄉᆡᆨ 물졍과 학문을 ᄇᆡ화 소견이 놉고 ᄒᆡᆼ실이 졍직ᄒᆞ면 무론 빈부 귀쳔 간에 그부인이 한문은 잘ᄒᆞ고도 다른것 몰으ᄂᆞᆫ 귀족 남ᄌᆞ보다 놉ᄒᆞᆫ 사ᄅᆞᆷ이 되ᄂᆞᆫ 법이라

우리 신문은 빈부 귀천을 다름업시 이신문을 보고 외국 물정과 ᄂᆡ지 ᄉᆞ정을 알게 ᄒᆞ랴는 뜻시니 남녀 노소 상하 귀쳔 간에 우리 신문을 ᄒᆞ로 걸너 몃ᄃᆞᆯ간 보면 새지각과 새학문이 ᄉᆡᆼ길걸 미리 아노라.

– ‘독립신문’ (1896년)

핵심정리

갈래 : 논설문, 신문 사설
성격 : 설명적, 계몽적
제재 : 독립신문
주제 : 독립신문의 창간 취지와 의의
특징 : · 19세기 말 국어의 모습을 알 수 있음
· 최초의 민간 신문으로 일반 백성들이 알기 쉬운 한글만을 사용하고, 띄어쓰기를 시도함

※ 현대시 보조자료

(1) 쉽게 씌여진 시

윤동주

창 밖에 밤비가 속살거려
육첩방(育疊房)은 남의 나라

시인이란 슬픈 천명(天命)인 줄 알면서도
한 줄 시를 적어 볼까

땀내와 사랑내 포근히 품긴
보내주신 학비 봉투를 받아

대학 노트를 끼고
늙은 교수의 강의를 들으러 간다.

생각해보면 어린 때 동무를
하나, 둘, 죄다 잃어버리고

나는 무얼 바라
나는 다만, 홀로 침전하는 것일까?

인생은 살기 어렵다는데
시(詩)가 이렇게 쉽게 씌여지는 것은
부끄러운 일이다

육첩방(六疊房)은 남의 나라
창 밖에 밤비가 속살거리는데,

등불을 밝혀 어둠을 조금 내몰고,
시대처럼 올 아침을 기다리는 최후의 나

나는 나에게 작은 손을 내밀어
눈물과 위안으로 잡는 최초의 악수.

핵심정리

갈래 : 자유시, 서정시
성격 : 고백적, 반성적, 저항적, 성찰적
주제 : 자아 성찰을 통한 암울한 현실의 극복 의지
특징 : · 어둠과 밝음의 대립적 이미지로 주제를 형상화함
· 내면적 자아와 현실적 자아의 분열과 화해를 통해 현실 극복 자세를 보여 줌

(2) 님의 침묵

한용운

님은 갔습니다. 아아, 사랑하는 나의 님은 갔습니다.

푸른 산빛을 깨치고 단풍나무 숲을 향하여 난 작은 길을 걸어서, 차마 떨치고 갔습니다.

황금의 꽃같이 굳고 빛나던 옛 맹서는 차디찬 티끌이 되어서 한숨의 미풍으로 날아갔습니다.

날카로운 첫 키스의 추억은 나의 운명의 지침을 돌려 놓고, 뒷걸음쳐서 사라졌습니다.

나는 향기로운 님의 말소리에 귀먹고, 꽃다운 님의 얼굴에 눈멀었습니다.

사랑도 사람의 일이라, 만날 때에 미리 떠날 것을 염려하고 경계하지 아니한 것은 아니지만, 이별은 뜻밖의 일이 되고, 놀란 가슴은 새로운 슬픔에 터집니다.

그러나 이별을 쓸데없는 눈물의 원천을 만들고 마는 것은 스스로 사랑을 깨치는 것인 줄 아는 까닭에, 걷잡을 수 없는 슬픔의 힘을 옮겨서 새 희망의 정수박이에 들어부었습니다.

우리는 만날 때에 떠날 것을 염려하는 것과 같이 떠날 때에 다시 만날 것을 믿습니다.

아아, 님은 갔지마는 나는 님을 보내지 아니하였습니다.

제 곡조를 못 이기는 사랑의 노래는 님의 침묵을 휩싸고 돕니다.

핵심정리

갈래 : 자유시, 서정시
주제 : 임에 대한 영원한 사랑
특징 :
- 여성적 어조와 경어체를 사용함
- 역설적 표현을 통해 주제 의식을 강조함
- 불교적 세계관을 바탕으로 함

※ 고전시가 보조자료

두터비 파리를 물고 두험 우희 치다라 안자
것넌산 바라보니 백송골(白松骨)이 떠 잇거늘 가슴이 금즉하여
풀덕 뛰여 내닷다가 두험 아래 쟈바지거고
모쳐라 날낸 낼싀만졍 에헐질 번 하괘라

핵심정리

갈래 : 사설시조
주제 : 탐관오리의 이중성 풍자
특징 : · 대상을 희화화함
· 화자가 바뀌는 구조를 통해 작가의 표현 의도를 반대로 나타냄
· 탐관오리의 횡포와 허장성세를 풍자함

※ 소설 보조자료

(1) 도요새에 관한 명상

김원일

[앞부분 줄거리]
철새 도래지인 동진강 하구에는 언제부터인가 도요새가 사라지고 있다. 재수생인 병식은 용돈을 벌기 위해 친구와 함께 새를 밀렵하는 일을 한다. 서울에서 대학을 다니던 형 병국은 시국 사건에 연루되어 제적된 후, 낙향하여 자책감을 갖고 생활한다. 그러다 환경 문제에 관심을 갖게 되어 동진강의 철새들이 사라지는 원인을 밝히려고 노력한다. '나'(아버지)는 북에 가족을 두고 온 실향민으로, 제시된 부분은 동진강 하구를 찾은 과거를 회상하는 장면이다.

동진읍에 정착했던 그해 가을이던가, 전쟁 전 고향 땅에서 본 도요새 무리를 동진강 삼각주에서 발견했을 때, 나는 마치 헤어진 부모와 동기간과 약혼녀를 만난 듯 반가웠다. 너희들이 휴전선 위 통천을 거쳐 여기로 날아왔으려니, 하고 대답 없는 물음을 던지면 울컥 사무쳐 오는 향수가 내 심사를 못 견디게 긁어 놓았다. 가져온 술병을 기울이며 나는 새 떼와 많은 대화를 나누었다. 내가 말하고 내가 새가 되어 대답하는 그런 대화를 아무도 이해할 수 없을 것이다. 새가 고향 땅 부모님이 되고, 형제가 되고, 어떤 때는 약혼자가 되어 내게 들려주던 그 많은 이야기를 나는 기쁨에 들떠, 때때로 설움에 젖어 화답하는 그 시간만이 내게는 살아 있는 진정한 시간이었다. 세월의 부침 속에 고향에 대한 내 향수도 차츰 식어 갔다. 이제 새 떼가 부쩍 줄어든 동진강 하구도 내 인생과 함께 황혼을 맞고 있었다. 동진강이 악취 풍기는 폐수로 변해 버렸기 때문이었다. 지금 보는 바다 역시 헤엄쳐 북상하면 며칠 내 고향에 도착할 수 있을 것 같던 거리가 까마득히 멀어 보였다. 철새나 나그네새는 휴전선을 넘어 자유로이 왕래하건만 나는 그곳으로 갈 수 없다는 안타까움만 해가 갈수록 내 이마에 깊은 주름을 새겼다.

내가 신문 바둑난을 꼼꼼히 들여다보고 있을 때였다. 대문 초인종이 길게 울렸다. 마루 끝에 앉아 껌을 씹으며 라디오 유행가를 듣던 종옥이가 대문께로 달려갔다. 초인종 소리로 보아 두 아들 녀석 같지 않았고 여편네가 또 뭘 빠뜨리고 나갔다 황망히 돌아왔으려니 싶었다.

"누구세요?"

종옥이 철문 쇠빗장을 달그랑거리며 물었다.

"김병국이라고, 이 집에 살지요?"

바깥의 무뚝뚝한 목소리였다.

종옥이 문을 열자, 장교와 사병이 집 안으로 들어섰다. 장교는 중위였고, 사병은 상등병이었다. 둘의 거동이 당당한 데다 사병은 총을 메고 위장망 씌운 철모를 쓰고 있었다.

"이 녀석아, 넌 도대체 어, 어떻게 돼먹은 놈이냐! 통금 시간에 허가증 없이 해안 일대에 모, 못 다니는 줄 뻔히 알면서."

내가 노기를 띠고 아들에게 소리쳤다.

"본의는 아니었어요. 사흘 사이 동진강 하구 삼각주에서 갑자기 새들이 집단으로 죽기에 그 이유를 좀 알아보려던 게…….”

병국이 머리를 떨구었다.

“그래도 변명은!”

“고정하십시오. 자제분 의도나 진심은 충분히 파악했으니깐요.”

윤 소령이 말했다.

병국은 간밤에 쓴 진술서에 손도장을 찍고, 각서 한 장을 썼다. 내가 그 각서에 연대 보증을 섬으로써 우리 부자가 파견대 정문을 나서기는 정오가 가까울 무렵이었다. 부대에서 나올 때 집으로 찾아왔던 중위가 병국이 사물을 인계했다. 닭털 침낭과 등산 배낭, 이인용 천막, 그리고 걸레 조각처럼 늘어진 바다오리와 꼬마물떼새 시신이 각 열 구씩이었다.

“죽은 새는 뭘 하게?”

웅포리 쪽으로 걸으며 내가 물었다.

“해부를 해서 사인을 캐 보려구요.”

“폐, 폐수 탓일까?”

“글쎄요…….”

“너도 시장할 테니 아바이집으로 가서 저, 점심 요기나 하자.”

나는 웅포리 정 마담을 만나 이잣돈을 받아오라던 아내 말을 떠올렸다. 병국이는 식사 따위에 관심이 없어 보였다.

“아버지, 아무래도 새를 독살하는 치들이 있는 것 같아요.”

“그걸 어떻게 아니?”

“갑자기 떼죽음당하는 게 이상하잖아요? 물론 전에도 새나 물고기가 떼죽음하는 경우가 있었지만, 이번은 뭔가 다른 것 같아요.”

“물 탓이야. 이제 동진강은 강물이 아니고 도, 독물이야. 조만간 이곳에서 새 떼가 자취를 감추고 말 게야.”

[뒷부분 줄거리]

병국은 철새의 죽음과 병식이 하는 일이 관련 있음을 알게 되고 아무런 문제의식을 갖지 못하는 병식과 다툰 뒤 바다로 가는 버스에 오른다. 병국은 버스에서 내려 술집을 지나가다가 통일을 기다리는 아버지의 말을 듣지만 자신의 존재가 도움이 되지 못한다는 생각으로 지나쳐 버린다. 그리고 비상하는 도요새를 바라보고 따라가다 놓치고 만다.

핵심정리

갈래 : 중편 소설, 생태 소설
시점 : 1인칭 주인공 시점, 전지적 작가 시점
배경 : · 시간적 – 1970년대 후반
· 공간적 – 동진강 유역
주제 : 민족의 역사적 비극과 사업화 인한 환경 오염 문제

(2) 만무방

김유정

그때 논둑에서 희끄무레한 허깨비 같은 것이 얼씬거린다. 정신을 바짝 차렸다. 영락없이 성팔이, 재성이, 그 둘 중의 한 놈이리라. 이 고생을 시키는 그놈! 이가 북북 갈리고 어깨가 다 식식거린다. 몽둥이를 잔뜩 우려 쥐었다. 그리고 벌떡 일어나서 나무줄기를 끼고 조심조심 돌아내린다. 허나 도랑쯤 내려오다가 그는 멈씰하여 몸을 뒤로 물렀다. 늑대 두 놈이 짝을 짓고 이편 산에서 저편 산으로 설렁설렁 건너가는 길이었다. 배라먹을 늑대, 이것까지 말썽이람. 이마의 식은땀을 씻으며 도로 제자리로 돌아온다. 어쩌면 이번 이놈도 재작년 강도 짝이나 안 될는지. 금시로 불길한 예감이 뒤통수를 탁 치고 지나간다.

그는 옷깃을 여미며 한 대를 더 붙였다. 돌연히 풍세는 심해진다. 산골짜기로 몰아드는 억센 놈이 가끔 발광이다. 다시금 부르르 몸을 떨었다. 가을은 왜 이 지경인지. 여기에서 밤새울 생각을 하니 기가 찼다.

얼마나 되었는지 몸을 좀 녹이고자 일어나서 서성서성할 때였다. 논으로 다가오는 희미한 그림자를 분명히 두 눈으로 보았다. 그리고 보니 피로고, 한고(寒苦)고 다 딴소리다. 고개를 내대고 딱 버티고 서서 눈에 쌍심지를 올린다.

흰 그림자는 어느 틈엔가 어둠 속에 사라져 보이지 않는다. 그리고 다시 나올 줄을 모른다. 바람 소리만 왱왱 칠 뿐이다. 다시 암흑 속이 된다. 확실히 벼를 훔치러 논 속으로 들어갔을 것이다. 여깽이 같은 놈이 궂은 날새를 기화(奇貨) 삼아 맘껏 하겠지. 의리 없는 썩은 자식, 격장(隔牆 / 隔墻)에서 같이 굶는 터에……. 오냐 대거리만 있어라. 이를 한 번 부윽 갈아붙이고 차츰차츰 논께로 내려온다.

응칠이는 논께로 바특이 내려서서 소나무에 몸을 착 붙였다. 섣불리 서둘다간 낫의 횡액(橫厄)을 입을지도 모른다. 다 훔쳐 가지고 나올 때만 기다린다. 몸뚱이는 잔뜩 힘을 올린다.

한 식경쯤 지났을까, 도적은 다시 나타난다. 논둑에 머리만 내놓고 사면을 두리번거리더니 그제야 기어 나온다. 얼굴에는 눈만 내놓고 수건인지 뭔지 헝겊이 가리었다. 봇짐을 등에 짊어 메고는 허리를 구붓이 뺑손을 놓는다. 그러자 응칠이가 날쌔게 달려들며,

"이 자식, 남우 벼를 훔쳐 가니!"

하고 대포처럼 고함을 지르니 논둑으로 그대로 데굴데굴 굴러서 떨어진다. 얼결에 호되게 놀란 모양이다.

응칠이는 덤벼들어 우선 허리께를 내려조겼다. 어이쿠쿠 쿠 - 하고 처참한 비명이다. 이 소리에 귀가 번쩍 띄어 그 고개를 들고 필(疋)부터 벗겨 보았다. 그러나 너무나 어이가 없었음인지 시선을 치켜뜨며 그 자리에 우두망찰한다.

그것은 무서운 침묵이었다. 살뚱맞은 바람만 공중에서 북새를 논다.

한참을 신음하다 도적은 일어나더니,

"성님까지 이렇게 못살게 굴기유?"

제법 눈을 부라리며 몸을 홱 돌린다. 그리고 느끼며 울음이 복받친다. 봇짐도 내버린 채,

"내 것 내가 먹는데 누가 뭐래?"

하고 데퉁스레 내뱉고는 비틀비틀 논 저쪽으로 없어진다.

형은 너무 꿈속 같아서 멍하니 섰을 뿐이다.

그러다 얼마 지나서 한 손으로 그 봇짐을 들어 본다. 가뿐하니 끽 말가웃이나 될는지. 이까짓 걸 요렇게까지 해 가려는 그 심정은 실로 알 수 없다. 벼를 논에다 도로 털어 버렸다. 그리고 아내의 치마이겠지, 검은 보자기를 척척 개서 들었다. 내 걸 내가 먹는다……. 그야 이를 말이랴, 허나 내 걸 내가 훔쳐야 할 그 운명도 얄궂거니와 형을 배반하고 이 짓을 벌인 아우도 아우이렷다. 에이 고현 놈 할 제 볼을 적시는 것은 눈물이다. 그는 주먹으로 눈물을 씩 비비고 머리에 번쩍 떠오르는 것이 있으니 둘레둘레한 황소의 눈깔. 시오 리를 남쪽 산속으로 들어가면 어느 집 바깥뜰에 밤마다 늘 매어 있는 투실투실한 그 황소. 아무렇게 따지든 70원은 갈 데 없으리라. 그는 부리나케 아우의 뒤를 밟았다.

공동묘지까지 거반 왔을 때에야 가까스로 만났다. 아우의 등을 탁 치며,

"얘, 좋은 수 있다. 네 원대로 돈을 해 줄게 나하구 잠깐 다녀오자."

씩씩한 어조로 기쁘도록 달랬다. 그러나 아우는 입 하나 열리지 않고 그대로 실쭉하였다. 뿐만 아니라, 어깨 위에 올려놓은 형의 손을 부질없다는 듯이 몸으로 털어 버린다. 그리고 삐익 달아난다. 이걸 보니 하 엄청나고 기가 콱 막혔다.

"이놈아!"

하고 악에 받치어,

"명색이 성이라며?"

대뜸 몽둥이는 들어가 그 볼기짝을 후려갈겼다. 아우는 모로 몸을 꺾더니 시나브로 찌그러진다. 뒤미처 앞정강이를 때렸다. 등을 팼다. 일어나지 못할 만큼 매는 내렸다. 체면을 불구하고 땅에 엎드려 엉엉 울도록 매는 내렸다.

홧김에 하긴 했으되 그 꼴을 보니 또한 마음이 편할 수 없다. 침을 퉤 뱉어 던지곤 팔자 드센 놈이 그저 그렇지 별수 있나. 쓰러진 아우를 일으켜 등에 업고 일어섰다. 언제나 철이 날는지 딱한 일이었다. 속 썩는 한숨을 후 하고 내뿜는다. 그리고 어청어청 고개를 묵묵히 내려온다.

☑ 핵심정리

갈래 : 단편 소설, 농촌 소설
시점 : 3인칭 전지적 작가 시점
배경 : · 시간적 – 일제강점기
· 공간적 – 강원도 산골 마을
주제 : 일제 강점기 조선이 농촌 사회에서 농민들이 겪는 가혹한 현실

(3) 그 여자네 집

박완서

곱단이는 범강장달이 같은 아들을 내리 넷이나 둔 집의 막내딸이자 고명딸이었다. 부지런한 농사꾼 아버지와 착실한 아들들은 가을이면 우리 마을에서 제일 먼저 이엉을 이었다. 다섯 장정이 휘딱 해치울 일이건만, 제일 먼저 곱단이네 지붕에 올라앉아 부산을 떠는 건 만득이였다. 만득이는 우리 동네의 유일한 읍내 중학생이라 품앗이 일에서는 저절로 제외되곤 했건만, 곱단이네가 일손이 모자라는 집도 아닌데 제일 먼저 달려들곤 했다.

곱단이 작은오빠하고 만득이는 친구 사이였다. 그래도 마을 사람들은 만득이가 곱단이네 집일이라면 발벗고 나서고 싶어 하는 게 친구네 집이라서가 아니라 그 여자, 곱단이네 집이기 때문이라는 걸 알고 있었다. 부엌에서 더운 점심을 짓느라 연기가 곧게 올라가는 따뜻한 가을날, 곱단이네 지붕에 제일 먼저 뛰어올라 깃발처럼 으스대는 만득이를 보고 동네 노인들은 제 색시가 고우면 처갓집 말뚝에도 절을 한다더니만, 하고 혀를 찼지만 그건 곧 만득이가 곱단이 신랑이 되리라는 걸 온 동네가 다 공공연하게 인정하고 있다는 증거였다.

곱단이는 시골 아이답지 않게 살갗이 희고, 맑은 눈에 속눈썹이 길었다. 나는 그녀의 속눈썹이 얼마나 길었는지 표현할 말을 몰랐었는데 김용택의 시 중에서 마침내 가장 알맞은 말을 찾아냈다. 함박눈이 내려앉아서 쉴 만큼 길었다. 함박눈은 녹아 이슬방울이 되고 촉촉이 젖은 눈썹이 그녀의 검은 눈동자에 그늘을 드리우면, 목석의 애간장이라도 녹일 듯 애틋한 표정이 되곤 했다. 만득이는 총명하여 하나를 가르치면 열을 알았고, 생긴 것 또한 관옥 같았다. 촌구석에서는 드문 인물들이었다. 만득이가 개천에서 난 용이라면 곱단이는 진흙탕에 핀 연꽃이었다. 누가 먼저랄 것도 없이 둘이 장차 신랑 각시가 되면 얼마나 어여쁜 한 쌍이 될까 하는 소리가 저절로 나왔다. 이구동성으로 두 사람의 천생연분을 점친 것이다. 양가의 처지 또한 서로 기울지도 넘치지도 않왔고, 어른들은 소박하고 정직하여 남들이 사윗감 며느릿감으로 점찍어 준 아이들을 어려서부터 눈여겨보며 아름답고 늠름하게 자라는 걸 서로 기특해하며 귀여워하였다. 곱단이와 만득이는 우리 마을의 화초요 꿈이었다.

1945년 봄에도 행촌리에 살구꽃 피고, 꽈리꽃, 오랑캐꽃, 자운영이 피었을까. 그럴 리 없건만 괜히 안 피고 말았을 거 같다. 그 꽃들이 피어나기 전에 만득이와 곱단이의 연애도 끝나고 말았을까. 만학이었던 만득이는 읍내의 사 년제 중학교를 졸업하자마자 징병으로 끌려 나갔다. 며칠간의 여유는 있었고, 양가에서는 그 사이에 혼사를 치르려고 했다. 연애 못 걸어 본 총각도 씨라도 남기려고 서둘러 혼처를 구해 혼사를 치르는 일이 흔할 때였다. 더군다나 만득이는 외아들이었고, 사주단자는 건네지 않았어도 서로 연애 건다는 걸 온 동네가 다 아는 각싯감이 있었다. 그러나 그는 한사코 혼사 치르기를 거부했다. 그건 그의 사랑법이었을 것이다.

만득이네 대문에 일본 깃대와 출정 군인의 집이라는 깃발이 만장처럼 처량히 휘날리고, 그 집 사랑에서 며칠씩 술판이 벌어져도 밀주 단속에도 안 걸리고……. 그렇게 그까짓 열흘 눈 깜박할 새에 지나가 만득이는 마침내 입영을 하게 됐다. 만득이가 꼭 살아 돌아올 테니 기다리라고 곱단이를 설득하기는 어렵지 않았을 것이다. 곱단이가 딴 데 시집갈 아이도 아니거니와 식구들 역시 딴 데 시집보낼 엄두라도 낼 사람들이 아니었으므로. 설득에 그렇게 오랜 시간이 걸린 것은, 그럴 것이면 왜 혼사를 치르고 나서 떠나면 안 되냐는 곱단이의 지당한 생각 때문이었을 것이다. 곱단이는 이름처럼 마음씨도 비단결 같은 처녀였지만 옳다고 생각하는 걸 굽힐 만큼 호락호락하진 않았으니까. 사위스러워서 아무도 입에 올리진 않았지만 마을 사람들은 만득이가 사지(死地)로 가고 있다는 걸 알기 때문에 곱단이를 과부 안 만들려는 그의 깊은 마음을 내심 여간 대견히 여기는 게 아니었다.

만득이가 떠난 후에도 마을 청년들은 앞서거니 뒤서거니 징병이나 징용으로 끌려가 마을에 남자라고는 중늙은이 이상만 남게 되었다. 곱단이 오빠들도 도시로 나가 공장에 취직한 셋째 오빠와 부모님을 모시는 큰오빠 빼고 두 오빠가 징용으로 나가 아들 부잣집이 허룩해졌다. 장정만 데려가는 게 아니라 양식 공출도 극악해져, 그 풍요하던 마을도 앞으로 넘길 보릿고개 걱정이 태산 같았다. 궂은 날 부침질만 해도 서로 나누느라 한 채반은 부쳐야 했던 인심도 스스로 금가기 시작할 무렵이었다. 아주 나쁜 소식이 염병보다 더 흉흉하고 걷잡을 수 없이 온 동네를 휩쓸었다.

전에도 여자 정신대에 대해서 아주 모르고 있었던 것은 아니다. 일본 본토나 남양 군도에 가서 일하고 싶은 처녀들은 지원하면 보내 주고 나중에 집에 송금도 할 수 있다는 면사무소의 공문이 한바탕 돈 후였지만 그럴 생각이 있는 집은 한 집도 없었고, 설마 돈벌이를 강제로 보내리라고는 아무도 짐작을 못 했다. 그러나 들려오는 소문은 그게 아니어서 몇 사람씩 배당을 받은 면사무소 노무과 서기들과 순사들이 과년한 딸 가진 집을 위협도 하고 다짜고짜 끌어가는 일까지 있다고 했다. 설마설마 하는 사이에 더 나쁜 일이 생겼다. 그건 같은 면 내에서 생긴 일이기 때문에 소문이 아니라 실제 상황이었다. 동구 밖에서 감춰 놓은 곡식을 뒤지려고 나타난 면서기와 순사를 보고 정신대를 뽑으러 오는 줄 지레짐작을 한 부모가 딸애를 헛간 짚더미 속에 숨겼다고 했다. 공출 독려반들은 날카로운 창이 달린 장대로 곡식을 숨겨 두었음 직한 곳이면 닥치는 대로 찔러 보는 게 상례였다. 헛간의 짚가리로 창을 들이대는 것과 그 부모네들이 안 된다고 비명을 지른 것은 거의 동시였다. 창끝에 처녀의 살점이 묻어 나왔다고도 하고, 꿰진 창자가 묻어 나왔다고도 하고, 처녀는 그 자리에서 죽었다고도 하고, 피를 많이 흘리면서 달구지로 읍내 병원으로 실려 갔는데 죽었는지 살았는지 모른다고도 했다. 아무튼 그 소문의 파문은 온 면 내의 딸 가진 집을 주야로 가위눌리게 했다. 끔찍한 일이었다.

도시에서 군수 공장에 다니는 곱단이 오빠가 종아리에 각반을 차고 징 달린 구두를 신은 중년 남자를 데리고 내려왔다. 신의주에 있는 중요한 공사판에서 측량 기사로 있는, 한 번 장가갔던 남자라고 했다. 곱단이 부모로부터 그 흉흉한 소문을 듣고 급하게 구해 온 곱단이 신랑감이었다. 첫 장가 든 부인이 십 년이 가깝도록 아이를 못 낳아 내치고, 새장가를 든다는 그는 곱단이의 그 고운 얼굴보다는 별로 크지 않은 엉덩이만 유심히 보면서, 글쎄, 아이를 잘 낳을 수 있을까, 연방 고개를 갸우뚱, 그닥 탐탁지 않아 했다고 한다. 그러나 워낙 총각이 씨가 마른 시대였다. 게다가 지금 그 늙은 신랑감이 하고 있는 일은 군사적인 중요한 일이라 징용은 절로 면제된다고 한다. 곱단이네는 그 고운 딸을 번갯불에 콩 궈 먹듯이 그 재취 자리로 보내 버렸다.

곱단이가 어떤 심정으로 그 혼사에 응했는지는 알 길이 없다. 피를 보면 멀쩡한 사람도 정신이 회까닥해진다고 하지 않는가? 피 묻은 소문도 마찬가지였다. 곱단이네 식구뿐 아니라 마을 사람들도 이성을 잃고 말았다. 만득이와 곱단이의 연애를 어여삐 여기고, 스스로 증인이 된 마을 어른들도 이제 곱단이를 위해 할 수 있는 일은 일본군한테 내주지 않는 일뿐이었다. 더군다나 곱단이 어머니는 피가 무서워 닭 모가지 하나 못 비트는 착하디 착한 위인이었다. 그 피 묻은 소문에 살이 떨려 우두망찰했을 것이다. 곱단이는 만득이와의 언약을 저버리고 딴 데로 시집을 가느니 차라리 죽고 싶었을 것이다. 그러나 그녀도 스스로 제 목숨을 끊을 만큼 모질지는 못했다. 죽은 것과 마찬가지로 넋을 놓아 버리는 게 고작이었을 것이다. 곱단이네서 혼사를 치르고 사흘 만에 신랑을 따라 집을 떠나는 곱단이는 사자(死者)를 분단장해 놓은 것처럼 섬뜩하니 표정이라곤 없었다.

멀고 먼 신의주로 시집 가 첫 근친도 오기 전에 해방이 되었다. 그녀는 열아홉에 떠난 지붕 노란 집에 다시 돌아오지 못했다. 우리 고장은 아슬아슬하게 38선 이남이 되어 북조선의 신의주와는 길이 막히고 말았다. 만득이는 살아서 돌아왔다. 그 이듬해 봄 만득이는 같은 행촌리 처녀인 순애와 혼사를 치렀다.

그를 우연히 만난 것은 그가 상처하고 나서도 이삼 년 후 엉뚱하게 정신대 할머니를 돕기 위한 모임에서였다. 뜻밖이었지만, 생전의 그의 아내로부터 귀에 못이 박이게 주입된 선입관이 있는지라 그가 그 모임에 나타난 것도 곱단이하고 연결 지어서 생각되는 걸 어쩔 수가 없었다. 모임이 끝난 후 그가 보이지 않자 나는 마치 범인을 뒤쫓듯이 허겁지겁 행사장을 빠져나와 저만치 어깨를 축 늘어뜨리고 걸어가는 그를 불러 세웠다. 그리고 다짜고짜 따지듯이 재취 장가를 들었느냐고 물었다. 그는 아니라고 말하고 나서 앞으로도 할 생각이 없다고, 묻지도 않은 말까지 덧붙이는 것이었다.

왜요? 곱단이를 못 잊어서요? 여긴 왜 왔어요? 정신대에 그렇게 한이 맺혔어요? 고작 한 여자 때문에. 정신대만 아니었으면 둘이서 혼인했을 텐데 하구요? 참 대단하십니다.

내 퍼붓는 말에 그는 대답 대신 앞장서서 근처 찻집으로 갔다. 그 나이에 아직도 싱그러움이 남아 있는 노인을 나는 마치 순애의 넋이 씐 것처럼 꼬부장한 마음으로 바라다보았다. 그가 나직나직 말했다.

내가 곱단이를 아직도 잊지 못한다는 건 순전히 우리 집사람이 지어낸 생각이에요. 난 지금 곱단이 얼굴도 생각이 안 나요. 우리 집사람이 줄기차게 이르집어 주지 않았으면 아마 이름도 잊어버렸을 거예요. 내가 곱단이를 그리워했다면 그건 아마 누구에게나 있을 수 있는 젊은 날에 대한 아련한 향수였겠지요. 아름다운 내 고향에서 보낸 젊은 날을 문득문득 그리워하는 것도 죄가 되나요? 내가 유람선 위에서 운 것도 저게 정말 북한 땅일까? 남의 나라에서 바라보니 이렇게 지척인데 내 나라에선 왜 그렇게 멀었을까? 그게 서럽고 부끄러워 나도 모르게 눈물이 복받친 거지, 거기가 신의주라는 건 별로 중요하지 않았어요.

오늘 여기 오게 된 것도, 글쎄요, 내가 한 짓도 내가 설명할 수 있을 것 같지 않지만……. 아마 얼마 전 우연히 일본 잡지에서 정신대 문제를 애써 대수롭게 여기지 않으려는 일본 사람들의 생각을 읽고 분통이 터진 것과 관계가 있겠죠. 강제였다는 증거가 있느냐, 수적으로 한국에서 너무 부풀려 말한다, 뭐 이런 투였어요. 범죄 의식이 전혀 없더군요. 그걸 참을 수가 없었어요. 비록 곱단이의 얼굴은 생각나지 않지만 나는 지금도 생생하게 느낄 수가 있어요. 곱단이가 딴 데로 시집가면서 느꼈을, 분하고 억울하고 절망적인 심정을요. 나는 정신대 할머니처럼 직접 당한 사람들의 원한에다 그걸 면한 사람들의 한까지 보태고 싶었어요. 당한 사람이나 면한 사람이나 똑같이 그 제국주의적 폭력의 희생자였다고 생각해요. 면하긴 했지만 면하기 위해 어떻게들 했나요? 강도의 폭력을 피하기 위해 얼떨결에 십 층에서 뛰어내려 죽었다고 강도는 죄가 없고 자살이 되나요? 삼천리 강산 방방곡곡에서 사랑의 기쁨, 그 향기로운 숨결을 모조리 질식시켜 버리니 그 천인공노할 범죄를 잊어버린다면 우리는 사람도 아니죠. 당한 자의 한에다가 면한 자의 분노까지 보태고 싶은 내 마음 알겠어요?

장만득 씨의 눈에 눈물이 그렁해졌다.

핵심정리

갈래 : 단편 소설, 분단 소설, 액자 소설 **시점** : 1인칭 관찰자 시점

배경 : · 과거 – 1950년 행촌리
· 현재 – 1990년대 서울

주제 : 민족사의 수난이 개인에게 미친 고통과 상처

특징 : · 액자식 구성을 이용하여 현재의 서술자가 과거의 이야기를 들려줌
· 작품 결말의 반전을 통해 독자들에게 새로운 깨달음을 주고 있다.

한/글/맞/춤/법 참고자료

이 책에는 〈한글 맞춤법〉 가운데 주요 조항을 발췌 · 수록하였습니다.
〈한글 맞춤법〉 전체 조항은 국립국어원 누리집(http://www.korean.go.kr)에서 확인할 수 있습니다.

제1장 | 총칙

제1항 한글 맞춤법은 표준어를 소리대로 적되, 어법에 맞도록 함을 원칙으로 한다.

제2항 문장의 각 단어는 띄어 씀을 원칙으로 한다.

제3항 외래어는 '외래어 표기법'에 따라 적는다.

제3장 | 소리에 관한 것

제1절 된소리

제5항 한 단어 안에서 뚜렷한 까닭 없이 나는 된소리는 다음 음절의 첫소리를 된소리로 적는다.

1. 두 모음 사이에서 나는 된소리
소쩍새 어깨 오빠 으뜸 아끼다
기쁘다 깨끗하다 어떠하다 해쓱하다 가끔
거꾸로 부썩 어찌 이따금

2. 'ㄴ, ㄹ, ㅁ, ㅇ' 받침 뒤에서 나는 된소리
산뜻하다 잔뜩 살짝 훨씬
담뿍 움찔 몽땅 엉뚱하다

다만, 'ㄱ, ㅂ' 받침 뒤에서 나는 된소리는, 같은 음절이나 비슷한 음절이 겹쳐 나는 경우가 아니면 된소리로 적지 아니한다.
국수 깍두기 딱지 색시
싹둑(~싹둑) 법석 갑자기 몹시

제6항 'ㄷ, ㅌ' 받침 뒤에 종속적 관계를 가진 '-이(-)'나 '-히-'가 올 적에는, 그 'ㄷ, ㅌ'이 'ㅈ, ㅊ'으로 소리 나더라도 'ㄷ, ㅌ'으로 적는다.(ㄱ을 취하고, ㄴ을 버림.)

제2절 구개음화

ㄱ	ㄴ	ㄱ	ㄴ
맏이	마지	핥이다	할치다
해돋이	해도지	걷히다	거치다
굳이	구지	닫히다	다치다
같이	가치	묻히다	무치다
끝이	끄치		

제4절 모음

제8항 '계, 례, 몌, 폐, 혜'의 'ㅖ'는 'ㅔ'로 소리 나는 경우가 있더라도 'ㅖ'로 적는다.(ㄱ을 취하고, ㄴ을 버림.)

ㄱ	ㄴ	ㄱ	ㄴ
계수(桂樹)	게수	혜택(惠澤)	헤택
사례(謝禮)	사레	계집	게집
연몌(連袂)	연메	핑계	핑게
폐품(廢品)	페품	계시다	게시다

다만, 다음 말은 본음대로 적는다.
게송(偈頌) 게시판(揭示板) 휴게실(休憩室)

제9항 '의'나, 자음을 첫소리로 가지고 있는 음절의 'ㅢ'는 'ㅣ'로 소리 나는 경우가 있더라도 'ㅢ'로 적는다.(ㄱ을 취하고, ㄴ을 버림.)

ㄱ	ㄴ	ㄱ	ㄴ
의의(意義)	의이	늴큼	닝큼
본의(本義)	본이	띄어쓰기	띠어쓰기
무늬[紋]	무니	씌어	씨어
보늬	보니	틔어	티어
오늬	오니	희망(希望)	히망
하늬바람	하니바람	희다	히다
늴리리	닐리리	유희(遊戲)	유히

제5절 두음 법칙

제10항 한자음 '녀, 뇨, 뉴, 니'가 단어 첫머리에 올 적에는, 두음법칙에 따라 '여, 요, 유, 이'로 적는다.(ㄱ을 취하고, ㄴ을 버림.)

ㄱ	ㄴ	ㄱ	ㄴ
여자(女子)	녀자	유대(紐帶)	뉴대
연세(年歲)	년세	이토(泥土)	니토
요소(尿素)	뇨소	익명(匿名)	닉명

다만, 다음과 같은 의존 명사에는 '냐, 녀' 음을 인정한다.
냥(兩) 냥쭝(兩-) 년(年) (몇 년)

붙임 1 단어의 첫머리 이외의 경우에는 본음대로 적는다.
남녀(男女) 당뇨(糖尿) 결뉴(結紐) 은닉(隱匿)

붙임 2 접두사처럼 쓰이는 한자가 붙어서 된 말이나 합성어에서, 뒷말의 첫소리가 'ㄴ' 소리로 나더라도 두음법칙에 따라 적는다.
신여성(新女性) 공염불(空念佛) 남존여비(男尊女卑)

붙임 3 둘 이상의 단어로 이루어진 고유 명사를 붙여 쓰는 경우에도 붙임 2에 준하여 적는다.
한국여자대학 대한요소비료회사

제11항 한자음 '랴, 려, 례, 료, 류, 리'가 단어의 첫머리에 올 적에는, 두음 법칙에 따라 '야, 여, 예, 요, 유, 이'로 적는다.(ㄱ을 취하고, ㄴ을 버림.)

㉠	㉡	㉠	㉡
양심(良心)	량심	용궁(龍宮)	룡궁
역사(歷史)	력사	유행(流行)	류행
예의(禮儀)	례의	이발(理髮)	리발

다만, 다음과 같은 의존 명사는 본음대로 적는다.
리(里) : 몇 리냐
리(理) : 그럴 리가 없다.
붙임 1 단어의 첫머리 이외의 경우에는 본음대로 적는다.
개량(改良) 선량(善良) 수력(水力) 협력(協力)
사례(謝禮) 혼례(婚禮) 와룡(臥龍) 쌍룡(雙龍)
하류(下流) 급류(急流) 도리(道理) 진리(眞理)
다만, 모음이나 'ㄴ' 받침 뒤에 이어지는 '렬, 률'은 '열, 율'로 적는다.(ㄱ을 취하고, ㄴ을 버림.)

㉠	㉡	㉠	㉡
나열(羅列)	나렬	분열(分裂)	분렬
치열(齒列)	치렬	선열(先烈)	선렬
비열(卑劣)	비렬	진열(陳列)	진렬
규율(規律)	규률	선율(旋律)	선률
비율(比率)	비률	전율(戰慄)	전률
실패율(失敗率)	실패률	백분율(百分率)	백분률

붙임 2 외자로 된 이름을 성에 붙여 쓸 경우에도 본음대로 적을 수 있다.
신립(申砬) 최린(崔麟) 채륜(蔡倫) 하륜(河崙)

붙임 3 준말에서 본음으로 소리 나는 것은 본음대로 적는다.
국련(국제연합) 대한교련(대한교육연합회)

붙임 4 접두사처럼 쓰이는 한자가 붙어서 된 말이나 합성어에서 뒷말의 첫소리가 'ㄴ' 또는 'ㄹ' 소리로 나더라도 두음법칙에 따라 적는다.
역이용(逆利用) 연이율(年利率)
열역학(熱力學) 해외여행(海外旅行)

붙임 5 둘 이상의 단어로 이루어진 고유 명사를 붙여 쓰는 경우나 십진법에 따라 쓰는 수(數)도 붙임 4에 준하여 적는다.
서울여관 신흥이발관
육천육백육십육(六千六百六十六)

제12항 한자음 '라, 래, 로, 뢰, 루, 르'가 단어의 첫머리에 올 적에는, 두음 법칙에 따라 '나, 내, 노, 뇌, 누, 느'로 적는다.(ㄱ을 취하고, ㄴ을 버림.)

㉠	㉡	㉠	㉡
낙원(樂園)	락원	뇌성(雷聲)	뢰성
내일(來日)	래일	누각(樓閣)	루각
노인(老人)	로인	능묘(陵墓)	릉묘

붙임 1 단어의 첫머리 이외의 경우에는 본음대로 적는다.
쾌락(快樂) 극락(極樂) 거래(去來) 왕래(往來)
부로(父老) 연로(年老) 지뢰(地雷) 낙뢰(落雷)
고루(高樓) 광한루(廣寒樓)
동구릉(東九陵) 가정란(家庭欄)

붙임 2 접두사처럼 쓰이는 한자가 붙어서 된 단어는 뒷말을 두음 법칙에 따라 적는다.
내내월(來來月) 상노인(上老人)
중노동(重勞動) 비논리적(非論理的)

제4장 | 형태에 관한 것

제1절 체언과 조사

제14항 체언은 조사와 구별하여 적는다.

떡이	떡을	떡에	떡도	떡만
손이	손을	손에	손도	손만
팔이	팔을	팔에	팔도	팔만
밤이	밤을	밤에	밤도	밤만
집이	집을	집에	집도	집만
옷이	옷을	옷에	옷도	옷만
콩이	콩을	콩에	콩도	콩만
낮이	낮을	낮에	낮도	낮만
꽃이	꽃을	꽃에	꽃도	꽃만
밭이	밭을	밭에	밭도	밭만
앞이	앞을	앞에	앞도	앞만
밖이	밖을	밖에	밖도	밖만
넋이	넋을	넋에	넋도	넋만
흙이	흙을	흙에	흙도	흙만
삶이	삶을	삶에	삶도	삶만
여덟이	여덟을	여덟에	여덟도	여덟만
곬이	곬을	곬에	곬도	곬만
값이	값을	값에	값도	값만

제2절 어간과 어미

제15항 용언의 어간과 어미는 구별하여 적는다.

먹다	먹고	먹어	먹으니
신다	신고	신어	신으니

믿다	믿고	믿어	믿으니
울다	울고	울어	(우니)
넘다	넘고	넘어	넘으니
입다	입고	입어	입으니
웃다	웃고	웃어	웃으니
찾다	찾고	찾아	찾으니
좇다	좇고	좇아	좇으니
같다	같고	같아	같으니
높다	높고	높아	높으니
좋다	좋고	좋아	좋으니
깎다	깎고	깎아	깎으니
앉다	앉고	앉아	앉으니
많다	많고	많아	많으니
늙다	늙고	늙어	늙으니
젊다	젊고	젊어	젊으니
넓다	넓고	넓어	넓으니
훑다	훑고	훑어	훑으니
읊다	읊고	읊어	읊으니
옳다	옳고	옳아	옳으니
없다	없고	없어	없으니
있다	있고	있어	있으니

붙임 1 두 개의 용언이 어울려 한 개의 용언이 될 적에, 앞말의 본뜻이 유지되고 있는 것은 그 원형을 밝히어 적고, 그 본뜻에서 멀어진 것은 밝히어 적지 아니한다.

(1) 앞말의 본뜻이 유지되고 있는 것

넘어지다 늘어나다 늘어지다 돌아가다
되짚어가다 들어가다 떨어지다 벌어지다
엎어지다 접어들다 틀어지다 흩어지다

(2) 본뜻에서 멀어진 것

드러나다 사라지다 쓰러지다

붙임 2 종결형에서 사용되는 어미 '-오'는 '요'로 소리 나는 경우가 있더라도 그 원형을 밝혀 '오'로 적는다.(ㄱ을 취하고, ㄴ을 버림.)

㉠	㉡
이것은 책이오.	이것은 책이요.
이리로 오시오.	이리로 오시요.
이것은 책이 아니오.	이것은 책이 아니요.

붙임 3 연결형에서 사용되는 '이요'는 '이요'로 적는다.(ㄱ을 취하고, ㄴ을 버림.)

㉠ 이것은 책이요, 저것은 붓이요, 또 저것은 먹이다.
㉡ 이것은 책이오, 저것은 붓이오, 또 저것은 먹이다.

제5장 | 띄어쓰기

제1절 조사

제41항 조사는 그 앞말에 붙여 쓴다.

꽃이 꽃마저 꽃밖에 꽃에서부터 꽃으로만
꽃이나마 꽃이다 꽃입니다 꽃처럼 어디까지나
거기도 멀리는 웃고만

제2절 의존 명사, 단위를 나타내는 명사 및 열거하는 말 등

제42항 의존 명사는 띄어 쓴다.

아는 것이 힘이다. 나도 할 수 있다.
먹을 만큼 먹어라. 아는 이를 만났다.
네가 뜻한 바를 알겠다. 그가 떠난 지가 오래다.

제43항 단위를 나타내는 명사는 띄어 쓴다.

한 개 차 한 대 금 서 돈 소 한 마리
옷 한 벌 열 살 조기 한 손 연필 한 자루
버선 한 죽 집 한 채 신 두 켤레 북어 한 쾌

다만, 순서를 나타내는 경우나 숫자와 어울리어 쓰이는 경우에는 붙여 쓸 수 있다.

두시 삼십분 오초 제일과 삼학년
육층 1446년 10월 9일 2대대
16동 502호 제1실습실 80원
10개 7미터

제6장 | 그 밖의 것

제51항 부사의 끝음절이 분명히 '이'로만 나는 것은 '-이'로 적고, '히'로만 나거나 '이'나 '히'로 나는 것은 '-히'로 적는다.

1. '이'로만 나는 것

가붓이 깨끗이 나붓이 느긋이 둥긋이
따뜻이 반듯이 버젓이 산뜻이 의젓이
가까이 고이 날카로이 대수로이 번거로이
많이 적이 헛되이 겹겹이 번번이
일일이 집집이 틈틈이

2. '히'로만 나는 것

극히 급히 딱히 속히 작히
족히 특히 엄격히 정확히

3. '이, 히'로 나는 것

솔직히 가만히 간편히 나른히 무단히
각별히 소홀히 쓸쓸히 정결히 과감히
꼼꼼히 심히 열심히 급급히 답답히
섭섭히 공평히 능히 당당히 분명히
상당히 조용히 간소히 고요히 도저히

제52항 한자어에서 본음으로도 나고 속음으로도 나는 것은 각각 그 소리에 따라 적는다.

본음으로 나는 것	속음으로 나는 것
승낙(承諾)	수락(受諾), 쾌락(快諾), 허락(許諾)

만난(萬難)	곤란(困難), 논란(論難)
안녕(安寧)	의령(宜寧), 회령(會寧)
분노(忿怒)	대로(大怒), 희로애락(喜怒哀樂)
토론(討論)	의논(議論)
오륙십(五六十)	오뉴월, 유월(六月)
목재(木材)	모과(木瓜)
십일(十日)	시방정토(十方淨土), 시왕(十王), 시월(十月)
팔일(八日)	초파일(初八日)

제53항 다음과 같은 어미는 예사소리로 적는다.(ㄱ을 취하고, ㄴ을 버림.)

㉠	㉡	㉠	㉡
-(으)ㄹ거나	-(으)ㄹ꺼나	-(으)ㄹ지니라	-(으)ㄹ찌니라
-(으)ㄹ걸	-(으)ㄹ껄	-(으)ㄹ지라도	-(으)ㄹ찌라도
-(으)ㄹ게	-(으)ㄹ께	-(으)ㄹ지어다	-(으)ㄹ찌어다
-(으)ㄹ세	-(으)ㄹ쎄	-(으)ㄹ지언정	-(으)ㄹ찌언정
-(으)ㄹ세라	-(으)ㄹ쎄라	-(으)ㄹ진대	-(으)ㄹ찐대
-(으)ㄹ수록	-(으)ㄹ쑤록	-(으)ㄹ진저	-(으)ㄹ찐저
-(으)ㄹ시	-(으)ㄹ씨	-올시다	-올씨다
-(으)ㄹ지	(으)ㄹ찌		

다만, 의문을 나타내는 다음 어미들은 된소리로 적는다.

-(으)ㄹ까? -(으)ㄹ꼬? -(스)ㅂ니까
-(으)리까? -(으)ㄹ쏘냐

제54항 다음과 같은 접미사는 된소리로 적는다.(ㄱ을 취하고, ㄴ을 버림.)

㉠	㉡	㉠	㉡
심부름꾼	심부름군	귀때기	귓대기
익살꾼	익살군	볼때기	볼대기
일꾼	일군	판자때기	판잣대기
장꾼	장군	뒤꿈치	뒷굼치
장난꾼	장난군	팔꿈치	팔굼치
지게꾼	지겟군	이마빼기	이맛배기
때깔	땟갈	코빼기	콧배기
빛깔	빛갈	객쩍다	객적다
성깔	성갈	겸연쩍다	겸연적다

제55항 두 가지로 구별하여 적던 다음 말들은 한 가지로 적는다.(ㄱ을 취하고, ㄴ을 버림.)

㉠	㉡
맞추다(입을 맞춘다. 양복을 맞춘다.)	마추다
뻗치다(다리를 뻗친다. 멀리 뻗친다.)	뻐치다

제56항 '-더라, -던'과 '-든지'는 다음과 같이 적는다.

1. 지난 일을 나타내는 어미는 '-더라, -던'으로 적는다.(ㄱ을 취하고, ㄴ을 버림.)

㉠	㉡
지난 겨울은 몹시 춥더라.	지난 겨울은 몹시 춥드라.
깊던 물이 얕아졌다.	깊든 물이 얕아졌다.
그렇게 좋던가?	그렇게 좋든가?
그 사람 말 잘하던데!	그 사람 말 잘하든데!
얼마나 놀랐던지 몰라.	얼마나 놀랐든지 몰라.

2. 물건이나 일의 내용을 가리지 아니하는 뜻을 나타내는 조사와 어미는 '(-)든지'로 적는다.(ㄱ을 취하고, ㄴ을 버림.)

㉠	㉡
배든지 사과든지 마음대로 먹어라.	배던지 사과던지 마음대로 먹어라.
가든지 오든지 마음대로 해라.	가던지 오던지 마음대로 해라.

제54항 다음과 같은 접미사는 된소리로 적는다.(ㄱ을 취하고, ㄴ을 버림.)

가름 둘로 가름
갈음 새 책상으로 갈음하였다.

거름 풀을 썩힌 거름
걸음 빠른 걸음

거치다 영월을 거쳐 왔다.
걷히다 외상값이 잘 걷힌다.

걷잡다 걷잡을 수 없는 상태
겉잡다 겉잡아서 이틀 걸릴 일

그러므로(그러니까)
그는 부지런하다. 그러므로 잘 산다.
그럼으로(써)(그렇게 하는 것으로)
그는 열심히 공부한다. 그럼으로(써) 은혜에 보답한다.

노름 노름판이 벌어졌다.
놀음(놀이) 즐거운 놀음.
느리다 진도가 너무 느리다.
늘이다 고무줄을 늘인다.
늘리다 수출량을 더 늘린다.

다리다 옷을 다린다.
달이다 약을 달인다.

다치다 부주의로 손을 다쳤다.
닫히다 문이 저절로 닫혔다.
닫치다 문을 힘껏 닫쳤다.

마치다 벌써 일을 마쳤다.
맞히다 여러 문제를 더 맞혔다.

목거리 목거리가 덧났다.
목걸이 금목걸이, 은목걸이.

바치다 나라를 위해 목숨을 바쳤다.
받치다 우산을 받치고 간다.
책받침을 받친다.
받히다 쇠뿔에 받혔다.
밭치다 술을 체에 밭친다.

반드시 약속은 반드시 지켜라.
반듯이 고개를 반듯이 들어라.

부딪치다　차와 차가 마주 부딪쳤다.
부딪히다　마차가 화물차에 부딪혔다.

부치다　힘이 부치는 일이다.
　편지를 부친다.
　논밭을 부친다.
　빈대떡을 부친다.
　식목일에 부치는 글.
　회의에 부치는 안건.
　인쇄에 부치는 원고.
　삼촌 집에 숙식을 부친다.

붙이다　우표를 붙인다.
　책상을 벽에 붙였다.
　흥정을 붙인다.
　불을 붙인다.
　감시원을 붙인다.
　조건을 붙인다.
　취미를 붙인다.
　별명을 붙인다.
시키다　일을 시킨다.
식히다　끓인 물을 식힌다.

아름　세 아름 되는 둘레.
알음　전부터 알음이 있는 사이.
앎　앎이 힘이다.

안치다　밥을 안친다.
앉히다　윗자리에 앉힌다.

어름　두 물건의 어름에서 일어난 현상.
얼음　얼음이 얼었다.

이따가　이따가 오너라.
있다가　돈은 있다가도 없다.

저리다　다친 다리가 저리다.
절이다　김장 배추를 절인다.

조리다　생선을 조린다.
　통조림, 병조림.
졸이다　마음을 졸인다.

주리다　여러 날을 주렸다.
줄이다　비용을 줄인다.

하노라고　하노라고 한 것이 이 모양이다.
하느라고　공부하느라고 밤을 새웠다.

- 느니보다 (어미)　나를 찾아오느니보다 집에 있거라.
- 는 이보다 (의존 명사)　오는 이가 가는 이보다 많다.

- (으)리만큼 (어미)
　나를 미워하리만큼 그에게 잘못한 일이 없다.
- (으)ㄹ 이만큼 (의존 명사)
　찬성할 이도 반대할 이만큼이나 많을 것이다.

- (으)러 (목적)　공부하러 간다.
- (으)려 (의도)　서울 가려 한다.

(으)로서 (자격)　사람으로서 그럴 수는 없다.
(으)로써 (수단)　닭으로써 꿩을 대신했다.

- (으)므로 (어미)　그가 나를 믿으므로 나도 그를 믿는다.
(-ㅁ, -음)으로(써) (조사)　그는 믿음으로(써) 산 보람을 느꼈다.

표/준/발/음/법

제1장 | 총칙

제54항 다음과 같은 접미사는 된소리로 적는다.(ㄱ을 취하고, ㄴ을 버림.)

ㄱ	ㄴ	ㄱ	ㄴ
심부름꾼	심부름군	귀때기	귓대기
익살꾼	익살군	볼때기	볼대기
일꾼	일군	판자때기	판잣대기
장꾼	장군	뒤꿈치	뒷굼치
장난꾼	장난군	팔꿈치	팔굼치
지게꾼	지겟군	이마빼기	이맛배기
때깔	땟갈	코빼기	콧배기
빛깔	빛갈	객쩍다	객적다
성깔	성갈	겸연쩍다	겸연적다

제2장 | 자음과 모음

제2항 표준어의 자음은 다음 19개로 한다.

ㄱ ㄲ ㄴ ㄷ ㄸ ㄹ ㅁ ㅂ ㅃ ㅅ ㅆ
ㅇ ㅈ ㅉ ㅊ ㅋ ㅌ ㅍ ㅎ

제3항 표준어의 모음은 다음 21개로 한다.

ㅏ ㅐ ㅑ ㅒ ㅓ ㅔ ㅕ ㅖ ㅗ ㅘ ㅙ
ㅚ ㅛ ㅜ ㅝ ㅞ ㅟ ㅠ ㅡ ㅢ ㅣ

제4항 'ㅏ ㅐ ㅓ ㅔ ㅗ ㅚ ㅜ ㅟ ㅡ ㅣ'는 단모음(單母音)으로 발음한다.

붙임 'ㅚ, ㅟ'는 이중 모음으로 발음할 수 있다.

제5항 'ㅑ ㅒ ㅕ ㅖ ㅘ ㅙ ㅛ ㅝ ㅞ ㅠ ㅢ'는 이중 모음으로 발음한다.

다만 1. 용언의 활용형에 나타나는 '져, 쪄, 쳐'는[저, 쩌, 처]로 발음한다.
가지어 → 가져[가저] 찌어 → 쪄[쩌]
다치어 → 다쳐[다처]

다만 2. '예, 례' 이외의 'ㅖ'는[ㅔ]로도 발음한다.
계집[계:집 / 게:집] 계시다[계:시다 / 게:시다]
시계[시계 / 시게](時計) 연계[연계 / 연게](連繫)
메별[메별 / 메별](袂別) 개폐[개폐 / 개페](開閉)
혜택[혜:택 / 헤:택](惠澤) 지혜[지혜 / 지헤](智慧)

다만 3. 자음을 첫소리로 가지고 있는 음절의 'ㅢ'는[ㅣ]로 발음한다.
늴리리 닁큼 무늬 띄어쓰기
씌어 틔어 희어 희떱다
희망 유희

다만 4. 단어의 첫음절 이외의 '의'는[ㅣ]로, 조사 '의'는[ㅔ]로 발음함도 허용한다.
주의[주의 / 주이] 협의[혀븨 / 혀비]
우리의[우리의 / 우리에] 강의의[강:의의 / 강:이에]

제3장 | 음(소리)의 길이

제6항 모음의 장단을 구별하여 발음하되, 단어의 첫음절에서만 긴소리가 나타나는 것을 원칙으로 한다.

(1) 눈보라[눈:보라] 말씨[말:씨]
밤나무[밤:나무] 많다[만:타]
멀리[멀:리] 벌리다[벌:리다]

(2) 첫눈[천눈] 참말[참말]
쌍동밤[쌍동밤] 수많이[수:마니]
눈멀다[눈멀다] 떠벌리다[떠벌리다]

다만, 합성어의 경우에는 둘째 음절 이하에서도 분명한 긴소리를 인정한다.
반신반의[반:신바:늬 / 반:신바:니]
재삼재사[재:삼재:사]

붙임 용언의 단음절 어간에 어미 '-아 / -어'가 결합되어 한 음절로 축약되는 경우에도 긴소리로 발음한다.
보아 → 봐[봐:] 기어 → 겨[겨:] 되어 → 돼[돼:]
두어 → 둬[둬:] 하여 → 해[해:]

다만, '오아 → 와, 지어 → 져, 찌어 → 쪄, 치어 → 쳐' 등은 긴소리로 발음하지 않는다.

제7항 긴소리를 가진 음절이라도, 다음과 같은 경우에는 짧게 발음한다.

1. 단음절인 용언 어간에 모음으로 시작된 어미가 결합되는 경우
감다[감:따] – 감으니[가므니]
밟다[밥:따] – 밟으면[발브면]
신다[신:따] – 신어[시너]
알다[알:다] – 알아[아라]

다만, 다음과 같은 경우에는 예외적이다.
끌다[끌:다] – 끌어[끄:러] 떫다[떨:따] – 떫은[떨:븐]
벌다[벌:다] – 벌어[버:러] 썰다[썰:다] – 썰어[써:러]
없다[업:따] – 없으니[업:쓰니]

2. 용언 어간에 피동, 사동의 접미사가 결합되는 경우
감다[감:따] – 감기다[감기다]
꼬다[꼬:다] – 꼬이다[꼬이다]
밟다[밥:따] – 밟히다[발피다]

다만, 다음과 같은 경우에는 예외적이다.
끌리다[끌:리다]　벌리다[벌:리다]　없애다[업:쌔다]

붙임 다음과 같은 합성어에서는 본디 길이에 관계없이 짧게 발음한다.
밀-물　썰-물
쏜-살-같이　작은-아버지

제4장 | 받침의 발음

제8항 받침소리로는 'ㄱ, ㄴ, ㄷ, ㄹ, ㅁ, ㅂ, ㅇ'의 7개 자음만 발음한다.

제9항 받침 'ㄲ, ㅋ', 'ㅅ, ㅆ, ㅈ, ㅊ, ㅌ', 'ㅍ'은 어말 또는 자음 앞에서 각각 대표음 [ㄱ, ㄷ, ㅂ]으로 발음한다.
닦다[닥따]　키읔[키윽]　키읔과[키윽꽈]
옷[옫]　웃다[욷:따]　있다[읻따]
젖[젇]　빚다[빋따]　꽃[꼳]
쫓다[쫀따]　솥[솓]　뱉다[밷:따]
앞[압]　덮다[덥따]

제10항 겹받침 'ㄳ', 'ㄵ', 'ㄼ, ㄽ, ㄾ', 'ㅄ'은 어말 또는 자음 앞에서 각각 [ㄱ, ㄴ, ㄹ, ㅂ]으로 발음한다.

넋[넉]　넋과[넉꽈]　앉다[안따]
여덟[여덜]　넓다[널따]　외곬[외골]
핥다[할따]　값[갑]　없다[업:따]

다만, '밟-'은 자음 앞에서 [밥]으로 발음하고, '넓-'은 다음과 같은 경우에 [넙]으로 발음한다.
(1) 밟다[밥:따]　밟소[밥:쏘]　밟지[밥:찌]
밟는[밥:는 → 밤:는]　밟게[밥:께]　밟고[밥:꼬]
(2) 넓-죽하다[넙쭈카다]　넓-둥글다[넙뚱글다]

제11항 겹받침 'ㄺ, ㄻ, ㄿ'은 어말 또는 자음 앞에서 각각 [ㄱ, ㅁ, ㅂ]으로 발음한다.

닭[닥]　흙과[흑꽈]　맑다[막따]
늙지[늑찌]　삶[삼:]　젊다[점:따]
읊고[읍꼬]　읊다[읍따]

다만, 용언의 어간 말음 'ㄺ'은 'ㄱ' 앞에서 [ㄹ]로 발음한다.
맑게[말께]　묽고[물꼬]　얽거나[얼거나]

제12항 받침 'ㅎ'의 발음은 다음과 같다.
1. 'ㅎ(ㄶ, ㅀ)' 뒤에 'ㄱ, ㄷ, ㅈ'이 결합되는 경우에는, 뒤 음절 첫소리와 합쳐서 [ㅋ, ㅌ, ㅊ]으로 발음한다.
놓고[노코]　좋던[조:턴]　쌓지[싸치]
많고[만:코]　않던[안턴]　닳지[달치]

붙임 1 받침 'ㄱ(ㄺ), ㄷ, ㅂ(ㄼ), ㅈ(ㄵ)'이 뒤 음절 첫소리 'ㅎ'과 결합되는 경우에도, 역시 두 음을 합쳐서 [ㅋ, ㅌ, ㅍ, ㅊ]으로 발음한다.
각하[가카]　먹히다[머키다]　밝히다[발키다]
맏형[마텽]　좁히다[조피다]　넓히다[널피다]
꽂히다[꼬치다]　앉히다[안치다]
붙임 2 규정에 따라 'ㄷ'으로 발음되는 'ㅅ, ㅈ, ㅊ, ㅌ'의 경우에도 이에 준한다.
옷 한 벌[오탄벌]　낮 한때[나탄때]
꽃 한 송이[꼬탄송이]　숱하다[수타다]

2. 'ㅎ(ㄶ, ㅀ)' 뒤에 'ㅅ'이 결합되는 경우에는, 'ㅅ'을 [ㅆ]으로 발음한다.
닿소[다쏘]　많소[만:쏘]　싫소[실쏘]

3. 'ㅎ' 뒤에 'ㄴ'이 결합되는 경우에는, [ㄴ]으로 발음한다.
놓는[논는]　쌓네[싼네]

붙임 'ㄶ, ㅀ' 뒤에 'ㄴ'이 결합되는 경우에는, 'ㅎ'을 발음하지 않는다.
않네[안네]　않는[안는]
뚫네[뚤네 → 뚤레]　뚫는[뚤는 → 뚤른]
* '뚫네[뚤네 → 뚤레], 뚫는[뚤는 → 뚤른]'에 대해서는 제20항 참조.

4. 'ㅎ(ㄶ, ㅀ)' 뒤에 모음으로 시작된 어미나 접미사가 결합되는 경우에는, 'ㅎ'을 발음하지 않는다.
낳은[나은]　놓아[노아]　쌓이다[싸이다]　많아[마:나]
않은[아는]　닳아[다라]　싫어도[시러도]

제13항 홑받침이나 쌍받침이 모음으로 시작된 조사나 어미, 접미사와 결합되는 경우에는, 제 음가대로 뒤 음절 첫소리로 옮겨 발음한다.

깎아[까까]　옷이[오시]　있어[이써]
낮이[나지]　꽂아[꼬자]　꽃을[꼬츨]
쫓아[쪼차]　밭에[바테]　앞으로[아프로]
덮이다[더피다]

제14항 겹받침이 모음으로 시작된 조사나 어미, 접미사와 결합되는 경우에는, 뒤엣것만을 뒤 음절 첫소리로 옮겨 발음한다.(이 경우, 'ㅅ'은 된소리로 발음함.)

넋이[넉씨]　앉아[안자]　닭을[달글]　젊어[절머]
곬이[골씨]　핥아[할타]　읊어[을퍼]　값을[갑쓸]
없어[업:써]

제15항 받침 뒤에 모음 'ㅏ, ㅓ, ㅗ, ㅜ, ㅟ' 들로 시작되는 실질 형태소가 연결되는 경우에는, 대표음으로 바꾸어서 뒤 음절 첫소리로 옮겨 발음한다.

밭 아래[바다래]　　늪 앞[느밥]　　젖어미[저더미]
맛없다[마덥따]　　겉옷[거돋]　　헛웃음[허두슴]
꽃 위[꼬뒤]

다만, '맛있다, 멋있다'는[마싣따], [머싣따]로도 발음할 수 있다.
붙임 겹받침의 경우에는, 그중 하나만을 옮겨 발음한다.
넋없다[너겁따]　　닭 앞에[다가페]　　값어치[가버치]
값있는[가빈는]

제16항 한글 자모의 이름은 그 받침소리를 연음하되, 'ㄷ, ㅈ, ㅊ, ㅋ, ㅌ, ㅍ, ㅎ'의 경우에는 특별히 다음과 같이 발음한다.

디귿이[디그시]　　디귿을[디그슬]　　디귿에[디그세]
지읒이[지으시]　　지읒을[지으슬]　　지읒에[지으세]
치읓이[치으시]　　치읓을[치으슬]　　치읓에[치으세]
키읔이[키으기]　　키읔을[키으글]　　키읔에[키으게]
티읕이[티으시]　　티읕을[티으슬]　　티읕에[티으세]
피읖이[피으비]　　피읖을[피으블]　　피읖에[피으베]
히읗이[히으시]　　히읗을[히으슬]　　히읗에[히으세]

제5장 | 음(소리)의 동화

제17항 받침 'ㄷ, ㅌ(ㄾ)'이 조사나 접미사의 모음 'ㅣ'와 결합되는 경우에는, [ㅈ, ㅊ]으로 바꾸어서 뒤 음절 첫소리로 옮겨 발음한다.

곧이듣다[고지듣따]　　굳이[구지]　　미닫이[미:다지]
땀받이[땀바지]　　밭이[바치]　　벼훑이[벼훌치]

붙임 'ㄷ' 뒤에 접미사 '히'가 결합되어 '티'를 이루는 것은[치]로 발음한다.
굳히다[구치다]　　닫히다[다치다]　　묻히다[무치다]

제18항 받침 'ㄱ(ㄲ, ㅋ, ㄳ, ㄺ), ㄷ(ㅅ, ㅆ, ㅈ, ㅊ, ㅌ, ㅎ), ㅂ(ㅍ, ㄼ, ㄿ, ㅄ)'은 'ㄴ, ㅁ' 앞에서[ㅇ, ㄴ, ㅁ]으로 발음한다.

먹는[멍는]　　국물[궁물]　　깎는[깡는]
키읔만[키응만]　　몫몫이[몽목씨]　　긁는[긍는]
흙만[흥만]　　닫는[단는]　　짓는[진:는]
옷맵시[온맵씨]　　있는[인는]　　맞는[만는]
젖멍울[전멍울]　　쫓는[쫀는]　　꽃망울[꼰망울]
붙는[분는]　　놓는[논는]　　잡는[잠는]
밥물[밤물]　　앞마당[암마당]　　밟는[밤:는]
읊는[음는]　　없는[엄:는]　　값 매다[감매다]

붙임 두 단어를 이어서 한 마디로 발음하는 경우에도 이와 같다.
책 넣는다[챙넌는다]　　흙 말리다[흥말리다]
옷 맞추다[온마추다]　　밥 먹는다[밤멍는다]
값 매기다[감매기다]

제18항 받침 'ㄱ(ㄲ, ㅋ, ㄳ, ㄺ), ㄷ(ㅅ, ㅆ, ㅈ, ㅊ, ㅌ, ㅎ), ㅂ(ㅍ, ㄼ, ㄿ, ㅄ)'은 'ㄴ, ㅁ' 앞에서 [ㅇ, ㄴ, ㅁ]으로 발음한다.

담력[담:녁]　침략[침냑]　강릉[강능]　항로[항:노]
대통령[대:통녕]

붙임 받침 'ㄱ, ㅂ' 뒤에 연결되는 'ㄹ'도 [ㄴ]으로 발음한다.
막론[막논 → 망논]　　백 리[백니 → 뱅니]
협력[협녁 → 혐녁]　　십 리[십니 → 심니]

제20항 'ㄴ'은 'ㄹ'의 앞이나 뒤에서 [ㄹ]로 발음한다.
(1) 난로[날:로]　　신라[실라]　　천리[철리]
광한루[광:할루]　　대관령[대:괄령]
(2) 칼날[칼랄]　　물난리[물랄리]　　줄넘기[줄럼끼]
할는지[할른지]

붙임 첫소리 'ㄴ'이 'ㅀ', 'ㄾ' 뒤에 연결되는 경우에도 이에 준한다.
닳는[달른]　　뚫는[뚤른]　　핥네[할레]

다만, 다음과 같은 단어들은 'ㄹ'을[ㄴ]으로 발음한다.
의견란[의:견난]　　임진란[임:진난]　　생산량[생산냥]
결단력[결딴녁]　　공권력[공꿘녁]　　동원령[동:원녕]
상견례[상견녜]　　횡단로[횡단노]　　이원론[이:원논]
입원료[이붠뇨]　　구근류[구근뉴]

제21항 위에서 지적한 이외의 자음 동화는 인정하지 않는다.

감기[감:기] (×[강:기])　　옷감[옫깜] (×[옥깜])
있고[읻꼬] (×[익꼬])　　꽃길[꼳낄] (×[꼭낄])
젖먹이[전머기] (×[점머기])　　문법[문뻡] (×[뭄뻡])
꽃밭[꼳빧] (×[꼽빧])

제22항 다음과 같은 용언의 어미는[어]로 발음함을 원칙으로 하되, [여]로 발음함도 허용한다.
되어[되어 / 되여]　　피어[피어 / 피여]

붙임 '이오, 아니오'도 이에 준하여[이요, 아니요]로 발음함을 허용한다.

제6장 | 경음화(된소리되기)

제23항 받침 'ㄱ(ㄲ, ㅋ, ㄳ, ㄺ), ㄷ(ㅅ, ㅆ, ㅈ, ㅊ, ㅌ), ㅂ(ㅍ, ㄼ, ㄿ, ㅄ)' 뒤에 연결되는 'ㄱ, ㄷ, ㅂ, ㅅ, ㅈ'은 된소리로 발음한다.

국밥[국빱]　　깎다[깍따]
넋받이[넉빠지]　　삯돈[삭똔]
닭장[닥짱]　　칡범[칙뻠]
뻗대다[뻗때다]　　옷고름[옫꼬름]
있던[읻떤]　　꽂고[꼳꼬]
꽃다발[꼳따발]　　낯설다[낟썰다]
밭갈이[받까리]　　솥전[솓쩐]
곱돌[곱똘]　　덮개[덥깨]
옆집[엽찝]　　넓죽하다[넙쭈카다]

읊조리다[읍쪼리다]　값지다[갑찌다]

제24항 어간 받침 'ㄴ(ㄵ), ㅁ(ㄻ)' 뒤에 결합되는 어미의 첫소리 'ㄱ, ㄷ, ㅅ, ㅈ'은 된소리로 발음한다.

신고[신:꼬]　껴안다[껴안따]　앉고[안꼬]　닮고[담:꼬]
삼고[삼:꼬]　더듬지[더듬찌]　얹다[언따]　젊지[점:찌]

다만, 피동, 사동의 접미사 '-기-'는 된소리로 발음하지 않는다.
안기다　감기다　굶기다　옮기다

제25항 어간 받침 'ㄼ, ㄾ' 뒤에 결합되는 어미의 첫소리 'ㄱ, ㄷ, ㅅ, ㅈ'은 된소리로 발음한다.

넓게[널께]　핥다[할따]　훑소[훌쏘]　떫지[떨:찌]

제26항 한자어에서, 'ㄹ' 받침 뒤에 연결되는 'ㄷ, ㅅ, ㅈ'은 된소리로 발음한다.

갈등[갈뜽]　발동[발똥]　절도[절또]
말살[말쌀]　불소[불쏘](弗素)　일시[일씨]
갈증[갈쯩]　물질[물찔]　발전[발쩐]
몰상식[몰쌍식]　불세출[불쎄출]

다만, 같은 한자가 겹쳐진 단어의 경우에는 된소리로 발음하지 않는다.
허허실실[허허실실](虛虛實實)
절절-하다[절절하다](切切-)

제27항 관형사형 '-(으)ㄹ' 뒤에 연결되는 'ㄱ, ㄷ, ㅂ, ㅅ, ㅈ'은 된소리로 발음한다.

할 것을[할꺼슬]　갈 데가[갈떼가]　할 바를[할빠를]
할 수는[할쑤는]　할 적에[할쩌게]　갈 곳[갈꼳]
할 도리[할또리]　만날 사람[만날싸람]

다만, 끊어서 말할 적에는 예사소리로 발음한다.

붙임 '-(으)ㄹ'로 시작되는 어미의 경우에도 이에 준한다.
할걸[할껄]　할밖에[할빠께]
할세라[할쎄라]　할수록[할쑤록]
할지라도[할찌라도]　할지언정[할찌언정]
할진대[할찐대]

제28항 표기상으로는 사이시옷이 없더라도, 관형격 기능을 지니는 사이시옷이 있어야 할(휴지가 성립되는) 합성어의 경우에는, 뒤 단어의 첫소리 'ㄱ, ㄷ, ㅂ, ㅅ, ㅈ'을 된소리로 발음한다.

문-고리[문꼬리]　눈-동자[눈똥자]
신-바람[신빠람]　산-새[산쌔]
손-재주[손째주]　길-가[길까]
물-동이[물똥이]　발-바닥[발빠닥]
굴-속[굴:쏙]　술-잔[술짠]
바람-결[바람껼]　그믐-달[그믐딸]
아침-밥[아침빱]　잠-자리[잠짜리]
강-가[강까]　초승-달[초승딸]
등-불[등뿔]　창-살[창쌀]
강-줄기[강쭐기]

제29항 합성어 및 파생어에서, 앞 단어나 접두사의 끝이 자음이고 뒤 단어나 접미사의 첫음절이 '이, 야, 여, 요, 유'인 경우에는, 'ㄴ' 음을 첨가하여[니, 냐, 녀, 뇨, 뉴]로 발음한다.

제7장 | 음(소리)의 첨가

솜-이불[솜:니불]　홑-이불[혼니불]
막-일[망닐]　삯-일[상닐]
맨-입[맨닙]　꽃-잎[꼰닙]
내복-약[내:봉냑]　한-여름[한녀름]
남존-여비[남존녀비]　신-여성[신녀성]
색-연필[생년필]　직행-열차[지캥녈차]
늑막-염[능망념]　콩-엿[콩녇]
담-요[담:뇨]　눈-요기[눈뇨기]
영업-용[영엄뇽]　식용-유[시공뉴]
국민-윤리[궁민뉼리]　밤-윷[밤:뉻]

다만, 다음과 같은 말들은 'ㄴ' 음을 첨가하여 발음하되, 표기대로 발음할 수 있다.

이죽-이죽[이중니죽 / 이주기죽]
야금-야금[야금냐금 / 야그먀금]
검열[검:녈 / 거:멸]
욜랑-욜랑[욜랑뇰랑 / 욜랑욜랑]
금융[금늉 / 그뮹]

붙임 1 'ㄹ' 받침 뒤에 첨가되는 'ㄴ' 음은[ㄹ]로 발음한다.
들-일[들:릴]　솔-잎[솔립]　설-익다[설릭따]
물-약[물략]　불-여우[불려우]　서울-역[서울력]
물-엿[물렫]　휘발-유[휘발류]　유들-유들[유들류들]

붙임 2 두 단어를 이어서 한 마디로 발음하는 경우에도 이에 준한다.
한 일[한닐]　옷 입다[온닙따]　서른여섯[서른녀섣]
3 연대[삼년대]　먹은 엿[머근녇]
할 일[할릴]　잘 입다[잘립따]　스물여섯[스물려섣]
1 연대[일련대]　먹을 엿[머글렫]

다만, 다음과 같은 단어에서는 'ㄴ(ㄹ)' 음을 첨가하여 발음하지 않는다.
6·25[유기오]　3·1절[사밀쩔]　송별-연[송:벼련]
등-용문[등용문]

제30항 사이시옷이 붙은 단어는 다음과 같이 발음한다.

1. 'ㄱ, ㄷ, ㅂ, ㅅ, ㅈ'으로 시작하는 단어 앞에 사이시옷이 올 때는 이들 자음만을 된소리로 발음하는 것을 원칙으로 하되, 사이시옷을 [ㄷ]으로 발음하는 것도 허용한다.
냇가[내:까 / 낻:까]　샛길[새:낄 / 샏:낄]
빨랫돌[빨래똘/빨랟똘]　콧등[코뜽 / 콛뜽]
깃발[기빨 / 긷빨]　대팻밥[대:패빱 / 대:팯빱]

햇살[해쌀 / 핻쌀] 뱃속[배쏙 / 밷쏙]
뱃전[배쩐 / 밷쩐] 고갯짓[고개찓 / 고갣찓]

2. 사이시옷 뒤에 'ㄴ, ㅁ'이 결합되는 경우에는 [ㄴ]으로 발음한다.
콧날[콛날 → 콘날] 아랫니[아랟니 → 아랜니]
툇마루[퇻:마루 → 퇸:마루] 뱃머리[밷머리 → 밴머리]

3. 사이시옷 뒤에 '이' 음이 결합되는 경우에는 [ㄴㄴ]으로 발음한다.
베갯잇[베갣닏 → 베갠닏]
깻잎[깯닙 → 깬닙]
나뭇잎[나묻닙 → 나문닙]
도리깻열[도리깯녈 → 도리깬녈]
뒷윷[뒫:뉻 → 뒨:뉻]

국어

인쇄일	2023년 4월 24일
발행일	2023년 5월 1일
펴낸곳	(주)이타임라이프
지은이	편집부
주소	서울시 영등포구 경인로77가길 16 부곡빌딩 401호(문래동2가)
등록번호	2022.12.22 제 2022-000150호
ISBN	979-11-982268-1-5 13370

검정고시 전문서적

기초다지기 / 기초굳히기

"기초다지기, 기초굳히기 한권으로 시작하는 검정고시 첫걸음"

· 기초부터 차근차근 시작할 수 있는 교재

· 기초가 없어 시작을 망설이는 수험생을 위한 교재

기본서

"단기간에 합격! 효율적인 학습!
적중률 100%에 도전!"

· 철저하고 꼼꼼한 교육과정 분석에서 나온 탄탄한 구성

· 한눈에 쏙쏙 들어오는 내용정리

· 최고의 강사진으로 구성된 동영상 강의

만점 전략서

"검정고시 합격은 기본! 고득점과 대학진학은 필수!"

· 검정고시 고득점을 위한 유형별 요약부터
  문제풀이까지 한번에

· 기본 다지기부터 단원 확인까지 실력점검

핵심 총정리

"시험 전 총정리가 필요한 이 시점! 모든 내용이 한눈에"

· 단 한권에 담아낸 완벽학습 솔루션

· 출제경향을 반영한 핵심요약정리

합격길라잡이

"개념 4주 다이어트, 교재도 다이어트한다!"

· 요점만 정리되어 있는 교재로 단기간 시험범위 완전정복!

· 합격길라잡이 한권이면 합격은 기본!

기출문제집

"시험장에 있는 이 기분! 기출문제로 시험문제 유형 파악하기"

· 기출을 보면 답이 보인다

· 차원이 다른 상세한 기출문제풀이 해설

예상문제

"오랜기간 노하우로 만들어낸 신들린 입시고수들의 예상문제"

· 출제 경향과 빈도를 분석한 예상문제와 정확한 해설

· 시험에 나올 문제만 예상해서 풀이한다

한양 시그니처 관리형 시스템

#정서케어 #학습케어 #생활케어

관리형 입시학원의 탄생

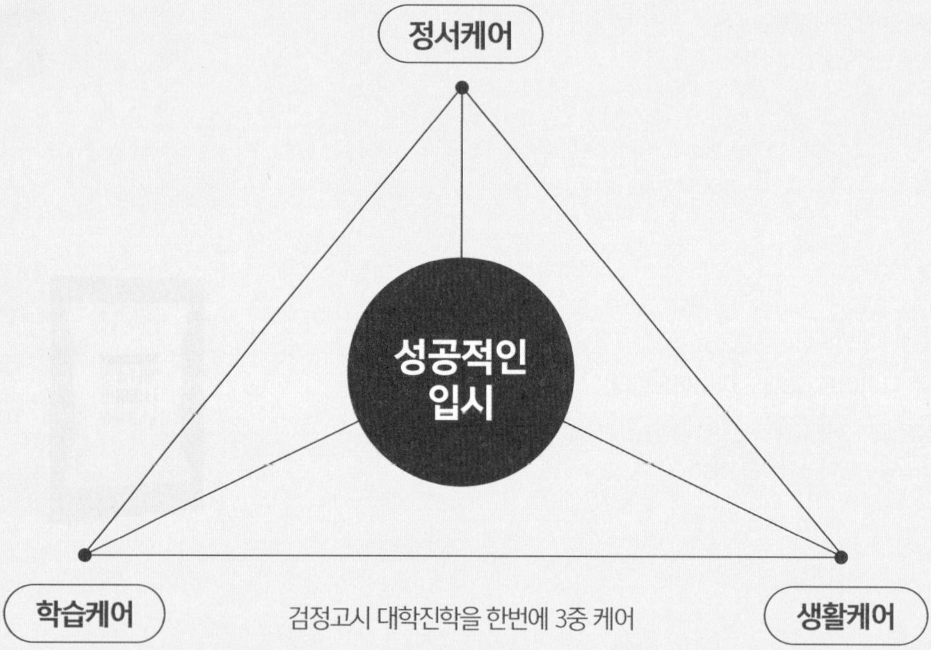

정서케어

성공적인 입시

학습케어

검정고시 대학진학을 한번에 3중 케어

생활케어

정서케어

· 3대1 멘토링
(입시담임, 학습담임, 상담교사)
· MBTI (성격유형검사)
· 심리안정 프로그램
(아이스브레이크, 마인드 코칭)
· 대학탐방을 통한 동기부여

학습케어

· 1:1 입시상담
· 수준별 수업제공
· 전략과목 및 취약과목 분석
· 성적 분석 리포트 제공
· 학습플래너 관리
· 정기 모의고사 진행
· 기출문제 & 해설강의

생활케어

· 출결점검 및 조퇴, 결석 체크
· 자습공간 제공
· 쉬는 시간 및 자습실 분위기 관리
· 학원 생활 관련 불편사항 해소 및 학습 관련 고민 상담

한양 프로그램 한눈에 보기

· 검정고시반 중·고졸 검정고시 수업으로 한번에 합격!

기초개념	기본이론	핵심정리	핵심요약	파이널
개념 익히기	과목별 기본서로 기본 다지기	핵심 총정리로 출제 유형 분석 경향 파악	요약정리 중요내용 체크	실전 모의고사 예상문제 기출문제 완성

· 고득점관리반 검정고시 합격은 기본 고득점은 필수!

기초개념	기본이론	심화이론	핵심정리	핵심요약	파이널
전범위 개념익히기	과목별 기본서로 기본 다지기	만점 전략서로 만점대비	핵심 총정리로 출제 유형 분석 경향 파악	요약정리 중요내용 체크 오류범위 보완	실전 모의고사 예상문제 기출문제 완성

· 대학진학반 고졸과 대학입시를 한번에!

기초학습	기본학습	심화학습/검정고시 대비	핵심요약	문제풀이, 총정리
기초학습과정 습득 학생별 인강 부교재 설정	진단평가 및 개별학습 피드백 수업방향 및 난이도 조절 상담	모의평가 결과 진단 및 상담 4월 검정고시 대비 집중수업	자기주도 과정 및 부교재 재설정 4월 검정고시 성적에 따른 재시험 및 수시컨설팅 준비	전형별 입시진행 연계교재 완성도 평가

· 수능집중반 정시준비도 전략적으로 준비한다!

기초학습	기본학습	심화학습	핵심요약	문제풀이, 총정리
기초학습과정 습득 학생별 인강 부교재 설정	진단평가 및 개별학습 피드백 수업방향 및 난이도 조절 상담	모의고사 결과진단 및 상담 / EBS 연계 교재 설정 / 학생별 학습성취 사항 평가	자기주도 과정 및 부교재 재설정 학생별 개별지도 방향 점검	전형별 입시진행 연계교재 완성도 평가